シリーズ・社会福祉の視座

北川清一／川向雅弘
|監修|

社会福祉への招待

北川清一／川向雅弘
[編著]

SOCIAL WELFARE

ミネルヴァ書房

シリーズの刊行にあたって

　この度，2008年に刊行した「ベーシック社会福祉（全5巻）」の後継書となる「シリーズ・社会福祉の視座（全3巻）」を刊行する運びとなった。前シリーズ名を「ベーシック」としたのは，そこに社会福祉の学びに必要な基礎的能力や「力（コンピテンス）」を育みたいとの願いを込めてのものであった。その改訂版となる新シリーズでは，共有したい「アイデンティティ」を説く意味を込めて各巻書名に「招待」という文言を付した。その意図は以下の通りである。
　前シリーズの刊行以来，社会福祉の大衆化・普遍化が進展し，実際に運用されている制度や政策，支援の取り組みは，もはや特定の人びとを対象に展開されるものではないとする理解が一段と汎化したように思える。しかし，一方で，社会福祉への役割期待は，時の為政者の思惑もあって，市民本位に体系化（＝人間らしい暮らしの実現）されるべきとする「形」から一段と乖離したように思えてならない。私たちが「困ったときに機能しない」「かゆい所に手が届かない」社会福祉の実像が鮮明になり，本来的機能と使命まで見失われつつある事態が顕在していることは気がかりである。
　そこで，新シリーズは，学問としての社会福祉が社会科学の範疇にある限り，「リベラル・アーツ（liberal arts）」の学びを通じて育まれる「考え方」，すなわち「暮らし」の中に側聞する多様な事象を論じる際に共有すべき視座（＝社会福祉のアイデンティティ）とすべきものは何かを問いかけることにした。それは「社会福祉士」等の資格取得養成の求めにないものであり，以下の3点を全巻に共通するコンセプトとした。
　第1に，社会や歴史の現実を見据えて社会福祉のあり様を考えることのできる基礎的な能力や「力（コンピテンス）」を育むこと。
　第2に，今や「地域に軸足を置く社会福祉（支援）」なる考え方がメインストリームになっている状況に鑑み，人と社会の相互接触面の構造を読み解き，そこから浮上する「生きづらさ」への対応は，まず，そのことを実感している

「一人の人に軸足を置く取り組み」が優先されるべきとする視座の重要性を説くこと。

　第3に，社会福祉の立場から生活課題や社会状況（環境）をとらえる（つかむ）視点を獲得できるテキストとして編むこと。すなわち，時代状況がいかに変動しても，社会福祉として揺るぎない／変えてはならない「普遍性」を論じる内容とすること。

　なお，本シリーズを『社会福祉への招待』『ソーシャルワークへの招待』『子ども家庭福祉への招待』の3巻で構成したのは，「縮小化する日本」と表現される今日的状況を鑑み「持続可能な未来社会」のあり方を社会福祉の立場から問いかける「切り口（viewpoint）」を提起することにあった。つまり，私たちの「暮らし」の中に派生する社会福祉が射程に据えるべき生活課題（life tasks）の存在に気づき，その状況の解消に向け，分野を超えて共通する基盤に立ちながらソーシャルワーカーとして主体的に取り組む意義を説くガイドブックになることをめざした。

　したがって，各章を担当するにあたって，いくつかの共通理解にたって執筆にあたった。一つは，関連する制度や法の体系について説明するだけの方法はとらないこと，二つは，図表の使用は必要最低限にとどめること，したがって，三つは，各章で取り上げる「事象」をとらえる「分析視点」「理念的思考（critical thinking）の枠組み」を説くこととした。

　新シリーズにおいても，このような「ねらい」が多くの方々に支持され，各巻が，社会福祉の学びを始める際の水先案内人として活用されることを願っている。今回も前シリーズ同様にミネルヴァ書房編集部の音田潔氏には多大なお力添えをいただいた。なかなか味わい深い語らいを交わしながらの仕事は楽しい監修作業となった。深謝申し上げたい。

2017年1月

監　修　者

まえがき

　戦後日本の社会福祉は，それまでの救貧的・恩恵的思想から脱却し，すべての国民に「健康で文化的な生活」を保障することとした。その理念を具現化するためにさまざまな法制度が整備され，十分であったか否かはともかく，実践現場は人びとの生活保障のための営為を重ねてきた。しかし，法制度のあり方も実践現場の営為も，各時代の社会経済状況とそれを反映した社会思想のもとで度重なる変更を強いられ，つねに揺り動かされてきたのである。戦後処理と復興が急務であった事情を背景として，国と地方公共団体，民間とが一体となって取り組んできた社会福祉体制が社会福祉法人制度であり，措置委託制度（措置制度）であった。しかし，戦後から約半世紀を経てその体制そのものに見直しが求められ，社会福祉基礎構造改革へと至った。さらに，近年では社会福祉法人のあり方そのものにも論議が及んでいる。

　社会福祉基礎構造改革は，恩恵的・選別的な社会福祉制度を否定し，社会福祉は国民誰もが享受すべき普遍的権利であることを謳って進められた。普遍性を理念とする以上，そこでは，当然，弱い立場に置かれた人びとも権利の主体となる。しかし，浮き彫りとなっている弱い立場の人びとが置かれた現実は，改革理念からはるかに遠い位置にあるといわざるを得ない。その現実は「そもそも何ゆえの制度であったのか」という措置制度の重要な意味を再考させる。

　社会福祉への今日的要請は，人口減と少子高齢化，財政難等を背景としており，問題解決は容易でない。そうであるからこそ，社会福祉の対象や問題にかかわる今日的状況と問題解決方策を「的確」につかみ進展させるために，思想や歴史に学ぶこと，社会システムの「意味」をしっかりと理解しておくことは必須となろう。本書がその一助となれば幸いである。十分に活用してほしい。

2016年12月

編　者

目　次

シリーズの刊行にあたって
まえがき

第 1 章　人口減少時代と社会福祉 …………………………………… 1
　　　　　──「一人の人」を支える意味

　はじめに ……………………………………………………………………… 1
　1　私たちの暮らしを支える社会福祉 ………………………………… 2
　2　超少子高齢社会の生活課題と社会福祉 …………………………… 6
　3　人口減少時代の社会福祉における主体と参加の視座 …………… 9
　4　人口減少時代の社会福祉における自由と平和の視座 …………… 13
　まとめ ………………………………………………………………………… 15

第 2 章　社会福祉に関する基本的理解 ……………………………… 19

　はじめに ……………………………………………………………………… 19
　1　社会福祉の概念 ………………………………………………………… 19
　　　（1）福祉と社会福祉　19
　　　（2）社会福祉の類似語　20
　2　社会福祉の定義 ………………………………………………………… 23
　　　（1）政策論的立場からのとらえ方　23
　　　（2）ソーシャルワーク論的立場からのとらえ方　24
　　　（3）制度論的立場からのとらえ方　24
　　　（4）社会福祉の固有性を強調するとらえ方　25
　　　（5）生活論的立場からのとらえ方　25

　　　　（6）力動的統合理論を強調するとらえ方　26
　　　　（7）多元的な福祉サービスの供給論的立場からのとらえ方　26
　　　　（8）社会福祉をトポスから読み解くとらえ方　27
　　3　社会福祉の目的　28
　　　　（1）社会福祉制度の権利構造　28
　　　　（2）社会福祉を制度としてとらえる視点　30
　　　　（3）社会福祉制度の補充性　31
　　4　社会福祉の対象と守備範囲　32
　　まとめ　33

第3章　社会福祉における思想と理論のあゆみ　37
　　はじめに　37
　　1　思想の形成——明治期の慈善思想　37
　　　　（1）施設福祉の開拓者　37
　　　　（2）地方改良と慈善事業　39
　　　　（3）開明官僚の歩んだ道　40
　　2　思想から理論へ——大正期の社会事業論　42
　　　　（1）社会事業教育の重要性　42
　　　　（2）社会連帯と社会運動　43
　　　　（3）地域福祉を根づかせる　45
　　3　社会事業理論の形成——昭和戦前期の胎動　46
　　　　（1）階級闘争から翼賛体制まで　46
　　　　（2）社会科学としての社会事業　48
　　4　社会福祉理論の体系化——昭和戦後期の展開　50
　　　　（1）政策論の登場　50
　　　　（2）主体性の社会福祉論　51
　　　　（3）運動から福祉を考える　52
　　　　（4）社会学を媒介として　54
　　まとめ　56

第4章　日本の社会福祉のあゆみ……59

はじめに……59

1　近代社会成立以前の社会福祉のあゆみ……60
   - （1）人びとの暮らしと先史〜古墳時代の社会福祉　60
   - （2）人びとの暮らしと飛鳥〜奈良時代の社会福祉　61
   - （3）人びとの暮らしと中世の社会福祉　62
   - （4）人びとの暮らしと近世の社会福祉　63

2　近代社会の成立と社会福祉のあゆみ……66
   - （1）人びとの暮らしと近代前期の社会変動　66
     ——中央集権国家体制と近代化政策
   - （2）近代前期の社会福祉——救済制度・慈善事業・感化救済事業　67
   - （3）人びとの暮らしと近代後期の社会福祉　68
     ——社会事業・戦時厚生事業

3　福祉六法の成立と岐路に立つ社会福祉……70
   - （1）人びとの暮らしと終戦直後の社会福祉　70
   - （2）人びとの暮らしと戦後復興期・高度経済成長期の社会福祉　72

4　少子高齢社会の到来と制度改革のあゆみ……73
   - （1）人びとの暮らしと社会福祉基礎構造改革　73
   - （2）人びとの暮らしと新たな社会福祉の課題　74

まとめ……75

第5章　海外の社会福祉のあゆみ……77

はじめに……77

1　近代社会成立以前の社会福祉のあゆみ……78
   - （1）ヨーロッパにおける中世社会の始まりと人びとの暮らし　78
   - （2）人びとの暮らしと中世社会における社会福祉の萌芽　79
   - （3）人びとの暮らしと近世の西洋諸国における社会福祉　80

2　近代社会の成立と社会福祉のあゆみ……81
   - （1）フランス革命と社会福祉の歴史　81
   - （2）イギリスの産業革命とフェビアン協会の活動　83

　　　　（3）アメリカ合衆国の成立と社会福祉の歴史　84
　　　　（4）二つの世界大戦と社会福祉の歴史　85
　　3　戦後アメリカ型社会福祉のあゆみ………………………………………87
　　　　（1）第二次世界大戦直後～1960年代の社会保障・社会福祉　87
　　　　（2）1970～1980年代の社会保障・社会福祉　88
　　　　（3）1990年代以降の社会保障・社会福祉　89
　　4　戦後イギリス型社会福祉のあゆみ………………………………………91
　　　　（1）第二次世界大戦後の社会保障・社会福祉　91
　　　　（2）1980年代以降の社会保障・社会福祉　91
　　まとめ……………………………………………………………………………92

第6章　現代の人びとの貧困問題と社会福祉……………………95
　　はじめに…………………………………………………………………………95
　　1　社会経済の変動と人びとの生活への影響………………………………96
　　　　（1）主権国家と人権・市民の概念の生成　96
　　　　（2）資本主義における労働と貧困　96
　　　　（3）福祉国家の形成と標準モデル　98
　　　　（4）福祉国家の行き詰まりとグローバル化　100
　　2　現代の人びとが抱える貧困の特徴………………………………………103
　　　　（1）世界と先進国における貧困の特徴　103
　　　　（2）日本における貧困の特徴　105
　　3　貧困と社会的排除の構造…………………………………………………106
　　　　（1）貧困にある人びとの属性と社会的排除　106
　　　　（2）社会的排除を把握する指標と参加　107
　　4　社会的不利に置かれる人びとと社会福祉………………………………108
　　　　（1）均等・積極的差別是正・メインストリーム政策　108
　　　　（2）積極的労働市場政策——ワークフェア・アクティベーション　110
　　　　（3）所得保障・ベーシックインカム　111
　　まとめ……………………………………………………………………………112

第7章 社会福祉に関連する法と理念 … 115

 はじめに … 115

 1 基本的人権の尊重と社会福祉 … 115
  （1）近代的人権の展開　115
  （2）現代的人権の特徴　116
  （3）基本的人権の保障　117

 2 社会福祉と権利保障の理念 … 118
  （1）社会福祉における「人権」の保障　118
  （2）「契約」関係における「権利」の保障　119

 3 社会福祉と権利擁護 … 120
  （1）「権利擁護」の登場　120
  （2）「権利擁護」の定義　121
  （3）二つの「権利擁護事業」　121
  （4）「権利擁護事業」と成年後見制度　123
  （5）「権利擁護」に何を求めるか　125

 4 社会福祉の権利救済 … 126
  （1）「措置から契約へ」の変化　126
  （2）行政不服審査手続と行政事件訴訟　127
  （3）民事訴訟による権利救済　128
  （4）苦情解決の手続　128

 まとめ … 129

第8章 社会福祉の展開分野 … 133

 はじめに … 133

 1 社会福祉と家族 … 134
  （1）家族の個人化　134
  （2）社会福祉と家族が置かれた位置　135
  （3）社会福祉と家族支援　136

 2 社会福祉と高齢者 … 137
  （1）支援対象としての高齢者問題の出現　137

　　　　（2）「介護の社会化」の現実　139
　　　　（3）利用契約制度下における支援の問題と課題　140
　3　社会福祉と障害者……………………………………………………………141
　　　　（1）障害者と社会福祉の課題　141
　　　　（2）障害者差別と合理的配慮の課題　142
　　　　（3）障害者支援と「親亡き後」の課題　143
　4　社会福祉と生活困窮者………………………………………………………145
　　　　（1）深刻化する今日の貧困問題　145
　　　　（2）子ども・若者・母子世帯と貧困　146
　　　　（3）高齢者と貧困　147
　　　　（4）社会的排除に対する社会福祉の新たな取り組み　148
　まとめ……………………………………………………………………………149

第9章　社会福祉におけるソーシャルワークの方法……………151
　はじめに…………………………………………………………………………151
　1　現代社会とソーシャルワーク………………………………………………152
　　　　（1）現代社会の諸問題――社会福祉支援活動の射程　152
　　　　（2）ソーシャルワークとは　156
　2　ミクロレベルの支援（アプローチ）………………………………………160
　　　　（1）環境の特徴と対象　160
　　　　（2）求められる支援（アプローチ）方法・スキル　160
　　　　（3）ミクロレベルの支援におけるソーシャルワーカーの役割　160
　3　メゾレベルの支援（アプローチ）…………………………………………161
　　　　（1）環境の特徴と対象　161
　　　　（2）求められる支援（アプローチ）方法・スキル　162
　　　　（3）メゾレベルの支援におけるソーシャルワーカーの役割　162
　4　マクロレベルの支援（アプローチ）………………………………………163
　　　　（1）環境の特徴と対象　163
　　　　（2）求められる支援（アプローチ）方法・スキル　163
　　　　（3）マクロレベルの支援におけるソーシャルワーカーの役割　163

まとめ……………………………………………………………………164

第10章　社会福祉におけるソーシャルワークの担い手……………167

はじめに……………………………………………………………………167

1　ソーシャルワークの主体と客体……………………………………167
　　（1）ソーシャルワークの主体　167
　　（2）ソーシャルワークの客体　169

2　専門職……………………………………………………………………170
　　（1）ソーシャルワークに専門職が必要とされる理由と背景　170
　　（2）ソーシャルワーカーが取り結ぶ専門的支援関係　171

3　当事者グループ――オルタナティブな支援①………………………174
　　（1）オルタナティブな支援　174
　　（2）オルタナティブな支援活動を行う当事者グループとは　174
　　（3）当事者グループの機能　175
　　（4）当事者グループの種類　176

4　市民ボランティア――オルタナティブな支援②……………………178
　　（1）ボランティアの語源と定義　178
　　（2）ボランティア活動を支える倫理・行動原理――ボランタリズム　179
　　（3）ボランティア活動の現況とタイプ　180
　　（4）ボランティア活動の推進を支援する主体　180
　　　　――ボランティア・コーディネーター

まとめ……………………………………………………………………181

第11章　社会福祉の現代的課題①……………………………………185
　　　　――地域を基盤としたソーシャルワークの推進

はじめに……………………………………………………………………185

1　地域福祉の理念…………………………………………………………186
　　（1）福祉コミュニティ　186
　　（2）ソーシャルインクルージョン　186
　　（3）住民主体　187

2　地域における支援活動のあゆみ……………………………………188
　　　　（1）社会福祉協議会による支援活動　188
　　　　（2）社会福祉協議会以外の福祉団体による支援活動　191
　　　　（3）地域支援の主体と活動の広がり　193
　　3　地域における支援活動の方法………………………………………194
　　　　（1）地域における支援活動——ミクロ・メゾ・マクロの視点　194
　　　　（2）ミクロ・メゾアプローチ　195
　　　　（3）メゾ・マクロアプローチ　197
　　4　地域福祉の現代的課題………………………………………………199
　　　　（1）ミクロからメゾ・メゾからマクロのアプローチにおける役割分担　199
　　　　（2）支援活動推進主体の多元化における役割分担　199
　　　　（3）全対象型包括ケアシステムの推進と対象領域の拡大への対応　200
　　　　（4）メゾからマクロレベルの実践の重要性　200
　　まとめ………………………………………………………………………200

第12章　社会福祉の現代的課題②——制度改革の功罪………………203
　　はじめに……………………………………………………………………203
　　1　社会福祉の制度改革とは……………………………………………204
　　　　（1）福祉国家からの転換——「福祉元年」から日本型福祉社会構想へ　204
　　　　（2）福祉見直し論による政策転換　205
　　2　制度改革に向ける当事者の眼差し…………………………………206
　　　　（1）措置から契約へ　206
　　　　　　——福祉関係八法改正から社会福祉基礎構造改革への背景
　　　　（2）当事者にとっての介護保険制度　208
　　　　　　——これまでの制度改正が突きつけたこと
　　3　制度改革に向ける担い手の眼差し…………………………………211
　　　　（1）規制緩和が実践現場にもたらしたこと　211
　　　　　　——「指定管理者制度」を例に
　　　　（2）改革論と本来的課題——「社会福祉法人改革」を例に　213
　　4　社会福祉と地方分権…………………………………………………216

　　　　（1）地方分権改革の背景　216
　　　　（2）地方分権改革の社会福祉への影響　217
　　　　（3）「新しい公共」とコミュニティ制度化の課題　218
　　まとめ……………………………………………………………………219

第13章　社会福祉の現代的課題③——自己決定と自己責任…………221
　　はじめに……………………………………………………………………221
　　1　自己決定とは何か……………………………………………………221
　　　　（1）近代社会と自己決定　221
　　　　（2）人間にとっての課題としての自己決定　223
　　2　社会福祉における自己決定…………………………………………224
　　　　（1）バイステックによる利用者の自己決定の尊重　224
　　　　（2）サービス利用者の自己決定の尊重　226
　　　　（3）個人と社会の間にある自己決定　227
　　3　自己決定は自己責任を伴うのか……………………………………229
　　　　（1）今日における自己責任をめぐる状況　229
　　　　（2）なぜ，「自己決定‐自己責任」の原則が問題なのか　231
　　4　自己決定を支援するということ……………………………………232
　　　　（1）自己決定の尊重の具現化にまつわる諸問題　232
　　　　（2）自己決定支援の方法としてのパートナーシップの形成　233
　　まとめ……………………………………………………………………236

あとがき
索　引

第 1 章　人口減少時代と社会福祉
——「一人の人」を支える意味

はじめに

　社会制度としての社会福祉は，その時々に生きる人びとの暮らしの変化に呼応して，制度理念の具現化の方法に変更を加えてきた。変更を加える際の戦略は，当然のことであるが，人びとの暮らしの実態やニードを的確に把握した上で構想されることが求められる。しかし，その作業は，ややもすると供給システムの改変にウエイトが置かれ，人びとの願いや思いに寄り添う意識に欠けがちであった。そして，そこには，わが国の伝統的価値・意識にもつながるパターナリズム（paternalism）からの影響も無視できない課題が見え隠れしている。「父権主義」「温情主義」等とも訳されるパターナリズムとは，強い立場にある者が，弱い立場にある者に対して，後者の利益になるとして，その後者の意志に反してでも行動に介入・干渉することをいう。社会福祉の制度運営の実態に即していえば，個人の利益を保護するためとして，国家が個人の生活に干渉し，その自由や権利に制限を加えることを正当化する考え方である。

　「縮小化する日本の衝撃」とも称される超少子高齢社会がもたらす生活上の諸困難は，社会福祉の制度改革を促す基調に変化をもたらしつつある。

　社会福祉の大衆化・普遍化が進展している。その傾向は，ここに来て一層顕著になってきたようにも思える。社会福祉からの支援を必要とする人びとの生活実態は，生活困窮という問題だけに依拠して説明するには難しい広がりを見せている。例えば，社会福祉からの対応を求められている新たな課題ともいえる「生活の質」の向上と「生きがい」の実現を願う人びとの生活をいかに支援するかは，生活困窮をもたらす関係や条件，環境に目を注ぐだけでは必ずしも

十分でなく，根本的かつ本質的な解決に至らないことが明らかになっている。「当事者の時代」という。それは，社会福祉の制度と実践が「援助」「指導」「処遇」する取り組みから，人びとの「参与」を促すかかわりへと変化しつつあること意味する。変動・変革する過程で多くの人びとの暮らしを支えるにあたり，社会福祉制度に課せられている課題は何か。この問いについて，本章では，この制度を利用する市民とのパートナーシップをどのように構築するかの視点に立って考えてみたい。すなわち，そこに社会福祉関係者が共有すべきアイデンティティの原点があるからである。

1　私たちの暮らしを支える社会福祉

　社会福祉制度の必要性やそのあり方を論じる際の素材は，私たちが何気なく過ごす日々の暮らしの中に見出される。その生活の営みは，国家経済の発展に伴って獲得した都会的なセンスに満ちた「豊かさ」に溢れている。しかし，その一方で，この「豊かさ」を実感できる現在の暮らしを維持するがためであろうか，人間関係・社会関係の随所に「競争原理」が打ち立てられ，そのために生起する利害関係は，調和することが難しいほどの対立状況を生み出すことになった。「豊かさ」の背後に潜む問題，すなわち，言いしれぬ「生き苦しさ」や「生き難さ」への不安感や恐怖が，否応なしに，私たちをこのような暮らしに駆り立てているのかもしれない。

　ここでいう「生き苦しさ」や「生き難さ」等について，社会福祉は，これまで「貧しさ」や「貧困」なる用語を用いて説明してきた。ところが，これらの用語ほど共通理解に欠けるものも少なくない。例えば，「貧困」の受け止め方は，人により主観的なものになる傾向が強い。また，「貧困」が，ある一定水準以下の生活状態を指すとしても，その一定水準を算出する方法も多様である。さらにいえば，「貧困」に陥る要因についても，謂われのない差別に根ざした多くの誤解や偏見が見られる。

　「豊かさ」に満ちた現代社会であるが，人びとが安心・安全を実感できる生

活を維持することは難しく，その問題は実に多様な様相を呈して顕在している。具体的にいえば，産業社会の高度化が都市への人口集中をもたらし，過剰人口と多くの産業を抱え過密に悩む都市を出現させた。同時に，その都市への人口流失をくい止められないまま日常的な生活機能の維持・確保を図ることも困難な過疎化に悩む農山漁村の問題，いわゆる「限界集落」のような問題も生み出すことになった。さらにいえば，破壊の一途をたどる自然環境，その自然環境の保全と生活の便利さの両立をめぐる問題，私たちの生活の利便を図る上で必要な保育所や病院等に代表される生活環境施設の量的不足やサービス水準の問題，増大する傾向にあるいわゆる青少年の非行問題等々，豊かさの影には解決すべき問題が山積し，私たちの暮らしは混迷・混乱の淵に置かれている。

　加えて，そこに見出せる問題性は，一段と深刻化する傾向を示している。社会福祉が対応すべき問題は，これまでのように，所得と消費の相関というような貨幣論的枠組みの中ではとらえきれない側面を持つようになっている。私たちの暮らしの中に浮上した問題の特徴として，個々人の暮らしの中に見られる高度化・多様化した欲求の不充足に関係している側面も垣間見られる。社会的手段の整備と拡充を図ることと併せて，生活者個々の主体的努力や創造的な生活の営みを社会福祉の立場からいかに側面的に支援するかが問われるようになってきた。

　このように著しく変動する社会構造全体の影響を受けることにより，私たちは「均しく自由に」かつ「健康で文化的に」自らの生涯を終えることは，もはや困難な状況にあるといわざるを得ないのかもしれない。しかし，私たちは，個々人の生活場面で遭遇した自らの順調な生活の営みを乱すような何らかの問題を克服するため，いつ，いかなる時においても最大限の努力を払ってきたことも事実である。

　ところが，その努力は，結果的にみれば，私たち自身が自らの「いのち」を維持するにあたり必要となる，経験的に獲得した知識や技術を駆使した取り組みばかりであったように思える。言い換えれば，その多くは，衣食住のニードの充足を中心とした自分自身の生活経験を集積する中で獲得したという意味で，

感覚的で主観的な色彩の強い個人レベルの「やりくり」そのものであったといえよう。だが，しかし，現代社会に生きる私たちの生活実感からするならば，「やりくり」に代表されるような「自助」によって解決できる問題の種類と範囲は，次第に狭まりつつあるといえよう。今や，私たちの円滑な暮らしの営みに何らかの支障をもたらす問題に対しては，社会保障をはじめ，医療・保健・衛生に関する政策，教育政策，住宅政策，都市政策等々の支えが社会制度として確立していることが何よりも必要となってきている。その中には社会福祉制度も含まれることになる。このことが，人としての豊かな成長と潤いのある生活を実現するための基本的な条件になっていることは，もはや疑う余地すらないのである。

ところが，実際に，何らかの生活上の困難に直面した場合，私たちは，それが社会問題の一部であるとか，社会制度の不備によってもたらされた問題であるとかのように考えることはあまりないようにも思える。そのように理解することよりも「他人には理解のできない〈個人的〉事情による自分の生活上の問題」とのように受け止めることの方が一般的といえよう。すると，ここでは，多くの人びとの生活実感からすると，それぞれの暮らしの上で遭遇する「さまざまな問題」が，実は，総体としての社会の構造的矛盾によってもたらされたとする理解にまでは至らない実態が詳らかになってくる。

したがって，まず，私たちが取り組まなければならないことは，日々の暮らしの中で人間らしく生きていく上で必要となる基本的な人権が侵害されていたり，謂われのない不平等や不公平な状態に置かれていたりする状況を十分に認識し，その問題性を訴えることのできる生活上の感性や感覚を，そして行動力を涵養する点にあるといえよう。

確かに，現代社会において，誰しもがその暮らしの中で否応なしに遭遇せざるを得ない「さまざまな問題」がある。その対応を，個人の生活レベルにおける「やりくり」に任せることは，一人ひとりの生活の自立と主体性を維持・尊重する立場からすると，これを不必要なものとして一蹴すべきものでないことはよく理解できる。しかし，私たちが，暮らしの中で社会福祉とのかかわりを

考えることの意味は,「やりくり」することの限界を積極的に明らかにするとともに,国や自治体が自らの責任において社会福祉に関する制度や政策,サービス等の充実を図るべきであり,そのことを積極的に求めていくことが市民として果たすべき重要な役割の一つであることを認識できる点に求められよう。

現代社会の発展過程で次第に明らかになってきた多様な形態からなる生活上の不安は,これまで多くの人びとが自らの責任の内に対応しようとしてきた「やりくり」に代表されるような「自助」の範囲にとどまっているだけでは克服するに困難なケースを多く内包することとなった。したがって,一方で「やりくり」による対応を図りながら,「均しく自由に」かつ「健康で文化的な」生活が,現実の社会の中で,どのような条件を整えることで実現可能になるのか,そのことを現に生きている人びとの生活や社会の変動を視野に入れつつ明らかにすることが必要になる。

しかし,このような発想が,今なお多くの人びとによって支持されているわけではない実態も見受けられる。そして,このような現状を大きく変革できる展望も,また,有効な戦略も持ち合わせているわけではない。すると,事態の変化を生むには,ここで明らかになった安心・安全に支えられた私たちの暮らしを構築するための取り組みの指針や手段と,多くの人びとが抱いている生活感覚との間に,もっともらしい関係が形成できる方法を模索し,理論化することが必要となろう。そのことによって,はじめて,私たちは,自らの生活を通じて直面する「さまざまな問題」が,実は「やりくり」による対応だけでは,社会全体の平和と安定の確保のみならず,個々人の生活の安寧(well-being＝福祉)の確保も困難になるという考え方を共有することが可能になるのかもしれない。

人間としての尊厳の維持を可能にする生活の営みにとって必要不可欠とされる基本的人権や権利は,洋の東西を問わず,いかなる国家においても,これが無条件で定着したわけでないことは,すでに歴史が明らかにしている。したがって,これらの人権と権利を擁護するには,私たち一人ひとりの手による「不断の努力」が何よりも必要であることも広く知られている通りである。

2　超少子高齢社会の生活課題と社会福祉

　前節で言及したが，人口減少時代とも呼ばれる超少子高齢社会が一段と進展する中で営まれる私たちの暮らしは，目まぐるしく変化する社会状況と相俟って，混迷の度合いを深め，激しく揺り動かされているような状態にある。例えば，子ども虐待の問題，DV被害に直面している女性の問題，引きこもりの問題，薬物依存やアルコール依存の問題，階層格差の拡大がもたらした就業構造の変化とそれに伴う貧困率の上昇を予測させるかのような生活問題（例えば，路上生活を余儀なくされた人びとや「働く貧困層」とも呼ばれるワーキングプアの問題）等々が挙げられよう。加えて，新自由主義的な政策が推進される中で，経済的な困窮のため自らの「生存」のためにしか力を注ぐことができない状況を意味する「伝統的な貧困問題」あるいは「事実としての生活困難」に対する切り捨てや排除，差別の問題が顕在化・深刻化する傾向もうかがえる。そして，このような状況は，広範な領域にわたる「改革」断行の必要性を強調する根拠となった。その結果もたらされた地域格差・階層格差の拡大は，格差社会の出現を導いた。

　ここで，いくつかの重要な用語の意味を概略的に説明しておきたい。

　格差社会とは，ある基準をもって人間社会の構成員を階層化した際に，階層間格差が大きく，階層間の遷移が不能もしくは困難（＝社会的地位の変化が難しく，社会移動が少なく閉鎖性が強いことをいう）な状態が存在する社会の呼称であり，社会問題の一つとしてとらえられている。

　相対的貧困率とは，OECD（経済協力開発機構）が加盟国の貧困状況について比較調査した報告書に示されたデータのことをいう。OECDは，国民の標準的な所得の半分を基準にして，それを下回る所得しかない人を「貧困」状態にあるとみなしている。最新のデータ（2013年の統計）によれば，わが国の貧困率は，メキシコ（18.9％），イスラエル（18.6％），アメリカ（17.2％），トルコ（17.2％），チリ（16.8％），エストニア（16.3％）に次いで世界で7番目の16.1％

であり，メキシコ，イスラエルを除くと，先進国で2番目の高貧困率国といえる。かつての調査では，わが国も今回の全調査国中最も低かったデンマーク（5.4％）やアイスランド（4.6％）を筆頭とする北欧諸国並みの水準であったが，近年では貧富の差が拡大している様子がうかがえる。なお，貧困率の高さ＝貧しい国という関係にあるわけではない。このデータは，所得格差，つまり貧富の格差が広がっている状態を示しているだけのことである。しかし，16.1％は，10年程前の3倍近い数字になっており，現在のわが国がいかに多くの「歪み」を抱えた国になっているかが理解できることになろう。

　新自由主義とは，国家による社会福祉や公共サービスの縮小（そのためには，小さな政府，民営化の改革が必要とされる）と，大幅な規制緩和，市場原理主義の重視を特徴とする経済思想のことをいう。1990年代以降，わが国は「失われた10年」ともいわれる不景気が長引く一方で，IT，金融等の社会的需要にいち早く対応した者の中には，若くして裕福になる人（いわゆる「勝ち組」「若手起業家」とも呼ばれた階層）が出現した。このような状況の中で，既得権益を持たず就職難にあえぐ若年層が登場している。就労が安定しないフリーターや就労すること自体をしないニートといった存在が社会的に注目されるようになった。その傍らで，例えば，「シロガネーゼ」と呼ばれたりする裕福層の生活が注目を浴びる等，格差は確実に存在しているとするのが一般的な認識となりつつある。

　このように，生活破壊が一段と深刻化し，貧困や社会的排除が生み出す最悪な状況が私たちの目の前に現出している。

　政府が主導する経済政策は，一部の大企業の経営を安定させることに寄与しても，私たちの生活は，依然として改善されないままである。ここに至って，多くの人びとは，二極分化とか格差社会と呼称されるものの実態に気がつくようになってきた。地方に生きる人びとの生活は活力を失い，格差の拡大は極めて深刻な事態にある。このような動向をもたらした「改革」路線に対抗しようとした人びとが，既得権益にしがみつく守旧派のレッテルを貼られたことは記憶に新しい。加えて，私たちの生活は一層困難と厳しさを増し，多くの人びと

を「ワーキングプア」状態に追い込んでいるにもかかわらず，このような状態を私たちの暮らしとは違う世界の出来事のように受け止める枠組みづくりがすすんでいるようにもうかがえる。社会問題の個人問題化とも呼べる事態は，多くの人びとにとって，生活困難に置かれている人たちを共感の対象としてではなく警戒の対象のように考える風潮を醸し出すことになったともいえよう。[1]

例えば，現在，児童養護施設では，行き過ぎた暴力行為と一度キレたら容易に止められない子どもたちの混乱が日常化している。職員の眼球や鼻に向けて手加減なしに殴りかかったり，刃物を手にして凄みをきかせてくる場面などに遭遇した際には，身の危険を感じることもある。そこには，施設入所前の家族との生活を通じて傷つき，裏切られてきたことへの子ども達の強い怒りと筆舌しがたい悲しみが感じ取れる。したがって，問題の連鎖に立ち向かう職員は，まさに身体を張って奮闘せざるを得ないのである。ところが，このような社会福祉施設は，多くの若者から「7K」「3Y」を代表する職場として受け止められ，有能な人材が得にくい状態に陥っているという。

このような人間らしく暮らすに難しい状況が顕在する中で，社会福祉の研究と実践が果たす役割は，当然大きくならざるを得ない。既存の社会福祉制度が想定した範囲を遥かに超えた「苦しみの構造」の現状を分析しながら対応すべき課題を発見し，根本的な転換を図るには，何よりも「当事者の暮らしから発信」する強靱かつ新鮮な思考からの模索が必要といえよう。

「自明としてきた思考の枠組み」が壊れつつあり，一連の社会変動がもたらした市民生活の実態が「既存の思考」に揺さぶりをかけている。

生活問題を現代的意味でとらえようとする場合，問題の発生の基盤を資本主義経済制度に求めることは，すでに周知のことである。資本主義の生産システムの下では，資本家階級は，何よりも大きな余剰価値を追求し，資本の蓄積を図る一方，労働者階級は，低賃金，長時間労働，不安定就労などを強いられることになる。このような生産関係が，労働問題や失業問題，生活苦をもたらし大きな社会問題となってきた。

私たちが生きる現代社会は，従来まで見られた貧困をある程度克服したとい

われる。反面，高度に発展した国家経済や物質文明の繁栄は，いわゆる「人間の存在」がまったく無視されるような生活問題を出現させた。このような生活者の実態＝現実を分析し，安心・安全を奪われつつあることによる「苦しみの構造」を理解しようとする視点に欠いた場合，社会福祉制度には，その運営過程で緊張や対立（抑圧関係）の構図が生まれる。そうなると，何らかの困難に遭遇している人びとへの働きかけにふさわしくない行為が定着することになっても，正されることなく放置されたり，恣意的に利用されたりする歴史が繰り返されることになる。

3 人口減少時代の社会福祉における主体と参加の視座

社会制度について，これを各時代における社会構造や生活の営みを通じて支持された慣習・規範あるいは法律の複合体または行為様式と定義すると，社会福祉は，現在の形態からすると，社会制度と呼ぶに相応しい体系をもっている。この制度の構造や組織の特徴を明らかにするには，制度が視野に入れている社会問題を解消するにあたり，制度運営の「主体」が掲げる「目的」や「理念」「手続き」「実践方法」と，受益者としての「客体」について，両者の関係を明確にする作業が必要となる。このような認識に立って，社会福祉制度の主体を説明するならば以下のようになる。

① 政策主体

これは，社会福祉に関連する政策を実際に策定し，実施する者のことをいい，第一義的には国がこれに該当する。その根拠は，わが国の場合，日本国憲法第25条に規定された生存権に求められる。また，国の政策を受け，独自の事業を展開することによって都道府県や市町村の地方自治体も大きな役割を果たすことになる。

② 経営主体

これは，社会福祉の事業を経営する者のことをいう。公的なものとしては国や地方自治体があり，国立・県立・市立などの呼称を付して実施することが多

い。私的なものとしては，社会福祉法人やその他の民間団体および個人を挙げることができる。

③　実践主体

これは，社会福祉制度の担い手を意味する。具体的には，社会福祉の各分野で支援活動に取り組む社会福祉専門職やボランティアとして活動する人びと，あるいはセルフ・ヘルプ・グループのような当事者組織等を指す。

しかし，社会福祉の大衆化・普遍化の進展は，社会福祉の支援活動における主体のとらえ方に新たな視点を付加することになった。

例えば，大衆化や普遍化の用語に代表される，いわゆる社会福祉の拡大は，社会福祉に関する政策の計画・立案にあたって，多くの人びとの従来までの生活や意識の基底にあった依存や哀願に代わり，自らの意志を明確に反映させる「参加」の役割を自覚させるに至った。ここでいう「参加」の概念には，誰しもが自らの意志で行動し，生きる権利を有するとした人格に対する畏敬と，本質的に人間として対等・平等の関係の中で支援活動が展開されるべきという考え方が包摂されている。そして，このような支援活動に対する考え方の広がりは，人びとを，社会福祉制度の客体としてではなく，新しい社会福祉の制度を創出する主体としての位置に転換させる契機となったのである。

そのことにより，徐々にではあるが，働きかけを受けとめる側の意志や態度が，その活動のあり方に反映されるべきとする視点に立って，「与えられる社会福祉」から「市民的努力で形成する社会福祉」，そして「その取り組み（市民的努力）を保障し支える公的責任を担うものとして社会福祉」を論じようとする変化の兆しもうかがえるようになった。その際のキーワードはソーシャルインクルージョン（社会的包摂）である。これは，社会的に孤立したり，社会的に排除される可能性のある人びとを，社会的なつながりの中に包み込み，社会の構成員として支え合うことを意味する。

このような変化の動向は，社会福祉の立場から取り組む支援活動そのものにも大きな影響を及ぼすことになった。民間の営利組織の参入，利用者の応能負担概念の登場，多様なセクターの参加等々がある中で，従来からあった支援活

動の意味や枠組みを超えた視座の構築が必要になりつつある。とりわけ，支援活動の担い手の拡大は，この取り組みについて，今や社会福祉の専門職層によってのみ担われるのでなく，当事者組織，市民参加型の非営利組織（Not-for-Profit Organization: NPO）等々，利用者やその家族らとともに，これらの組織や人びとと双方向の関係を構築しながら組み立てていくことが求められている。したがって，広義の支援活動の担い手として参加してくる人びとを支える，また，そのような人びとも使いこなすことのできる理論的枠組みのあり方も問われてきている。

　社会福祉の立場から取り組む支援のあり方を規定する指針の一つに「個別化の原則」がある。社会福祉の支援活動は「人」「問題」「状況」等を個別化することから始まり，これを揺るがせない大原則としてきた。ところが，わが国における社会福祉の現場では，この原則に則った活動の展開は難しいとされることが多い。個別化の視点から取り組むことの意味は理解できるが，現行の運営（最低）基準との関係で人手が足りず難しいという。社会福祉サービスを利用することが必要な状況にある一人ひとりの「現実」と向き合う支援とは，その「現実」を個別化することから始まるはずだが，それができないとなると，社会福祉は，一体どのような理論・原則を支えとして機能しているのか。

　対応するに厳しい実態があり，取り組みのあり方を議論する時，「実態は厳しい」ということから始まる。その「厳しさ」から逃れるために大切な基本原則が背後に追いやられる構造は，受け入れてよいことだろうか。そのような時点で止まっている限り，「厳しい」と表現される「実態」は何も変わらないことになる。変わらない「実態」の中で利用者は生きていかなければならない。そのような「現実」が織りなす「実態」の中で生きることを余儀なくされている「人」がいる，その「実態」に何の緊張感もなく向き合うことが許されるのであれば，利用者の命に対する不遜な行為として断罪されるべきといえよう。社会福祉とは，利用者に人間らしく生きることを諦めさせる制度としてあるわけではない。彼らも私たちと同様に「only one」の存在であるからこそ，かかわりも個々の事情に応じて差別化されていることが実感できるサービスのあり

方を考えていかなければならない。

　人間社会が成立して以来，いかなる時代にあっても，他者からの保護や支援を必要とする人間が存在する一方で，必ず彼らを保護し支援する上で積極的に手をさしのべようとする行為が見られた。社会福祉の支援活動は，確かにこのような行為が次第に蓄積される中で体系化された歴史がある。例えば，「神のもとで平等に創られた同胞」として，相互に手をさしのべ合うことが動機となって始まった活動の中に，その原初が見出せるのである。そして，時間の経過は，この手をさしのべる行為に対して，個人的な動機だけにとどまらず，次第に社会的性格や役割期待を付加させることになった。

　人が人を支援する行為や活動に，このような変化が生じてきたのは，人間としての尊厳を損なうことなく，かつ個々人の事情や個性が十分尊重される暮らしを営むには，平和的で相互扶助的な方法をより所に，「均しく」かつ「自由に」生きることが何よりも必要になるという点で，社会的合意が得られたことを意味しよう。そして，このような事実は，関連する法律や宣言がまとめられたためとするよりも，人間としてア・プリオリ（a priori）なこと，「議論の余地のないほどに自明なこと」とする認識が広く受け入れられたことの反映と受け止めることができよう。

　なお，今ここでア・プリオリであり「議論の余地のないほどに自明なこと」を強調する意味は，務台理作の言う思想と行動の「ヒューマニズム」なる概念を概観することで明らかになる。[2] 務台によれば，「ヒューマニズム」には三つのタイプがあるという。すなわち「共感としてのヒューマニズム」「態度としてのヒューマニズム」「思想としてのヒューマニズム」である。この三つの中で，とりわけ重要なのが「思想としてのヒューマニズム」であるとした。それは，個々人の胸中の思いを具体的な行動に転化できる可能性を秘め，非社会的なるもの，反社会的なるものに対決し得る力の源泉となる側面があるためという。このような理解に立って，務台は「ヒューマニズム」について，「人間の生命，人間の価値，人間の教養，人間の創造力を尊重し，これを守り，一層豊かなものに高めようとする精神」であり，「これを不当に踏みにじるもの，こ

れを抑圧し破滅させるものに対して強い義憤を感じ，これとの戦いを辞さない精神」と定義した。

このような意味からなるヒューマニズムの精神は，人間疎外や排除，孤立，孤独，差別，無視等々，人間としての尊厳の否定が複雑な形で出現する現代社会の中で，人間存在に対する正義感や平等感，あるいは幸福感と結びつきながら醸成されたものと理解することができよう。したがって，このような精神は「個人の価値，人間の固有の尊厳，個々人の福祉に対する社会の責任，共通の利益に貢献すべき個人の責任」という民主主義社会に広く承認されている価値と発生起源において同一と見なすことができることになる。確かに，これらの価値は，いずれも抽象度が高く，必ずしもそれ自体が社会福祉に固有のものとして存在しているわけではない。しかし，今日でいう社会福祉の制度と実践の基本形態を生み出した思想的要素として機能してきた歴史的事実を見落とすべきではない。

4　人口減少時代の社会福祉における自由と平和の視座

社会福祉の立場から取り組む支援活動や制度運営の方向性を規定する思想的基盤は，民主主義なる考え方を導き出したともいわれている自由・民主・平等・平和に求められる。ここでいう民主主義の基本原理は，ベンサム（Bentham, J.）が語った「最大多数の最大幸福」の実現にある。さらに，ここから多数決の方法も編み出されることになるが，わが国では，この原理が，「弱肉強食」あるいは「適者生存」の傾向を示しがちとなる経済社会建設の指標として恣意的に設定されたこともあって，多数決の前でマイノリティ（少数派あるいは小さき者の最後の一人の存在）の「福祉（安寧）」を埋没させる根拠として機能することになった。このような傾向に異議を唱える役割を，社会制度としての社会福祉が引き受けることになるとするならば，社会福祉は，マイノリティの，あるいは少数者の利益を守ることを出発点にしなければならない。

とりわけ，わが国の場合は，社会福祉が第二次世界大戦後の民主化・近代化

政策の一環として制度化された経緯があることを考えるならば，制度の運用では，人間性の尊重あるいは自由と平等に代表される民主主義の基本的な価値や原理が堅持されていなければならないことは明白である。

社会福祉は，そのかかわりを通して個人を，集団や組織を，地域社会を意識的にも無意識的にも変えていく機能を間違いなく担うことになる。それを，自分の日常的な経験や信念・信条に依拠して推し進めていくとなると，あまりにも傲慢な，他者への不遜な態度であり，恐れを感じない，謙虚さに欠けた行為といえよう。そのことに気づかないとなれば，もはや由々しき事態にあるといわざるを得なくなる。

社会福祉の制度運営とソーシャルワークの対象がいかなる「人」「問題」「状況」であろうとも，「人間を大切にする」「人間の尊厳」なる考え方を唯一の拠り所にして取り組むとするならば，私たちが議論すべきテーマは，かかわりの方法を豊かにして行く戦略についてになろう。「人間の尊厳」，それは個別化・個性化・差別化の視点に立ったかかわりの確立を意味する。そのため，次に必要となるのは，現実の中で向き合う具体的な方法を考えていくことになる。そこで考えてみたことを，自らの身をもって表すこと，すなわち，身体化（performance）することが社会福祉の制度運営とソーシャルワーク実践と呼ばれることになる。社会福祉の立場から最後まで忠誠を尽くし続けなければならない存在，それがマイノリティの立場に置かれている人びとなのである。

新しい時代の到来とともに，将来の経済や社会をどのように支えるかについては，つねに議論されてきたところである。困難と安寧の繰り返しが，社会や人びとの生活の変化に何らかの影響を及ぼしてきたことは間違いのない事実であるが，そこにはつねに何かの誰かの犠牲が伴っており，また，それが必要であり必然であるかのように語られることも多い。社会福祉においても，同様の経緯や論調が見られる。

かつてエレン・ケイ（Ellen, K.）は，「20世紀は児童の世紀である」と述べた。その背景には，産業革命の波が押し寄せ，大人の所有物として多くの子どもが工場の中で酷使され，搾取の対象となっていた事実があった。社会全体が，子

どもを大人と同様にとらえ，産業革命期の労働需要に合わせて利用できる手段としての位置に置いていた時代であった。エレン・ケイの視座の底流にあった「精神」は，やがて問題の当事者である子どもの「最善の利益」を保障することをめざしたジュネーヴ宣言（1924年），子どもの権利宣言（1959年），子どもの権利条約（1989年）と受け継がれることになる。しかし，「21世紀もまた児童の世紀である」と唱える必要はないか。その真意は何か。問題を呼び起こす背景や契機に「革命」や「戦争」「政争」「対立」が介在しており，時代が進展しても依然として大人や社会に翻弄されて生きる子どもの生活ぶりが浮かび上がってくることになる。

　グループを媒介としたソーシャルワーク実践は，19世紀中頃のイギリス社会に萌芽が求められ，セツルメント・ハウスでの活動やYMCAでの活動の成果から大きな影響を受けて体系化された。ところが，理論的により精緻な体系となるには，第二次世界大戦におけるファシズムの出現を待たなければならなかった。当時は，グループ活動自体に大きな価値を見出していた時代といえる。ところが，ナチスに代表されるファシズムは，グループのもつ破壊力や，グループを巧妙に悪用できる事実を明らかにし，グループ経験の質そのものへの配慮が重要になることを多くの人びとが自覚するに至った。合わせて，民主主義を実現するには，政治形態のみならず，人びとの生活様式や意識についても，その改善や改良を図る必要があり，そのためには目的意識的な絶えざる努力を必要とすることが改めて認識されることになった。最も弱い立場に置かれている人びとのうち，時として，ややもすればその存在すら見逃されがちな，最後方にたたずんでいるその人の暮らしについても十分な配慮のもとで生活を営むことができるような支援体制が整備されない限り，社会全体がのどかで平和な暮らしを享受できる時代の到来はありえないことを銘記したい。

ま と め

　社会福祉に関する学びの始まりの段階から，「人間の尊厳」なるテーマを，

何故に意図的に強調し，学びの過程に取り込むことが必要となるのか。例えば，2001年9月11日にアメリカで起きた同時多発テロ事件以降，地球上から戦争が絶えることはなくなった。「平和憲法」の下で，「戦争をしない国」「人の命を大切にする国」といってよいわが国であるが，偶然の事故でもないのに，普通の暮らしの中で人の死（殺人）と出会うことは，今や特別な出来事ではない状況となっている。人の命が，こうも簡単にこの世から消えて行く風潮がある中で，その風潮が，私たちの暮らしに直接間接に影響を及ぼさないわけがない。人の命が余りにも軽く扱われる傾向について，そのことがもたらす影響について，社会福祉に引きつけて考えなければならない課題が私たちの暮らしの中に存在する。

　わが国の場合，社会福祉の立場から，戦争体験との関連で「人の命」を考えることは，あまり多いことでないように思う。しかし，例えば，わが国の児童福祉施設が，第二次世界大戦後，戦災孤児への対応にあたって来た歴史を辿ったこと考えると，社会福祉は，人の命の尊さや平和の尊さとの向き合いを誰よりも重要な課題とする社会制度の一つといってよいであろう。

　人間として生きること／暮らすことが，あまりにも切なく苦しい時間や空間・環境の中で営まれていても，人への恨みや腹いせ，怒りの感情を抱きながらのものでないことを祈りたい。争いが起きている世界，その影響が家庭の中で，会社や職場の中で，友人との関係の中で，その「現実」がどのように影響しているのかは判然としない。しかし，社会福祉の学びを体験した者は，自らの生活を通して「自由」「平和」「民主」「平等」の実現を「夢」見て，「希望」を捨てずに生きることが求められている。争いの多い時代だけに，生活の厳しさに押し流されて大切なものを見失うことのない人間の生き方に関する学びを，社会福祉との向き合いから始めてみたい。混迷する現代社会がもたらした「生活のしづらさ」や「暮らし難さ」の問題に直面し，しかも，居場所を失い，浮遊するかのように生きる「当事者」とその「家族」について，あるいは，何らかの理由で家庭の崩壊に巻き込まれ社会福祉領域では伝統的な存在となる居住型社会福祉施設の中で暮らす「当事者」とその「家族」について，そして，そ

のような人びとからの眼差しをとらえ,向き合いながら社会福祉の専門職としての仕事に携わっているソーシャルワーカーの職務について等を学ぶことが本書の中心テーマである。

注
(1) 詳しくは,浜岡正好「ナショナル・ミニマムと憲法」『福祉のひろば』5月号,総合福祉研究所,2007年を参照されたい。
(2) 務台理作『現代のヒューマニズム』岩波書店,1961年。

参考文献
阿部志郎『愛し愛されて――継承の小径』阿部志郎の本刊行会,2016年(私家版)。
北川清一編『社会福祉の未来に繋ぐ大坂イズムの継承――「自主・民主・平和」と人権視点』ソーシャルワーク研究所,2014年(私家版)。

第2章 社会福祉に関する基本的理解

はじめに

「社会福祉」なる用語は，今や日常用語として人びとの何気ない会話の中でも耳にするほどに広く用いられるようになり，かつてあった特殊用語としてのイメージは払拭されたように思える現況が見られる。その一方で，人や場，状況によって，この用語の意味や内容が大きく異なる形で用いられることもしばしばである。今もって，必ずしも共通した理解のもとで用いられる状況にないとするならば，「社会福祉」について，その意味や内容を吟味し，「社会福祉」が取り扱う問題の射程を明確にしてみることも必要なように思える。

そこで，本章では，「社会福祉とは何か」の基本的な問いに答えるため，その「概念」を中心に検討することにしたい。

1 社会福祉の概念

(1) 福祉と社会福祉

本項では，「福祉」あるいは「社会福祉」とは何かという基本的な問いに答えるにあたり，まず，これら用語の概念を整理しておきたい。

「社会福祉」は，social welfare を日本語訳した用語として用いることが一般的である。ところが，well-being の日本語訳でもある「福祉（あるいは安寧）」との間には明確な峻別が必要なことを意識しないで用いるのが一般的な傾向かもしれない。英語で表記してみると明らかなように，用語としての「社会福祉」と「福祉」は，必ずしも同じ意味内容を持っているわけではない。私たち

図2-1 社会福祉の意味

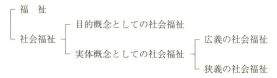

一人ひとりの「心地よい暮らし」を意味する「福祉」について，これを，私たちの信託を受けた国家（政府）が，その責任のもとで法を定め，社会制度としての運営を図りながら保障しようとして体系化されたものを「社会福祉」と呼ぶことにしたい。すなわち，「社会福祉」とは，実態としての社会的施策そのものを意味することになる（これを「実体概念」としての社会福祉と呼ぶ）。

ところが，このように用いた場合でも，「社会福祉」には，さらに二通りの理解の仕方が存在する。一つは，社会的施策としての「社会福祉」の対象をすべての国民にまで広げ，日常生活の総合的な保障をめざすものとして説明するものであり，これを「広義」の「社会福祉」と呼ぶ。他の一つは，対象を，いわゆる「社会的弱者」に限定し，そのような人びとの生活救済・保護をめざすものとして説明するものであり，これを「狭義」の「社会福祉」と呼ぶ。

また，このような理解とは別に，「社会福祉」を「目的概念」としてとらえながら説明する方法もある。すなわち，人間としての尊厳が十分に維持できるような幸福の追求や生活内容の向上を図るために機能すべきと考え，あらゆる種類の社会的な制度や政策，サービス，実践活動等々が共通して達成しようと掲げている「目的」そのものを「社会福祉」と呼称して用いる場合のことをいう。

なお，以上のように説明できる用語としての「社会福祉」が持つそれぞれの意味について，その位置関係を図示するならば図2-1のようになろう。

（2）社会福祉の類似語

「福祉」あるいは「社会福祉」に類似する用語として，「社会事業」「社会福祉事業」「社会福祉実践」「ソーシャルワーク」「社会福祉援助技術」等々があ

る。これらの用語の異同を説明する視点は必ずしも一様ではないが，本項では次のように説明しておこう。

社会事業とは，それまでにあった慈善や博愛と呼称されていた用語に代わるものとして登場し，大正時代初期の頃から用いられることになった。この用語を用いることにより，当時の時代状況を背景に出現した生活問題へのかかわりについて，従来の慈善や博愛とは異なり，個人的主観的動機以上に組織的かつ公共的な取り組みとして，しかも，技術を用いて客観的かつ合理的に問題解決にかかわろうとしている意図を表すねらいがあった。

ところが，用語としての社会事業は，このような意味とは全く異なる視点で用いられることがある。すなわち，社会事業を，やがて「社会福祉」に発展していく前段階の表記法としてとらえるのではなく，利潤の獲得を第一義とする資本主義経済制度の枠組みの中で，「労働力の再生産」や「労働力の保全」を図ることに主たるねらいを定めて展開される「社会政策」だけでは対応困難な人びとの生活問題に対して，この枠組みから逸脱することのない範囲で取り組まれている実践活動や制度，政策等を説明する用語として用いる考え方である。

社会福祉事業とは，社会福祉事業法（現・社会福祉法）が制定されて以降，それまでの社会事業に代わって用いられるようになった。その意味は，同法第3条「社会福祉事業の趣旨」の規定にある「援護，育成又は更生の措置を要する者に対し，その独立心をそこなうことなく，正常な社会人として生活することができるように援助すること」としてとらえるべきとするのが一般的である。なお，この内容は，既述した「狭義」の「社会福祉」と基本的には同じものとして理解されてきた。

社会福祉実践とは，いかなる時代の人間社会であっても，他者からの保護や援助を必要とする人が存在する一方で，彼らを保護・援助するために手をさしのべる活動や行為を必ず見出すことができるが，このような取り組みの中から生起したものをいう。しかし，その取り組みの内容から考えるならば，社会福祉実践は，広義と狭義に分けてとらえることが必要であろう。広義の社会福祉実践とは，社会福祉に関連するあらゆる種類の活動を意味し，いわゆるボラン

ティア（あるいは一般市民）や当事者の手による活動をも包含して指すことになる。狭義の社会福祉実践とは，社会福祉の専門教育や訓練を受けた者（彼らを社会福祉専門職〔例えば，社会福祉士，介護福祉士等〕と呼ぶ）の手による活動を意味することになる。

　ソーシャルワークとは，これまで「専門社会事業」とか「社会事業」と訳されて用いられてきたものをいう。しかし，「社会政策」を補充したり代替する役割を担う社会的施策としてとらえる「社会事業」と同じ意味で用いることはしない。社会福祉制度は，これを必要とする人にとって適切に機能しない限り意味をなすことがない。そこで，社会福祉の専門教育や訓練を受けた者の手によって取り組まれる社会福祉実践は，多様な場面の中で，直接間接に専門的な支援技術や技能・知識を活用して，制度と人の橋渡し役を担うことになる。ここでいう専門的な支援技術をソーシャルワークと呼んでいる。

　社会福祉援助技術とは，1987年に公布された社会福祉士及び介護福祉士法の施行を契機に，それまでソーシャルワークと呼称していたものを社会福祉援助技術と表記して用いる法律用語である。そのため，社会福祉士及び介護福祉士法が社会福祉士の主たる業務を「相談援助」と規定し，社会福祉士と「相談援助」業務を媒介するものとして社会福祉援助技術を位置づけたことも関係して，ソーシャルワークの日本語訳として適切かどうかの問題を残すことになった。例えば，ソーシャルワークを「相談援助」との対応関係だけで説明しようとする，その限定した理解の仕方に対する問題の指摘がそれである。

　用語としての社会福祉は，日本国憲法第25条（生存権規定）第2項の条文に明記されて以来，それが「social welfare」の訳語であることとして広く知られ，一般的に用いられるようになってきた。ここで注目すべきことの一つは，この用語に「social」が連辞符的に用いられている点である。それは，社会福祉のあり方について，これを社会の動向と切り離して考えるべきでないことを示しているといえよう。言い換えれば，社会福祉とは，社会（時代）の変化とともに法制度として施策的変更を余儀なくされる関係にあることに着目すべき

ことを教えているのである。

　誰もが，いつでも，どこでも，気軽に利用できる社会制度として一般化し普遍化しつつある社会福祉ではあるが，今なお，これが，いつ頃からどのように発展し，何を意味すべきものなのかを明確に答えられるまでには至っていない。そこで，本章は，歴史的存在であるとともに現実的存在でもある社会福祉が，現代社会の中でどのような意味を持ち，機能すべきかについて明らかにしていくことになる。

2　社会福祉の定義

　社会福祉の「定義」は，前節で取り上げた「概念」にも多様な視点が認められる影響も受け，現在までのところ，一般的に承認されたものとして説明できる状態にない。ここでは，社会福祉学の代表的な研究者が，それぞれの立場から取りまとめた「定義」について紹介し，その特徴・独自性の概略について説明してみたい。なお，第3章第4節では，本節で取り上げた研究者が論じた理論をわが国における社会福祉理論の体系化として整理しているので並行して学ばれたい。

(1) 政策論的立場からのとらえ方

　このような視点に立った代表的研究者に孝橋正一（代表作：『社会事業の基本問題』ミネルヴァ書房）がいる。この立場の特徴は，①理論的な基盤を唯物史観的な社会科学理論に求めている点，②社会事業（社会福祉）を「社会政策としての諸政策」を補充するサービス（政策）としてとらえる点にある。すなわち，マルクス主義の方法論を駆使しながら，資本主義制度の構造的矛盾が必然的に生み出した「社会事業（この立場にある者は社会福祉と呼称しない）」の「対象」が存在し，この「対象」に対して，精神的・物質的な救済・保護および「福祉」の増進を図るために「社会事業」が存在するとした。孝橋によれば「社会事業とは，資本主義制度の構造的必然の所産である社会的問題に向けられた合

目的・補充的な公・私の社会的方策の総称であって、その本質の現象的表現は、労働者＝国民大衆における社会的必要の欠乏（社会的障害）状態に対する精神的・物質的な救済，保護および福祉の増進を，一定の社会的手段を通じて，組織的に行うところに存する」という。

（2）ソーシャルワーク論的立場からのとらえ方

このような視点に立った代表的研究者に竹内愛二（代表作：『専門社会事業』弘文堂）がいる。この立場は，前述した政策論的立場のとらえ方と対照されることが多い。その特徴は，アメリカの生活文化を通じて理論的に体系化された支援技術としてのソーシャルワーク論を基盤に構築された点に求められる。すなわち，行動科学的方法を駆使して「〈個別・集団・組織〉社会事業とは〈個別・集団・地域社会〉が有する社会（関係）的要求を，その他の種々なる要求との関連において，自ら発見し，かつ充足するために，能力，方法，社会的施設等あらゆる資源を自ら開発せんとするのを，専門職業者としての〈個別・集団・組織〉社会事業者が，その属する施設・団体の職員として，側面から援助する，社会福祉事業の一専門領域を成す過程」とした。社会関係の調整に重点を置いたこの立場は，社会事業（社会福祉）を，独占資本主義の段階で必然的に形成される「歴史的な制度概念」あるいは「歴史的所産」としてとらえるのではなく，「超歴史的」な「技術的処遇の体系」として受け止めることになる。すなわち，それは「社会事業（社会福祉）の方法なのではなく，これ自体が社会事業である」としたのである。

（3）制度論的立場からのとらえ方

このような視点に立った代表的研究者に竹中勝男（代表作：『社会福祉研究』関書院）がいる。この立場の特徴は，社会福祉に向けられたニードへの対応を進めるにあたり，その取り組みを可能な限り制度化することによって解決しようとする側面から社会福祉理論の体系化を企図した点にある。すなわち，「社会福祉」とは「社会保障や公衆衛生と同列に置かれた狭義の社会福祉ではなく，

此の二者を包括し総合する広義の社会福祉一般として，或いは，社会政策や社会事業や保健衛生政策や社会保障制度の根底に共通する政策目標として，或いは又，之等の政策や制度が実現しようと目指している目的の概念」と定義した。この定義は，「広義の概念」あるいは「広義の社会福祉」と呼ばれ，社会福祉の目的を繁栄至福の状態や人権の保障，個人の独自性と価値の承認等に求め，このような目的を達成する社会的な政策・制度・活動を総称して社会福祉と規定した。このような視点は，前二者のとらえ方にないもので，第二次世界大戦後，社会福祉や社会保障に関連する制度が整備される過程で登場することになった。

(4) 社会福祉の固有性を強調するとらえ方

このような視点に立った代表的研究者に岡村重夫（代表作：『全訂・社会福祉学（総論）』柴田書店）がいる。この立場の特徴は，個人と社会制度の間に認められる社会関係における主体的側面に関心を向け，個人を制度に適合させつつ，生活全体に行き渡る社会福祉固有の領域や機能の取りまとめに努めた点にある。すなわち，「社会福祉の固有の立場」について，岡村は「(i) 人間の社会生活の基本的要求が全体として調和的に充足されることをねらいとする」「(ii) すべての個人が社会的役割を効果的にはたしうるように援助することが基本的な機能である」「(iii) 社会福祉は個人の社会的側面の援助，すなわち社会関係の主体的側面の援助を，直接個人に対して行うとともに，地域社会や集団に対しても，彼らが個人の社会的役割を容易にするような制度的変更を加えるように援助をする」とした。この定義から明らかなように，社会福祉について，社会福祉の実践方法，とりわけ，専門的な実践方法（すなわちソーシャルワーク）に焦点を当てて取りまとめた側面が如実であることから，このような視点を「技術論的立場」と呼んだりすることがある。

(5) 生活論的立場からのとらえ方

このような視点に立った代表的研究者に一番ヶ瀬康子（代表作：『社会福祉論』

真田是共編,有斐閣)がいる。この立場の特徴は,社会福祉の研究と実践の対象を,人びとの生活過程から派生する生活問題に求め,社会科学的アプローチを重視する実践的運動論に立脚している点にある。すなわち,社会福祉とは「国家独占資本主義期において,労働者階級を中核とした国民無産大衆の生活問題に対する〈生活権〉保障としてあらわれた政策のひとつであり,他の諸政策ととりわけ社会保障(狭義)と関連しながら,個別的にまたは対面集団における貨幣・現物・サービスの分配を実施あるいは促進する組織的処置」[5]と定義した。この定義は,「狭義の概念」あるいは「狭義の社会福祉」と呼ばれ,そこには,社会福祉の政策や制度を一定領域に限定し,その改変の契機は,社会福祉要求運動にあるととらえようとするねらいがうかがえる。

 (6) 力動的統合理論を強調するとらえ方

このような視点に立った代表的研究者に嶋田啓一郎(代表作:『社会福祉体系論』ミネルヴァ書房)がいる。嶋田は,高度経済成長期以後の社会的経済的状況を背景に「転換期における社会的問題」を取り上げた点に特徴がある。そして,社会福祉を「その置かれた社会体制のもとで,人間の社会生活上の基本的欲求の充足をめぐる個人と制度的集団との間に成立する社会関係において,人間の主体的および客体的条件の相互作用より生起する諸々の社会的不充足あるいは不調整関係に対応して,その充足,再調整,さらに予防的処置を通して,社会的に正常な生活水準を実現せんとする公私の社会的活動の総体を意味する」[6]と定義した。嶋田は,同志社大学のミッションともいえるキリスト教思想をベースに社会体制(政策)論と人間行動科学(技術)論を統一的にとらえようと試みたり,実践的な社会福祉運動や住民運動等に代表される,いわゆるソーシャルアクション的な活動を社会福祉の理論体系の中に正しく位置づけようとする点に重きを置く立場を貫いていた。

 (7) 多元的な福祉サービスの供給論的立場からのとらえ方

このような視点の先鞭の役割を担ったのは,1980年代以降に顕在化する「福

祉改革」の積極的な推進を提起した三浦文夫（代表作：『社会福祉政策研究』全国社会福祉協議会）である。三浦は、「非貨幣的サービス」と呼ばれる社会福祉サービスについて、とりわけ、在宅福祉のあり方について関心を寄せた。このような立場が「ニード論」「供給論」とも呼ばれたのは「貧困対策を主軸として構成されてきた社会福祉を、貧富に関わりなく福祉ニーズに応じて、誰もが利用できる社会福祉施設・サービス体制を確立するという、社会福祉の普遍化、一般化の中で、国主導型の社会福祉事業の運営原則の見直しを図るとともに、福祉サービスの選好度が拡まるにつれ、民間企業やインホーマル・セクターによる多様なサービスの供給を求められはじめたという状況を反映するものであった[7]」と論じた点からであった。このような論点について「政策展開への批判的視点」を失うことにつながるとの批判もあるが、これまで論じられることのなかった「計画策定」や「マネジメント」の領域の理論的基礎を築いた点は評価されるべきといえよう。

(8) 社会福祉をトポスから読み解くとらえ方

社会福祉における貧困研究の第一人者といえる岩田正美（代表作：『社会福祉のトポス』有斐閣）は、第二次世界大戦からのわが国における社会福祉の変遷と分業の歴史を「一般性」と「特殊性」という概念を駆使して分析し、社会科学として担うべき社会福祉学の役割について、「場所」あるいは「位置」とも訳せる「トポス」を基点に論じた。そのような視座が投げかけた社会福祉に向けられた問題関心は、本節で紹介した先覚によって言及されたものとは異質な研究手法をもって掘り下げられている。その内実は、いわゆる制度政策論研究に留まらず、ソーシャルワーク論研究を深める新たな切り口をも構想（提示）されており、それを予見させる視座は、すでに「社会福祉は、自立して私的に営まれることを期待されている個々の生活過程に生じた社会的ニードの充足を、社会の目的に照らしながら、社会の何らかの組織が関与して行う点に特徴」があり「多様な手段と方法によって、必要財・サービスだけでなく、それを規定している社会的地位や生活機会などの社会による調整・再分配を行おうとす

る」と規定された中から読み取れる。岩田自身による社会福祉研究のさらなる精緻化が待たれる。

3　社会福祉の目的

（1）社会福祉制度の権利構造

　社会福祉制度を利用することは，私たちの生活の安全・安心を図るにあたって，今や，必要不可欠で当然の権利の行使として受け止められている。そして，そのような理解の起源であり，制度の運営に影響する社会福祉関連法規の根拠法に位置するのが，日本国憲法第25条であることは周知の通りである。しかし，その権利構造や権利性に関する理解は，「生活保護」の運用をめぐって生起する問題（例えば，餓死問題や一家無理心中問題，介護疲れによる親族殺人問題，不正受給問題，等々）に代表されるように，依然として曖昧なままにある。

　社会福祉制度の権利性について，日本国憲法との位置関係を検討しつつ整理すると，佐藤進は図2-2のようにまとめることができるとした。ここに図示した構造が理念レベルにとどまることなく，制度運営を規定する関連法の立法過程で内実化されることにより，社会福祉は一人ひとりの生活を擁護するセーフティネットとして機能することになる。

　ところで，わが国における社会福祉制度は，制度運営上の伝統的な課題ともいえる「貧困」への対応に努めることから始まった。それは，やがて，社会福祉の量的拡大を図ることと相俟って，広く国民一般を対象とする規模の社会制度になるよう努める時代へと移行することになる。さらに，現在では，ややもするとその取り組みの不十分さについての認識を欠いたまま，社会福祉サービスの「質」の拡充に努める段階にさしかかっているといえよう。「政府に過度に依存することなく国民の自立・自助を基本とする」意識の変革があったとする時の政策担当者の認識を前提とする制度改革のねらいと，そのサービスを享受する利用者の生活実感の間にある甚だしい乖離は一体何を意味するのか。

　わが国における社会福祉制度は，居住（生活）型施設群を中核に機能してき

図 2-2 社会福祉の権利構造と制度の体系

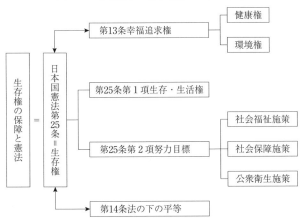

出所：佐藤進ほか「権利性と訴訟」一番ヶ瀬康子編著『これからの社会福祉』（現代の社会福祉Ⅱ）ミネルヴァ書房，1983年，73頁（一部修正）。

た特徴を持つ。そして，この施設群を巻き込む形で社会福祉サービスの供給システムに本格的な変化が見られるようになったのは1970年代以降のことであった。すなわち，それまでにない新しい供給システムとしてコミュニティケアあるいは地域宅福祉サービスの推進が提唱されることになったのである。以来，社会福祉制度は，施設福祉と地域福祉を車の両輪の如くとらえて取り組まれてきた。

繰り返すが，社会福祉制度は，変動する社会の状況に応じてサービスの供給システムやメニューに変更を加えることを一つの特徴としている。当然であるが，変更を加える基本戦略は，多くの人びとの生活実態や諸要求を十分に把握した上で計画されなければならない。社会変動と連動して社会福祉の制度改革が進展するとしたならば，わが国の場合，制度改革は次のような経過をたどる必要があった。

・第1は，社会福祉にとって伝統的（古典的）課題ともいえる「貧困」問題への対応方法を制度化する段階。
・第2は，社会福祉サービスの量的拡大を図りながら，社会福祉を国民的

な規模の社会制度として成熟するように努める段階。
・第3は，一人ひとりの生活の「アメニティ（快適性）」や「安心・安全」を確保するにふさわしい社会制度として機能するため，社会福祉サービスの「質」の充実に努める段階。

　ところが，社会福祉基礎構造改革以前の1970年代後半から始まる社会福祉の制度改革は，そのスタートの時期が「オイルショック」に端を発した国家経済の低成長期と重なったこともあり，ややもすると財源の効率的運用を意図した「安上がり」志向の「福祉見直し」に過ぎない側面があった。言い換えれば，前述した第1および第2の段階への対応も不十分なまま，しかも，そのことの認識を欠いたまま第3の段階の課題を行政（国家）主導の下で検討され，計画の策定・実行に及んだといえよう。

（2）社会福祉を制度としてとらえる視点
　ここで，社会福祉制度のとらえ方を理解するための視点を整理しておきたい。
1）生存権保障のための施策とするとらえ方
　これは，社会福祉制度について，日本国憲法第25条に規定された「生存権」の理念を具体的な形で保障するために整備された社会的施策の一つとしてとらえようとする考え方である。このような視点に立つことによって，社会福祉制度の現代的意義や特質を理解することができる。
2）制度的欠陥としての生活問題に対応を図る施策とするとらえ方
　これは，社会福祉制度を，現代の社会構造や制度上の欠陥によってもたらされる生活問題への対応として体系化された社会的な施策としてとらえようとする考え方である。すなわち，ここには，社会福祉制度が対応する多様な形態からなる生活問題とは，そのいずれもが，基本的には資本主義制度が宿命的に抱える構造的制度的な欠陥から生起したものであり，個人の無能力や道徳的な混乱等によって派生する一部特定の問題と異なるものとする認識があった。このような視点に立つことによって，社会福祉制度の社会的性格を理解することが

できる。

3）公共一般施策および社会政策と関連する施策とするとらえ方

これは，社会福祉制度が，市民生活を維持し発展させる目的で整備された社会サービス全般を意味する公共一般施策や労働政策に代表される「社会政策」の実態の中に垣間見る限界に対応するため，これらと「相互に交渉し，補充し合う関係」にある社会的な施策としてとらえようとする考え方である。このような視点に立つことによって，社会福祉制度の社会的な位置づけを理解することができる。

(3) 社会福祉制度の補充性

ここでは，社会福祉制度の基本的な性格を理解するために，前述した「相互に交渉し，補充し合う関係」，すなわち「社会福祉の補充性」について整理しておきたい。

社会福祉制度がとらえる「補充性」とは，公共一般施策等の手に及ばない生活上の問題に対して，社会福祉の立場から支援の手をさしのべる関係のことをいう。このように説明できる補充性は，①「並んで」（並立），②「補い」（補足），③「代わって」（代替）の三つに分かれて機能している点に特徴がある。

仲村優一は，社会福祉制度に認められる「補充性」の三つの関係について，次のように説明する[9]。

① 並立的補充性：これは，公共一般施策と社会福祉の両者が相互に独自の領域を持っており，独立併存する関係の中で，各々の目的をよりよく達成することを意味している。例えば，高齢者対策の一環として，社会福祉の立場から生活型施設を整備する等の取り組みがこれに該当する。
② 補足的補充性：これは，足りない部分を補うことを意味しており，公共一般施策の働きをより効果的にするため，社会福祉が，それらの諸施策に付加される関係に位置すること

をいう。例えば，病院組織の中で勤務する医療ソーシャルワーカーの取り組みがこれに該当する。
③　代替的補充性：これは，本来，公共一般施策が取り上げるべき事柄であるが，実態としては対応方法に不備があるため，社会福祉が代替的役割を担う関係のことをいう。例えば，生活保護制度の中にある住宅扶助や教育扶助等がこれに該当する。

4　社会福祉の対象と守備範囲

　社会福祉は，人口の減少が始まり超少子高齢社会が一段と進展する社会変動の実態を見据えながら，私たちの現実の暮らしの中に派生する，場合によっては「他人には理解のできない〈個人的〉事情による自分の生活上の問題」のごとく受け止められがちなさまざまな「生活上の問題」について，これを社会の，あるいは国家の責任として解決することを目的に準備された方法・手段の一つなのである。言い換えるならば，社会福祉とは，いかなる状況にあっても，人間としての尊厳を損ねることのない生活の営みを可能にするために策定された諸々の制度や政策が十全に機能できるよう，これを補足したり，補完したり，並立した関係を保ちながら，あらゆる人びとの生活をバックアップする装置としての役割を担っているのである。
　それでは，このような装置を必要とするような私たちの暮らしの中に派生する「問題」とは一体何を意味するのか。
　第二次世界大戦後のわが国の政治や経済に関する政策遂行の基調は，一貫して経済成長を促進するための産業振興を最優先するものであった。その結果，私たちの暮らしは一躍改善され，きわめて近代化され都市的なセンスに満ちあふれたものに変貌を遂げた。しかし，その取り組みによってもたらされた生活の変化が無計画かつ急激であったため，現実の暮らしは，随所に多様な歪みを醸し出すことになった。具体的にいえば，産業社会の高度化が都市への人口集

中をもたらし，過剰人口と多くの産業を抱え過密に悩む都市を出現させ，同時に，その都市への人口流失をくい止められないまま日常的な生活機能の維持・確保を図ることも困難な過疎化に悩む農山漁村の問題を生み出すことになった。いわゆる「限界集落」に象徴される問題である。さらにいえば，破壊の一途をたどる自然環境，その自然環境の保全と生活の便利さの両立をめぐる問題，私たちの生活の利便を図る上で必要な保育所や病院等に代表される生活環境施設の量的不足や地域格差とサービス水準の問題，増大する傾向にあるいわゆる青少年の非行問題等，豊かさの影には解決するに余りある諸問題が実際の暮らしの中に見え隠れしている。

　このような現代社会の中に派生する「問題」に対して，社会福祉はどのような方法を用いて関与すべきであろうか。対応すべき人と問題，状況についての理解と分析，それを手がかりとしながら打ち立てる対応方法の計画と実施，運営と管理・評価の進め方等に，社会制度としての社会福祉の独自性を明確にできる下地が内在している。このような時代状況を受け，「与えられる社会福祉」から「市民的努力で形成する社会福祉」，そして「その取り組み（市民的努力）を保障し，支える公的責任を担う社会福祉」を論じる新たな潮流も出現している。社会保障政策や労働政策とは異なる，あるいは，それらの対抗軸となりうる「社会福祉政策」の展開が待たれるところである。

ま と め

　人間社会は，これまで，その構成員の階級や階層を多様に分化させ発展してきた。そして，その発展過程で生起した富や便益は一部の者に偏る傾向を示してきた。そのため，人びとの実際の生活場面では，さまざまな不平等が生まれ，その実態は，もはや看過できない混乱と混迷を呈している。

　したがって，現代社会では，生活上の不平等のみならず，富や所得の不均衡を是正する仕組みを確立することと併せて，人びとの生活の中で派生する不安や不幸等にも対処できる仕組みの確立が求められている。「社会福祉」は，そ

のために制度化され機能する社会制度の一つなのである。

　社会福祉制度は，時代と共に変容することを大きな特徴としている。この間，確かに，社会福祉の政策主体は，関連する法制度の整備に努めることによって，提供できるサービスの「普遍性」を達成したかのような状況をもたらした。しかし，その一方で，制度的な欠陥が露呈したり，生活者・当事者の願いや意識と必ずしも交わらない，政策主体の変わり得ない姿勢も一層鮮明になりつつある。

　このような状況下で明らかになった「普遍性」とは一体何なのであろうか。誰もが，いつでも，どこでも気軽に利用することができるという，「普遍性」なる用語の本来的意義とは異なる，その意味で，社会福祉のサービスを真に必要とする人びとの問題の存在に関する解釈とは大きく乖離する，制度やサービスを策定する政策主体の利害やねらい・判断等が介在する側面の存在を見逃すべきではない。

　社会福祉の概念や定義が多様なとらえ方に立脚して説明されるように，社会福祉制度のあり方についても，現在までのところ，必ずしも共通する視点から説明できる状況にない。だからこそ，社会福祉制度の利用者の立場にある私たちは，本制度が内包する本質的な意味を理解した上で，個々人の生活の中で有効に活用できる方法を当事者発信の視点に立って検討できる力を持ち合わせていたいものである。

注
(1) 孝橋正一『全訂・社会事業の基本問題』ミネルヴァ書房，1962年，24-25頁。
(2) 竹内愛二『専門社会事業』弘文堂，1959年，91頁。
(3) 竹中勝男『社会福祉研究』関書院，1950年，6頁。
(4) 岡村重夫『全訂・社会福祉学 総論』柴田書店，1968年，140-141頁。
(5) 一番ヶ瀬康子・真田是編『社会福祉論』有斐閣，1968年，9頁。
(6) 嶋田啓一郎『社会福祉体系論』ミネルヴァ書房，1980年，15頁。
(7) 三浦文夫『増補 社会福祉政策研究』全国社会福祉協議会，1987年，302頁。
(8) 岩田正美ほか『社会福祉入門』有斐閣，1999年，98頁。
(9) 詳細は，仲村優一ほか編『社会福祉教室 増補改訂版』有斐閣，1989年，および仲村優一『社会福祉概論』誠信書房，1984年を参照されたい。

参考文献

大友信勝「貧困ソーシャルワークの特徴と専門職アイデンティティ——福祉事務所に関する政策動向を中心に」『ソーシャルワーク実践研究』第2号，ソーシャルワーク研究所，2015年。

米本秀仁『社会福祉の理論と実践への視界』中央法規出版，2012年。

第3章　社会福祉における思想と理論のあゆみ

はじめに

　社会福祉は多彩で，長期にわたる実践の集積に「学」としての基礎が求められる。それが科学として一つのジャンルを構成するまでには，さまざまな試行錯誤の繰り返しがあった。その過程で研究の方向を導き，あるいは基礎を確かなものとする役割を担ったのが「思想」「理論」である。

　したがって，これらは最初から出来上がった完成品として存在したわけではなく，実践との間で相互に影響し合いながら徐々に組み立てられたものである。本章では，社会福祉が「学」として成立する上で欠かすことのできない「思想」や「理論」が形成された足跡をたどることにしたい。代表的な思想家，理論家16名を取り上げ，彼らの生きた時代や社会状況を踏まえながら，その特徴に触れてみる。

1　思想の形成──明治期の慈善思想

（1）施設福祉の開拓者

　石井十次は宮崎県高鍋に生まれ，はじめは小学校教員として勤めたが，医師を志して岡山県立医学校に入学した。偶然，孤児救済家，ミューラー（Müller, G.）の伝記に感銘を受け，出会った孤児の世話をするうちに関心を深め，ついに医学を放棄して，1889年，岡山孤児院を設立した。後に自給自営をめざして日向茶臼原に移転する等，そのユニークな運営方法は岡山孤児院12則にまとめられ，小舎制の家族主義に基づいて，一時は1,200人に上る児童を世話した。

石井は著書を残していないが，実践のプロセスを丹念に綴った『日誌』を書き，今日では高い実践的評価を得ている。
　さて，近代的な社会福祉施設は1888年前後から普及しはじめ，中でもここに取り上げる石井はその先駆的，実験的な試みを重ねた。その実践を支えたものはキリスト教信仰と二宮尊徳の唱えた報徳思想にある。処遇方法ではペスタロッチ（Pestalozzi, J. H.）の労作教育論，ミューラー（Müller, G. F.）の施設運営論を挙げることができる。
　その晩年にあたる1911年，自ら経営する孤児院の処遇について，女性職員（保育士）は「理想から言へばお父さんもお母さんもあり，兄弟もあり，家庭も裕やかで円満であり，何も自分はこの世の難儀に逢ふたことがないといふ人が，孤児院のお母さんとしては極く適当である」と記した。児童を里親家庭に出す場合も，「良家庭」を基準に預かり先を決め，院内処遇においても「世の難儀に逢ふたことがないといふ人」を配置した。ここに家庭の意義をめぐる彼の考えが端的に示され，中流で篤実な家風の下に育つことが，孤児の養育には最も必要な条件であるとみた。
　この結論に至るまで，東京養育院の処遇が反面教師としての意味を持ち，子どもには「余暇労働練習」が必要であること，「教育指導」が大切であることを学んだ。「孤児を救済し，其父母に代りて之れを養育する」（岡山孤児院概則）ことに，とりわけ教育方法に結び付ける中に，重要な意義を見出した。
　ところで，石井のこの考えについて，現在，「家庭」に注目したことが契機になったとする説と，施設経営を続けるうちに生まれたとする説の二つがある。前者を主張する竹中勝男は，「その方法に於て救済保護における教育的方法を取り入れ，更に集団的院内救済に対して，家族制（cottage system）による分散的，教育的方法を採用し，かつルッソーのエミールに現はれたる自然教育思想の実践としての労働教育法の如きすら応用された」。ルソー（Rousseau, J.）の影響を強調し，柴田善守もこうした理解に立って伝記をまとめた。
　一方，施設運営論を展開する中から見出したという坂本義夫は，「バーナード式家族制度，委託制度とに拠り，孤児院を経営せんには院児多きが為に受く

べき弊害を除き，教育機関を完備することを得ると同時に，経費をも節減するの利あり。石井は多年の経験と学理とに拠り，此両制度を採用したる」。坂本によれば，何よりも「教育機関を完備する」ことが重要な意味を持っている。岡山孤児院の家族主義は，わが国に伝統的な「いえ」や「家族制度」と異なるもので，どちらかといえば西欧的な家庭（ホーム）に近い。伝統的な「いえ」を離れ，封建的な人間関係を批判し，客観的で合理的な「家庭」を作り上げ，後に，岡山孤児院方式と呼ばれる処遇方法を編み出した。

（2）地方改良と慈善事業

　留岡幸助は岡山県高梁に生まれ，幼い時留岡家の養子となるが，士族の子弟にいじめられる等の経験により，身分制社会のあり方に疑問を持ち，家を飛び出した。やがて自由，平等，博愛を説くキリスト教にひかれ，同志社を卒業後，牧師となった。北海道空知の集治監に教誨師として赴任した後，監獄改良に関心を深め，アメリカに留学して監獄学，犯罪矯正学を学んだ。帰国後は東京巣鴨に少年教護施設，家庭学校を設立し，社会事業界にあって終始指導的な役割を果たした。

　1903年，静岡県から各地に拡がり，地方自治のあり方に影響を与えた報徳運動に関心を寄せ，内務省地方局の嘱託[2]となってからは本格的に研究，『人道』誌を刊行した。報徳思想の創始者，二宮尊徳について「翁は世に虚偽多きを知りたるが故に，自然を崇拝せり。翁の自然とは其教示したる所の『天理』即ち是なり。翁は口癖の如く天理，人道と言ふこと」について語り，その自然観に共鳴，その道徳を実践に応用した。すなわち，「道義をひとつの社会的鉄管，報徳結社なる結社中に入れて之を社会に与へたるにあり。道徳と経済との調和即ち是なり[3]」とすることである。

　とりわけ「社会的鉄管」という名で実施機関のあり方を問題とし，「道徳と経済の調和」を通じて，人びとの暮らしを向上する手段を重視した。留岡にとって「社会」とは，個人の人格的自立，経済的自助の上に成り立つものであり，国家による保護政策を優先して行う場ではない。それは彼の国家に対する「奉

公」意識に現われ，政策とは「国家民人の円満なる幸福を受くる所以」から導き出されるものである。したがって，積極的に内務官僚のブレーンとなった理由もここにあり，爾後その努力を重ねている。

こうした実践と並行して東京，北海道においては児童感化施設を経営，処遇論の研究でも先駆的な実績を重ねた。処遇にあたり，石井と同じく「家庭」の果たす役割に注目，「英語の所謂ホームという語に含める意味を存するや否やを知らざれど，ホームは実に愛のある所，情のある所，真実のある所[4]」で，方法論はペスタロッチに学び，「彼の学校を訪ひ，此は家庭の如しと言ひければ甚だしく歓びたることあり，実に今日の学校を改良し，社会を腐敗より救はんとせば，先づ良家庭を造るを以て急務となす[5]」と主張，ここに「家庭学校」を設立した。

留岡にとって，家庭とは，伝統的な身分制度に縛られた家族主義でなく，ホームと呼ぶべきもので，個人の人格や平等な相互の関係を尊重する。その背景には，長年にわたって監獄改良，感化事業に関わった経験があり，社会に向かって開かれた関係が施設に必要と考える。それが結果として国家にとっても有用な「良民形成」につながる。

次に，留岡の著作を挙げるなら『感化事業之発達』『慈善問題』は社会福祉理論史の中でも重要であるが，ちなみに後者の「自序」には，「昔の慈善問題はその関係する所，単に宗教と道徳のみなりしが，近世の慈善問題はその範囲箇に宗教と道徳のみに止らず，進んで学術と社会問題たるに至れり[6]」とある。

(3) 開明官僚の歩んだ道

井上友一は石川県金沢に生まれ，東京帝国大学法科を卒業，内務省に入って官吏の途を歩んだ。有能であり，かつ人並以上の努力家であったため，1915年には東京府知事に就任，開明官僚の典型的なタイプである。内務行政の中でも感化救済にとりわけ熱心で，ドイツの国家学をモデルに道徳的国家論と救済行政を結び付け，施策化を図った。内務省の中枢部局を歩いて地方自治の啓蒙，指導に力を注ぎ，その過程で彼も報徳運動に出会い，民間運動であったものに

行政補完的な役割を持たせようとした。かつそうした意図を持って地方の育成を図った。

救済の目的を「防貧」と「教化」におき、政治の要諦をここに求め、努力を重ねたが過労が原因で業半ばにして倒れた。代表的な著作としては『楽翁と須多因』『救済制度要義』がある。井上が大学を卒業して内務省に入った頃は、明治憲法が発布されてまだ日も浅く、地方自治制度も形成の途上にあった。道府県を指導、監督する立場にある地方局では自治の整備をめぐって政治的混乱が続き、その対策に苦慮の跡を残した。特に日露戦争後の社会的な激動期には法令条文の作成から実施に至るまで広く、細かく関わった。

同時に、独自の救済理論を著し、法学博士の学位をとっており、それは社会事業思想、理論の近代化に寄与する業績といえる。日露戦争後の日本では国民生活、なかんずく地方の民生安定策はほとんど手つかずのままであった。そこで、国家、社会の基礎を堅実なものとすべく中産階層の育成を図り、国家有機体説、儒教の経世済民思想としての賢君政治を学び、集大成したものが『救済制度要義』である。そこでは救済の必要性について「独立自助の良民」を育てることと説かれており、井上自身そのために地方自治を通じて道徳と経済の両面から指導した。地方局を訪ねて上京する「町村長や篤志家、篤行者は謂ふも更らなり、社会事業家・神官・僧侶など」（「井上博士と地方自治」）との交流は頻繁であった。自由主義経済論に批判的であり、救貧には隣保相扶が欠かせないとした。

そして「公利、公益」を高めることが、結局国富論を構成するとした。貧富の隔差が日毎に著しくなる明治末期から大正初期にかけて、社会主義や労働運動の理解者ではなかったが、階級対立についても、経済と道徳の問題を解決すればおのずと解消するととらえ、「国家及社会の発達の為に精神的関係及経済的関係に於て、総ての階級を通じ、其地位を高からしむる」という。その場合、井上の使う言葉で言えば「風化」、すなわち感化が大切で、教育がその役割を担う。風化（エートス）への善導を経て、社会は制度も、人びとの暮らしも良い方向に向かうという。そこに必要なものは公共の精神であり、公益を重んじる人びとの暮らし振り、姿勢である。

2　思想から理論へ——大正期の社会事業論

（1）社会事業教育の重要性

　生江孝之は仙台藩の家に生まれ，明治維新後は士族の大半がそうであったように没落過程をたどって貧窮を体験した。プロテスタントのメソジスト派宣教師シュワルツ（Schwarz, H.）から洗礼を受け，以後，キリスト教会にあって活動する。28歳の時，監獄教誨師原胤昭，留岡幸助等と交流，次第に社会事業に関心を深めた。33歳で青山学院神学部を卒業しアメリカに留学，社会事業で著名なディバイン（Devine, E.）に師事し，やがてヨーロッパ各地で処遇の実際を見聞，帰国後は内務省地方局の嘱託として「慈善事業事務取扱い」となり，慈善政策がようやく黎明期にさしかかる頃，理論と実践の両面から指導力を発揮した。

　さらに中央慈善協会の設立に加わって雑誌『慈善』の編集に携わった。主として社会事業の科学化，政策化に道筋をつけたが，恩賜財団済生会の設立にあたっても積極的な役割を果たし，公私関係のあるべき姿を追い求めたことは忘れてはならない。大正デモクラシーの時代が到来すると，慈善事業は社会事業に脱皮したが，生江も転換期の指導者として，早くから頭角を現わした。細民統計調査に携わった後，内務省嘱託を辞め，成瀬仁蔵に請われて日本女子大学の教授になった。

　他にも高等教育の発展に寄与，公私社会事業団体に関わったことも数多く，役職を重ねながら社会事業の育成に努めた。社会福祉の思想・理論史から眺めると，生江の人生は後半において特に活動歴を多く重ねている。終始，現場実践を重んじ，指導した経験から導き出されたのであろう，プラクティカルに物事を考え，実践によって理論はその有効性が確かめられるという応用科学的な発想を抱いた。若き日にドイツのザロモン（Salomon, A.）に傾倒したものの，後になると，アメリカのソーシャルワーク理論からも影響を受けるようになった。

　大正期に思想的確立を果たしたことから言えば，ブルジョワ（Bourgeois, L.）

の社会連帯思想に関心を持ち，市民社会の成立と連帯責任論の関係を展開した。ザロモンの影響は社会事業教育の分野において，従事者の専門的資質向上に力を入れることとなり，教育者としての経験を発揮した。

　生涯の全体から見渡すと，キリスト教ヒューマニズムが思想的な土台となって，政治的には改良型の資本主義擁護論に立った。主著として『日本基督教社会事業史』『社会事業綱要』を挙げ得るが，後者は日本女子大学における講義テキストをまとめたものである。内容を見ると，細かい実証データを裏づけに，実務的な解説と政策，制度の変遷，説明にスペースを割いている。「社会貧」「社会的弱者」を対象とすることに強調点を置いたところは，理論書として典型的な特徴を示す。ちなみに社会事業の定義は次のようになっている。

　　「社会事業は社会生活の福祉増進の目的を以て，一般社会制度に依っては文化的国民生活（標準生活）の保障を享受し能わざる社会的弱者を保護して，同一程度にまで向上安定せしめんとする公私の施設を言う。」

（2）社会連帯と社会運動

　賀川豊彦は四国徳島に生まれ，明治学院神学部，神戸神学校を経て牧師の途を歩んだ。ほどなく以下に記す事情を経て，社会事業を中心とするさまざまな分野に活動の輪を広げ，第二次世界大戦後は戦時体制下での体験から世界連邦運動を展開，ノーベル平和賞の候補になったこともある。代表的な著書としてはベストセラーとなった『死線を越えて』，また『貧民心理の研究』がある。

　大正期に入ると世相はぐっと明るくなった。政治的弾圧による「冬の時代」は去り，デモクラシーの風潮に支えられ，労働運動が広く展開されるようになった。その他にもさまざまな社会運動が蘇生し，例えば部落解放，婦人解放といった運動，普通選挙権をはじめとする政治的諸権利獲得のための運動が盛んになった。労働組合は1912年で5組合にすぎなかったものが，1919年には71組合となり，争議件数，参加人数も1914年には50件，7,900人であったものが，1919年には497件，6万3,000人に増えている。その中から全国規模の労働者組

織が結成され，代表的な団体，友愛会(8)を組織したのは鈴木文治であるが，この運動を関西地方で指導したのは賀川豊彦である。

　社会改良主義の立場から労働の権利や待遇を向上すべく，経営側と激しくやりあった。なぜそのようなことができたのだろう。彼はもともと結核性の持病に苦しみながら，「どうせ死ぬなら貧民窟で」と考え，それまで通っていた神学校を出て神戸新川のスラム街に入り，1910年，セツルメント事業を開始した。その後アメリカに留学，社会事業を学び，実践の場で指導的役割を果たしたが，社会事業の本質については次のように述べている。

　　「社会政策というのは，暴力や革命的手段でなしに，人間相互の協力によって社会を改良し，また改善してゆこうという方法である。（中略）（一方）社会事業というものは，人間相互の助け合いによって，個人或は社会の悪い処をよくしていこうという働きである。勿論，悪い処ばかりでなしに，より完全なる個人及び社会をつくろうとする事業もまた，社会事業のうちに数えてよい。」

　政治的革命，社会改革によるばかりでなく，個人の自発的な助け合いを広めることを通じて，つまり社会事業の発展によって社会は変えることができる。賀川にとって「社会」政策と「社会」事業の関係は，労働組合をここに介在させることによってセツルメント事業と労働運動が，実態として連続する関係にある。三菱・川崎造船所の争議では延べ1万6,780人という多数の労働者を指導，サボタージュという戦術をとって賃上げ，8時間労働の実施を要求したが，運動方針に関する基本的な考えは「防貧としての労働組合運動」にあった。

　社会事業は救貧策を基本とするもので，労働組合は防貧策を講じるところに基本的な性格がある。両者をつなぐことによって社会事業対象と労働者大衆は重なり合う。こうした考えを発展させた賀川は，協同組合論を主張，その普及に努めるようになり，労働者ばかりでなく，一般の地域住民も参加できる生活協同組合を中心に具体化を図った。これが今日の「生協（コープ）」の起源であ

る。

(3) 地域福祉を根づかせる

　小河滋次郎は長野県上田に生まれ，東京専門学校，東京帝国大学を卒業後，内務省監獄局に勤めた。業務のかたわら研究を続け，わが国における監獄学成立の草分け的な存在となった。同時に刑法，監獄法に関する政策の立案に関わり，ドイツで発展した監獄管理学を刑政の実際に応用，実績を挙げた。やがてそこを離れ，英米で発展した矯正保護論に研究テーマを移し，「管理」から「保護」へ，しかし司法省に移った後は施政方針と合わず退官，たまたま大阪府に招かれ，1913年，救済事業嘱託となった。そこで，さらに「保護」から「救済」へと研究テーマを変えた。

　やがて，今日民生委員制度と呼ばれる地域福祉の民間ネットワークを，林市蔵とともに設立する。代表的な著作としては『社会問題・救恤十訓』『社会事業と方面委員制度』がある。小河が62歳で亡くなった時，大阪時事新報はその業績について，「前半生は関東に在って，主に監獄制度の改良に盡痒し，後半生は関西に在って，専ら社会事業の為に働いた。(中略)其後半生は明治43年より大正13年までであるが，其の間大阪府社会事業嘱託として，専ら社会改良のために努力した」と報じた。つまり内務官僚としての活動と，地方自治に関わりながら民間社会事業の育成に努力を傾けた両方の領域を渡り歩いたことになる。

　ここでは社会事業に限定して著作に目を通してみたい。小河は，社会事業の指針となる「原則（principle）」を実践活動の分析を通じて抽出し，学問的体系化を図った。それは，問題解決にあたって具体的な方法論，技術論を組み立てた点に特徴がある。その成果は方面委員制度の成立，育成にかけた小河の努力と相まって多くの実績を見ることができる。一方で理念や処遇を問い，他方で具体的な処遇の指針を提示する作業を繰り返している。1912年3月に著した『社会問題・救恤十訓』に要点が記されているので紹介しておく。

① 時勢の必要に応ずる完全な救済制度制定の必要を指摘している。
② 窮民と惰民を判別することの難しい点に触れ，濫与を慎み，遺漏を戒めることを強調している。
③ 近い将来，新たな救済制度が設けられた時，わが国の伝統的な家族制度や隣保相扶慣行は十分に考慮されなければならない。必要ならば，その為の調査活動を行う。

　小河の主張は西欧の救済理論に対し，東洋の文化を対照，評価することによって批判的に摂取しようとした。東洋の福祉文化，伝統的な経験を認めることにやぶさかでなかった。しかし，公的責任を明確化する途を歩み，その後の福祉国家論を念頭に置くなら，小河のそれは，むしろ民間の自主的な活動に重点を置いた理論になっている。

　明治末年に来日したイギリスのウェッブ（Webb, S.）によると，日本の社会事業は「余りに外国の其れに模倣するに偏し，甚しきは即ち，既に彼の蹉跌，失敗を侮ゆるの事跡をも顧みずして，これこそ新たに此に指を染むることを以て得意となすが如きもの」と批評したが，小河はこれを首肯し，我々は外国の思想や制度を模倣するだけではだめであると言う。大正デモクラシーの思想的な雰囲気を吸収しながら，小河の社会事業論はあくまでも実践的で，しかも民衆の生活を基盤に置いた，その成果が前述の方面委員制度であり，隣保相扶機能の再編方策である。

3　社会事業理論の形成——昭和戦前期の胎動

（1）階級闘争から翼賛体制まで

　日華事変の戦線拡大に伴い，戦時体制は強化の一途をたどった。国家予算に占める軍事費の割合も増え続けた。1938年3月，近衛内閣は国家総動員法を制定した。その結果，物資と労働力の動員は，政府権限の下に行われ，国民生活は隅々に至るまで統制の対象となった。同時に議会政治は有名無実化し，1940

年にはドイツ・ナチスの一党支配に倣って一国一党ともいうべき大政翼賛会が設立された。こうした政治経済の変化は，社会事業にも影響を与えずにおかない。いわゆる「新体制」の下で，社会事業は，総動員体制を前提とする厚生事業へと変わったのである。

磯村英一は，東京帝国大学文学部で社会学を修め，卒業後は東京市役所に勤め，渋谷区長となった。戦後は1958年に都立大学教授に就任，後に東洋大学長にもなる。アメリカ社会学を専攻し，それまでの行政経験を盛り込んで都市社会学をまとめている。その彼が，昭和初期においてはマルクス主義社会事業論を主張，戦時体制下においては大政翼賛会に近づいた。

その特徴はつねに「時局」論的であった。1934年4月発表の「非常時に際しての社会事業の再燃」(社会事業研究)はそうしたものの一つで，紀元2600年記念行事[9]を推進する立場から「新東亜建設段階における日本社会事業の使命」では，全体主義の立場から精神総動員を主張，社会事業も自由主義を捨てて国家に奉仕することが求められる，なぜなら「社会事業は平和の時代に於ては一つの安全弁の如き作用を為す，然し変動の時代に於てはかかる小さな作用をなすものの存在価値が見出されなくなる」[10]という。国民生活の向上，地域環境の改善といった従来からめざした理念，目標は，政治，軍事優先の政策に同化する。それは，次に取り上げる牧賢一の場合も同じである。

牧賢一は東京深川に生まれ，学生時代は東京外国語学校に通いながら桜風会託児所で働く経験を持った。しかし，病気からやむなく中退，1928年に西窓学園セツルメントの主事として現場に身をおいた。雑誌『社会事業』の編集に関わる等，やがて社会事業論壇に登場，昭和初期マルクス主義華やかなりし頃の論客となった。

やがて，時代が戦時厚生事業になると大政翼賛会に参加するところは磯村英一と似ている。戦後は社会福祉協議会の設立に寄与，日本社会事業協会常務理事，あるいは全国社会福祉協議会事務局長になった。代表的な著作として『現代社会事業要論』『コミュニティ・オーガニゼーション概論』がある。牧は1933年1月，社会事業のファッショ化を認める立場から，時局を「社会事業復

興の時代」と位置づけ，統制化，合理化が社会事業界において行われなければならないと主張した。

1940年9月発表の「新体制下における日本社会事業の再編成について」で，それまでのマルクス主義を土台とする自由主義を改め，以後は戦時厚生事業に関する見解を多く発表したが，「欧州に於ける英独の対立抗争を枢軸とする，大戦の進行に伴ふ世界新秩序建設への趨勢は，勢いの赴くところ東亜共栄圏確立の要請と，我が日本の之が指導者としての使命を宣命せしめた」(11)ことから，「社会事業は最早社会政策と本質的に区別せらるべきものではない」(12)とする。それまでの階級対立，階級調和といった規定を改めた。

牧がメンバーに加わった日本社会事業研究会は，1940年8月，「日本社会事業新体制要綱」を発表，厚生事業の明確化を図り，①犠牲均分の思想を普及，②標準生活の観念を具体化，③人的資源の保持，培養，④東亜諸民族の共同福利を唱えた。

(2) 社会科学としての社会事業

大河内一男は東京に生まれ，東京帝国大学経済学部を卒業，助手，助教授を経て1945年に教授となった。ドイツ社会政策思想を研究，後にわが国の社会政策史研究に進んだ。大河内理論と呼ばれる社会政策の体系化を図り，「総体としての資本にとっての生産政策である」と定義し，これを学界では生産力説と呼ぶ。

1938年8月「我が国に於ける社会事業の現在及び将来」を発表，社会事業論壇に大きな影響を与えた。そこでは社会政策と社会事業の関連性を問い，特に「経済秩序外的存在」としての社会事業という位置づけを行った。大河内理論は，戦後，孝橋正一によって批判的に受け継がれるが，彼自身は社会保障制度審議会長等を務め，晩年に至るまで国の政策立案に関与した。代表的な著作として『戦時社会政策論』『社会政策（総論）（各論）』がある。社会政策の思想，理論を専門とする大河内は，昭和10年代，社会事業研究所参与として社会事業の実態調査を行い，厚生事業を戦時政策の観点から理論づけた論文を発表して

第3章　社会福祉における思想と理論のあゆみ

いる。

　戦時下においては竹中勝男，戦後においては孝橋正一に影響を与え，労働者は社会政策の対象となり，「経済秩序」の外にいる貧困者，障害者，高齢者等は社会事業の対象となるとした。歴史を顧ると，社会政策が発展すると社会事業の働く余地は相対的に少なくなり，逆に停滞すると相対的に多くなる。そこには相互関係があって，大河内によるなら両者は「補充」と「代替」の関係でつながっている。資本主義が発展して順当な再生産が行われるために，必要不可欠なものは生産力の確保，維持である。しかし，そのためには産業予備軍に代表される剰余労働力を待機させておかなければならない。ここに登場するのが経済秩序外的な存在と呼ばれる，いわゆる社会事業対象である。

　社会事業は相対的に社会政策から独立して，窮迫下にある人々を救う慈善，救済事業によって，あるいは福利事業としての保健，衛生，教育事業を含みながら，大河内の表現によれば社会政策の「以前」と「以後」に実践の場を持ち，社会政策の周辺からこれを強化，補充することが必要となる。ところが社会事業が社会政策を代替し，それが固定化してしまうと，労働力の順当な再生産は行われ難い。結果として社会事業に過重な負担を強いることになる。従来，社会事業は精神性が強調され，あるいは人々の善意によって成り立つものと見られ，経済政策との関連を社会科学的に説明する理論が少ない時に，大河内のそれは広範囲に説得力を発揮した。しかし，その生産力理論には風早八十二の『労働の理論と政策』，服部英太郎の『社会政策の生産力説への一批判』等，批判や反論も少なくなかった。社会事業界が好意的に受け止めた背景には，慈善事業以来，観念的世界におかれた社会事業理論が，「思想」と分岐した本格的な「理論」をここに見たことにある。

　竹中勝男は長崎県平戸に生まれ，同志社大学神学部を卒業，その後アメリカに留学してシカゴ大学，ロチェスター大学でキリスト教社会学を学び，帰国した後，日本基督教連盟幹事を経て，1936年に同志社大学教授となり，社会学から社会政策，社会保障等を広く教えた。とりわけキリスト教と社会事業の関係に関心を寄せ，戦時下に研究生活を開始したこともあって，厚生事業の理論化

に力を注いだ。

　戦後は一転して，1953年に参議院議員となり，わが国の社会保障制度の確立と政策提言に活動の場を移した。代表的な著作としては『日本基督教社会事業史』『社会福祉研究』がある。竹中は社会学をベースにして社会事業の理論化を図った人物であるが，思想的にはキリスト教社会主義に近い。キリスト教との関連については後継者の嶋田啓一郎がさらに論及を続け，理論面については1938年12月，雑誌『社会事業研究』で厚生事業を提唱し，それが一般に広まった。自由主義を背景とする社会連帯思想を排して，全体主義に立つ「国民協同体」を基礎理念とした。

　社会事業は貧窮者を中心とする特定の対象に，制限主義的な救済を行うことが一般的な性格であり，被救恤的窮民層という呼び名で知られ，救貧政策の対象は「国民の労働力を維持培養，育成する」ことから国民全体へと拡大した。こうした観点から『社会事業に於ける「厚生」の原理』『社会政策に於ける「厚生」の理論』を著した。竹中は，1940年12月，「社会事業再組織の示標と理論の関係」(社会事業研究) で，転換の指標として，①救護中心から新たな社会政策中心へ，②社会事業の本質を再検討し，新たな理論の確立をめざそうとしている。

4　社会福祉理論の体系化——昭和戦後期の展開

(1) 政策論の登場

　孝橋正一は社会政策を基礎に，社会事業との関係を理論化し，社会事業を相対的に独立させることによって，その理論をまとめた。その意味で大河内理論を批判的に継承している。孝橋は自らの理論を検証する方法として，異なる立場からの理論化に対して論争をいどみ，批判することでその整合性を高めた。論争相手の理論的長所から学びとる姿勢において，いささか偏したところがあり，代表的な著作としては『社会事業の基本問題』『社会科学と社会事業』がある。

1950年に『社会事業の基礎理論』を著した後、改訂版を重ね、度たび修正を図った。それまで発表された理論書を、ヒューマニズムや宗教を基調とする愛情論、官房学の延長上にある行政論、アメリカ直輸入の技術論等に分類、その欠点や限界を指摘しながら社会政策の限界が社会事業の必要性を担保すると主張した。とりわけ資本主義の構造的欠陥から生み出される「社会問題」に対処するものが社会政策であり、そこからさらに派生する「社会的諸問題」に対処するのが社会事業である。

孝橋の表現によれば「資本主義制度の構造的必然の所産である、社会的問題に向けられた合目的的、補充的な公・私の社会的方策施設」となり、賃金問題に現われる労働者の待遇改善は社会政策が、そして国民全体に及ぶ生活問題の困難な状況に対応するのが社会事業の任務である。特に生活問題について、それは「社会的人間がその生活上の社会的必要を充足できるだけ、つねに充分の所得＝購買力の獲得と保障されていないという、機構的＝構造的根拠」[14]から生ずると説明する。構造的に必然の産物であると規定することで、一種の運命論に陥り、その問題をどのように越えるかという実践論や運動論が、ここに関わる余地がなくなる。

後に一番ヶ瀬、真田といった運動論者はここを批判する。孝橋理論が分かりやすく説明されるのは技術論との対比においてであるが、それを孝橋は、「アメリカ社会事業は How to do, How to help の体系だと思うんですよ。それから本質論は、what is it というような体系でなければならない」(『社会福祉研究』第3号) と説明した。

(2) 主体性の社会福祉論

岡村重夫は大阪市に生まれ、東京帝国大学文学部を卒業、内閣調査局、陸軍大学教授を経て、戦時中は『戦争社会学研究』を著した。戦後は大阪市民生局長から、1950年、大阪市立大学教授に就任、以後わが国の代表的な社会福祉理論家として研究、教育に関わった。大阪ソーシャルワーカー協会長をはじめ、関西にあって在野的な視点から政策の批判、提言を行った。代表的な著作とし

ては『社会福祉学（総論）（各論）』『地域福祉研究』がある。戦後になって一般に福祉国家論が論じられ，政策的な重要性が認められるようになった時，岡村は社会学を取り入れて，機能論的アプローチから社会福祉の構造を組み立てた。[15]理念の変遷から個別処遇の原理，原則に至るまで一貫したモデルを作り上げ，それを「社会福祉自身がより有効な，またより合理的な援助原則を求めてきた自己改造の過程」を明らかにした。

そして「新しい処遇原則と合理的な援助方法」を積極的に追求することを認め，さらに「生活困難に対応する各種の専門的社会サービスの『一般的サービス』と『特殊的サービス』の提供を，国民の権利として法制化する[16]」ところに，福祉国家論が成り立つという。社会福祉は時代の変遷とともに拡大，ついで限定され，遂に普遍的な処遇原則の確立に到達すると考えた。社会的諸サービスの専門分化は，やがて社会関係の不調和，欠損，悪しき官僚制の跋扈を生じ，岡村はそこに生活者の主体性，自主性という，人びとが生活上の要求を持ち，その充足をめざして行動する分割機能を介在させた。

制度と生活者個人の間で調整を図る場合，「社会関係の主体的側面の欠陥」に応えることが任務としては重要である。同時に，個別的要求に対する充足機能を高めることが必要で，ソーシャルワークの技法が尊重されねばならない理由はここにある。

機能としては評価的機能，調整的機能，個別化的送致機能，一時的代替機能の四つに分かれ，その基盤を構成する原理は，①生活困難の解決の仕方は，社会にとって承認されうるものという社会性の原理，②社会福祉には個人の生活の全体が問題だとする全体性の原理，③生活当事者の立場が福祉の立場であるという主体性の原理，④解決は生活の現実に即したものでなければならないという現実性の原理を措定した。

（3）運動から福祉を考える

一番ヶ瀬康子は日本女子大学を卒業後，労働組合の書記，教員を経て再び法政大学に学び，研究者の途に入り，1968年，日本女子大学教授に就任，保育問

題，婦人問題，労働問題等の多方面で活動，終始在野的立場を貫き，政策批判を行う。代表的な著作として『アメリカ社会福祉発達史』『現代社会福祉論』がある。最初に理論の体系化を図ったのは『社会福祉事業概論』で，資本主義社会の法則的発展の中から生まれた実態として社会福祉を位置づけ，実践を通じて問題解決を図ること，そのための生活過程の分析が必要であるという。

　1973年には，国家独占資本主義と労働者階級の関係を主題に，権利性の確保，生活困難の解決を求めて運動論を展開，体制側の譲歩を実現する必要性を主張した。労働者階級を中心に国民全体が望む社会保障，社会保険の確立が，所得の再分配と並んで重要となる。主張の背景には，高度経済成長下で生活の困難や不安を抱える人々に社会福祉はどう応えるべきかという課題があり，社会保障は経済給付に集約され，社会福祉は「そこからでてきた個人および社会的な状態に応じた個別的な処遇」である点に特徴がある。

　そして，両者は相補関係におかれるという。孝橋理論を受け継ぎつつ，そこに新たな考えを盛り込んだことで「新政策論」[17]と呼ばれたが，これは同世代の研究者，例えば高島進，真田是と共有する視点で，中央政府が「パイの論理」で社会福祉を推進することに対抗し，革新自治体や労働組合の取り組みに理論的な方向性を与え，社会福祉の現場に少なからず影響を与えた。しかし，「上から」の制度化によらず，「下から」の権利要求を運動化したことと，問題解決の方法や技術をどう関連させるのかという避けて通れない課題は後日に残された。

　真田是は静岡県に生まれ，東京大学文学部社会学科を卒業，その後，立命館大学に勤め，マルクス主義社会学の立場から社会福祉を論じた。主として福祉労働論の確立に力を注ぎ，労働組合の育成に努めた。代表的な著作として『現代民主主義と社会保障』『戦後社会福祉論争』がある。一番ヶ瀬と同様，真田も孝橋理論を受け継ぎ，一番ヶ瀬が生活問題の解決方法に関心を深めたのに対し，国家独占資本主義との関連を組織的運動論の中で追求した。

　真田によれば，現代における社会問題とは，①経済法則によって直接規定される，②社会病理としての性格を持つ，③国家による収奪機構の変化，④自然破壊と環境の濫奪を挙げて，それらが社会福祉と深くつながる点を指摘した。

運動を担うのは現場の福祉労働者であり，その周囲にいる国民大衆が「階級闘争，あるいはそれにつながる社会運動・活動を契機に，いわば譲歩として形成されてきたものである。したがって，究極的には労働力を保全し，階級対立を緩和し，資本主義体制を維持し存続させるためのもの[18]」が，どうしても必要となる。

　真田は「社会福祉の三元構造」を説いて理論化を図り，「問題」「政策」「運動」の相関性を追求した。社会福祉労働については「政策と対象を，あるいは政策主体と対象者を媒介」するものと規定，福祉労働者は福祉対象者，並びに市民と協働する関係にあるという。

（4）社会学を媒介として

　嶋田啓一郎は石川県金沢に生まれ，同志社大学神学部を卒業，その後シカゴ大学に留学し，帰国後は同志社大学教員として生涯を送った。その間，日本社会福祉学会の創設に関わる。自身の福祉思想を実践する運動としては，賀川豊彦が設立した生活共同組合がある。代表的な著作として『社会福祉体系論』がある。

　嶋田は竹中勝男の影響を強く受け，キリスト教社会主義の立場で戦前から思想，理論研究に関心を寄せた。しかし，その社会福祉論が成立するのは高度経済成長から低成長期に移る頃であった。資本主義，または社会主義がそれぞれ絶対的な原則として支配的であるのではなく，いずれの体制においても現代は「社会化の時代」であり，それは社会的不調整から生じる心理・社会的問題が深く関わるとした。体制論と専門ソーシャルワーク論が行動科学を媒介に方法的に結び付き，「全体的人間存在」を前にして，パーソナリティ論に及んでいる。

　竹中と同様，アメリカ社会学の摂取を通してリースマン（Riesman, D.），フロム（Fromm, E.），さらにはパーソンズ（Parsons, T.）に注目，社会福祉に固有の領域を設定するよりも，むしろ扱う課題と領域の拡大傾向を論理化し，「経済構造の矛盾，家族崩壊，あるいは天災等の諸原因によって，各人が社会の正

第3章　社会福祉における思想と理論のあゆみ

常的と解せられる方法をもって，みずからの社会に基本的な諸欲求を充足し得なくなるとき，社会の共同責任として，これに対応する組織的活動」を中心に据え，「社会的存在者としての人格的な労働者，あるいは国民大衆」が主体となる。

　これは嶋田にとっては理論的な帰結というよりも，思想的なマニフェストといった性格が強い。孝橋からは厳しい批判を受けたが，「全人的人間の統一的原理」[19]を追求する熱意は，終生変わらなかった。体質的には社会改良主義の立場で問題解決の方策を追い，一方では理想主義を理念として掲げることを忘れなかった。

　三浦文夫は台湾に生まれ，東京大学文学部を卒業，社会学をベースに社会福祉論を展開した。経歴は福武直の門下という点で真田是と似ているが，立場は行政施策に深く関わったことから，在野的批判を生涯続けた真田とは対照的である。社会保障研究所を経て日本社会事業大学教授，学長に就任，政府の各種審議会委員を兼ねた。代表的な著作としては『社会福祉経営論序説』『社会福祉政策研究』[20]がある。1990年前後が主な活動時期にあたり，社会福祉基礎構造改革を推進した理論家の1人である。三浦はコミュニティケア論に新しい視点を持ち込み，在宅福祉，地域福祉を政策し，さらに社会運営論と経営論を分離，「複合的供給システム」を確立するために新たな「経営」概念を社会福祉に導入した。別名，市場型社会福祉論と呼ばれる公共的，非公共的供給システムの整備に指針を提供している。

　戦後の社会福祉論は長く「政策か，技術か」，あるいは「処遇か，運動か」という二分法的思考の強い環境のもとにおいて，三浦はそのどちらもとらず「経営」という機能（システム）概念でまとめようとした。その後，急速に進む人口の高齢化を前に，経済の低成長を前提とする政策方向に棹をさす「ニード論」を展開した。このことを指して，宮田和明は「政策展開への批判的視点を失うこと」になったと指摘した。

　しかし，当面する少子高齢社会の抱えるさまざまな問題に現実的な解答を提出する社会福祉理論は，三浦の次世代研究者においても，今日いまだ批判的に

乗り越え得ない状況が続いている。

ま と め

　本章では16名の思想・理論家が，それぞれ生きた時代の社会福祉問題とどう関わったか，そこでの問題はどのようなものであったかを中心にまとめた。明治期は理論としての体系がいまだ形成されず，経験の中から編み出された原則とか，思考様式といったレベルにあり，一般化はできないが，発想としてはユニークなものが多かった。

　やがて，学問的な背景を持った理論が登場する。それが個人の名を付けて「〇〇理論」と称されるのは，第二次世界大戦後のことであるが，その一方で，政策論対技術論というようなまとまりを呈するようになった。今日，社会福祉を考えるに際して大事なことは，マニュアル化して，なかば自動的に現場実践が行われるようになった状況，つまり実践者の思想と理論が問われること無しに，いわば人格的な関係が欠如した，無機質なサービスに転換していくことへの危惧が高まっていることである。

　社会福祉はつねに関係性を広め，深める中で営まれるものであるから，実践主体における思想や理論も，つねに問い続けられなければならない課題である。

注
(1) 二宮尊徳の報徳思想は，明治以後も政府の地方改良事業の政策理念として取り入れ，さらに社会福祉の思想的背景の一つとなった。
(2) 公私にわたる学識経験者によって構成されたが，政策に関する助言，提言や必要な知識を提供したのが嘱託の任務である。
(3) 「人道」第6号，明治38年10月15日『留岡幸助著作集　第2巻』同朋舎，171頁。
(4) 「福音新報」第251号，明治33年4月13日『留岡幸助著作集　第1巻』同朋舎，539頁。
(5) 同前。
(6) 留岡幸助『慈善問題』警醒社書店，1898年，1頁。
(7) 井上のいう教化の内容はその範囲が広く，一般に福祉に関するエートスを意味す

第3章 社会福祉における思想と理論のあゆみ

るが，別名ここでいう「風化」という表現もしばしば採用している。
(8) 日本労働総同盟友愛会は，最初の全国組織である。初期には労使対立，階級闘争的な性格を持ったが，やがて労使協調路線に落ち着いた。
(9) 1940年10月開催の「紀元2600年記念全国社会事業大会」で，人的資源の保護育成，万民翼賛に向けた方針がとられるようになった頃から，そのために総動員体制が敷かれた。
(10) 磯村英一「新東亜建設段階における日本社会事業の使命」『社会事業』第22巻10号，1939年，3頁。
(11) 牧賢一「新体制下に於ける日本社会事業の再編成に就いて」『社会事業』第24巻9号，1940年，2頁。
(12) 同前。
(13) 経済秩序を「外」と「内」に分け，社会政策と社会事業の適用範囲を区分したが，社会事業は「外」におかれた人びとに対応するものと位置づけ，「内」の政策を補充・代替する役割を担った。
(14) 孝橋正一『全訂 社会事業の基本問題』ミネルヴァ書房，1962年，154頁。
(15) 岡村は社会福祉における個人的，主体的側面を重視して，そこから生活の全体をカバーし，フォローする方法を分類，分析した。
(16) 岡村重夫『全訂 社会福祉学（総論）』柴田書店，1968年，70頁。
(17) 新政策論と呼ばれる立場では，国家独占資本主義の下で生ずる，さまざまな矛盾が社会問題として出現した点を鋭く追求することにおいて特徴がある。
(18) 一番ヶ瀬康子・真田是編『社会福祉論』有斐閣，1968年，15-16頁。
(19) 行動科学を取り入れて理論化を図った嶋田は，一方で全人的統一原理を模索し，制度と個人をつなぐメカニズムの解明に意欲を示した。その際，「社会の共同責任」と個人の主体性が結び付くことになった。
(20) 利用者主体のサービス供給を実現するための理念，枠組みを作り，それまでとは異なる福祉政策を展開した。その背景には急激に進む少子高齢化があり，市場原理の導入と公的責任の調整が課題となる。

参考文献
真田是編『戦後日本社会福祉論争』法律文化社，1979年。
濱野一郎ほか編『社会福祉の原理と思想』岩崎学術出版社，1998年。
吉田久一『日本社会福祉理論史』勁草書房，1995年。

第4章　日本の社会福祉のあゆみ

はじめに

　過去から現在に至る人間の歴史は，社会や文化，政治・経済，諸制度等の変容を伴うものだった。社会福祉の歴史も例外ではなく，時代と共に大きく変化してきた。一方，歴史で変わらないものがある。それは人びとの暮らしである。おそらく先史の時代から，変わることなく人びとの多くは家族や仲間と生活していたであろう。

　では，社会福祉の歴史も先史の時代から存在していたのだろうか。その手がかりは家族の機能に得られる。具体的には，①生命を維持する，②生活の糧を獲得する，③社会成員（子孫）を補充する，④子どもを育てる，⑤心の安らぎを得る，⑥家族を保護・支援する，以上が家族の機能であり，それは，人びとの暮らしを支える社会福祉の原初形態に位置づけられる。つまり，社会福祉の歴史は，①家族の支えあい・助けあいに始まり，②近隣住民による支えあい・助けあい，③地域社会における相互扶助の仕組み，そして，④国家の制度（法律に基づく仕組み）に拡大し，変容する過程といえよう。

　そこで，本章は，日本における社会福祉の歴史を人びとの暮らしから地域社会・国家へと拡大・変容する過程に位置づけ，二つの視点から歴史的特徴を理解する。一つは，日本における社会福祉の歴史で変容した側面を理解し，同時に変容しなかった側面（普遍的な特徴）も理解する。二つは，同時代における人びとの暮らしと生活課題，支援（実践）の特徴を理解する。また，生活課題の解決にかかわる支援（実践）と環境（社会や文化，政治・経済，諸制度等）が人びとの暮らしに与えた影響も理解する。

1　近代社会成立以前の社会福祉のあゆみ

(1) 人びとの暮らしと先史～古墳時代の社会福祉

　文献や記録が存在しない先史時代，人びとはどのような暮らしを送っていたのだろうか。紀元前1万4,000年頃，日本列島の歴史は旧石器時代から縄文時代に移行し，人びとの居住形態も狩猟・採集に伴う遊動型集落から半定住型集落を経て一定の地域で暮らす定住型集落に変容した。

　定住化が進んだ縄文時代，人びとは居住地域の自然環境や季節に応じて狩猟や漁撈（魚の捕獲），野菜・果物・種子・貝等の採集を行っていた。また，植物（アサやエゴマ等）の栽培や焼畑農耕も行っていた。さらに，縄文時代の住まいは，時代が進むにつれて竪穴住居から掘立柱建物，敷石住居へと変容し，住居以外の設備（水場・広場・墓等）も発展した。当時の人びとは，おそらく比較的安定した環境の下で少人数の家族や集落単位で支えあい，助けあっていたのであろう。

　その後，紀元前10世紀後半に九州北部から始まったとされる灌漑式の水稲耕作（以下，稲作）は，数百年の時間を経て，西日本や四国の平野部に広まっていった。朝鮮半島から伝播した稲作や畑作等の新たな農耕形態は紀元2世紀まで続く弥生時代の文化的特徴（以下，弥生文化）である。

　しかし，弥生時代の人びとは，居住地域により暮らしの状態や環境が多種多様であった。具体的には，①稲作中心の弥生文化が定着した九州（北部・中部）・四国・本州，②独自の文化形態が保持された北海道や奄美・沖縄，③弥生文化と独自の文化が混在していた九州南部という状況であった。また，弥生文化が定着した九州（北部・中部）・四国・本州には，稲作以外の生業（狩猟，漁撈，畑作等）で暮らす人びとも存在した。

　一方，弥生時代初期から稲作を始めた九州北部や，弥生文化が定着した地域（特に近畿地方）には小国家が成立し，身分階級（社会的格差の状態）や政治体制（統治の仕組み）も形成された。このように稲作（つまり農耕）が人びとの暮らし

や社会・文化を変容する状態を農耕文化複合という。

　民俗学によれば，弥生時代の農耕文化複合は，①灌漑の仕組みの維持・運営（人びとの社会統合），②継続的な耕作による水田の所有（富の集中→権力の成立），③継続的な家族労働（家の継承→祖先祭祀），④稲作に必要不可欠な種籾の継承（種籾＝稲霊の象徴→稲霊信仰），⑤稲霊信仰と家の継承の結びつき（祖先祭祀と権力の結びつき→王権の成立）が特徴という。

　このうち，①灌漑の仕組みの維持・運営（人びとの社会統合）は，後年，日本の農村における人びとの「ゆい」（労力の交換による共同作業）と関連した農耕文化複合である。また，弥生時代後期は農耕文化複合を基盤とした小国家が西日本を中心に成立し，3世紀以降，祖先祭祀（氏族神信仰）と王権の象徴ともいえる巨大な古墳が築造された。しかも，当時のわが国には農耕文化複合を基盤とした小国家だけでなく，暮らしを支える多様な仕組みが併存していた。

（2）人びとの暮らしと飛鳥～奈良時代の社会福祉

　4世紀以降の飛鳥時代・白鳳時代・奈良時代は，人びとの暮らしを統治する仕組みが氏族制（権力をもつ氏族層が統治する仕組み）から律令制（天皇を頂点とする支配階層が法律・制度に基づき統治する仕組み）へ移行し，法律（律令）と租税制度を基盤とした国家体制が各地域に拡大していった。

　氏族制から律令制への移行は白鳳時代に進展している。具体的には，7世紀後半から律令制への移行が始まり，701年における大宝律令の成立で完成した。一方，天皇を頂点とする当時の支配階層は，中国から律令制だけでなく賑給という制度も取り入れた。

　中国では，支配者（皇帝）が徳を示すため，困窮している国民に穀物を支給した。それが賑給である。また，賑給は支配者の不徳で起こると考えられた災害を防ぐ行為でもあった。この賑給は儒教思想に基づいているが，わが国の場合，稲霊信仰－祖先祭祀－氏族神信仰を基盤とする王権（天皇）の徳や権威を示す仕組みとして機能した。

　『日本書紀』『続日本紀』等の「六国史」によれば，当時の救済制度は奈良時

代中盤を境に賑恤よりも賑給と呼ばれることが多くなった。また，救済の対象者も「高年，鰥寡惸独」から「鰥寡孤独，貧窮老疾」に変容している。さらに，実際の救済は，支配階層の事情（皇室の慶事や神事等）よりも人びとの暮らしにかかわる事情（天変地異による「窮」「飢」「疾」）を契機に実施する場合が多かった。

このように当時の国家が取り入れた賑給は，天変地異で支援を必要とする人びとに対する救済制度であった。その目的は王権（天皇）の徳と権威を示すことであり，人びとの暮らしを支える恒常的な仕組みとはいえなかった。

また，6世紀に朝鮮半島から伝来した仏教は，鎮護国家思想（仏教により国の安定を図る考え方）が特徴であった。当時の支配階層は，鎮護国家思想に基づく仏教を普及するため，天皇の長寿や天下泰平を祈念する僧侶集団の養成と活動拠点（寺院）を整備・創設していった。

さらに，6世紀後半より始まる施薬院（薬草の栽培や薬を調合・提供する施設），療病院（身寄りのない病人や病気の出家僧たちを救済・治療する施設），悲田院（貧窮状態で孤独な人たちを救済する施設）の創設・運営は，仏教の鎮護国家思想に基づく王権（天皇）の慈悲を示す取り組みであった。

(3) 人びとの暮らしと中世の社会福祉

中世は，人びとの暮らしを統治する仕組みが律令制の政治（以下，律令政治）から摂関政治（天皇の代行者である摂政もしくは天皇を補佐する関白が統治の実権を掌握する政治），院政（天皇の父・祖父が統治の実権を掌握する政治），幕府政治（天皇に任命された征夷大将軍を頂点とする武家中心の政治）へと変容する時代であった。このうち，律令政治から摂関政治に移行する契機となった出来事は平安京への遷都である。

奈良時代は国家が鎮護国家思想に基づく仏教を普及し，統治の基盤に位置づけた。その結果，当時の都（平城京）で活動していた仏教組織は政治に介入する存在となった。そこで，781年に即位した桓武天皇は，仏教組織に介入されない政治を行うため長岡京および平安京へと遷都を繰り返した。

桓武天皇が統治する時代は，二度の遷都や支配地を拡大するための軍事行動が人びとの暮らしに大きな影響を及ぼした。天皇が支配していた地域の人びとは財政的負担や軍事行動に伴う負担で疲弊していた。また，軍事的支配を受けた地域（現在の東北地方）の人びとは，それまでの生活・文化と異なる統治や社会の仕組みを強いられた。

その後，藤原一族が摂政と関白を務めた10世紀後半から11世紀後半は，貴族・寺社・武士による土地（荘園）の私有化がそれまで以上に進み，天皇を頂点とした権力構造から院（天皇の父・祖父）・貴族・寺社・武士による権力分立の構造に変容した。この時代における権力分立は，後年の権力闘争や武士の台頭，鎌倉・室町幕府の樹立等への布石となった。

このように人びとの暮らしを取り巻く環境という側面からみた場合，中世は支配階層が大きく変動する時代であった。では，支援を必要とする人びとは，どのような暮らしをしていたのだろうか。例えば，鎌倉時代末期の『一遍聖絵』には「乞食」と呼ばれる貧困状態の人びとが描かれている。空也上人（念仏宗の開祖）の「遺跡市屋付近」には，顔を白い布で包んだ貧困状態の人びとを描いた場面がある。彼らの多くはハンセン病を患っていたという。また，両手や臀部に下駄を付け，不自由な身体で暮らす人びとも描かれている。

『一遍聖絵』が描いた人びとは，いうまでもなく支援を必要としている。しかしながら，彼らは病気や障害により生まれ育った家庭や地域社会から疎外され，社会的に排除される存在であった。

（4）人びとの暮らしと近世の社会福祉

17世紀初頭，徳川家康が征夷大将軍（以下，将軍）に任命され，江戸幕府の時代（以下，江戸時代）となる。江戸時代は人びとの暮らしが身分制によって統治される社会であった。支配階層の武家階級にも身分制（将軍－三家・三卿・家門・譜代・外様の各大名－旗本・御家人等）があり，皇族を支える公家階級や僧侶・神職・医師等の教化階級も存在した。さらに，農民・町人もいくつかの身分階層に分かれていた。また，中世の時代から社会的に排除されてきた人びと

は，江戸幕府によって身分が固定化された。

　農民と町人は，身分不相応な葬儀等を行うと処罰された。幕府は社会を不安定にする身分制の形骸化を警戒していたのである。一方，17世紀後半になると下層身分の武家から有能な人材が登用されるようになった。武家階級では身分制よりも政治機能の維持が重視されたのである。しかしながら，社会的に排除される立場の人びとは，江戸時代を通じて疎外される立場にあった。

　江戸時代は法制度（諸法度や御定書等）が人びとの暮らしに影響を及ぼしていた。特に，1717年より運用された御定書の下巻（以下，御定書百箇条）は訴訟や刑罰を定めており，人びとの暮らしに深く関わっている。例えば，御定書百箇条は「盗人御仕置之事」「あばれもの御仕置之事」「酒狂人御仕置之事」等の犯罪・暴力・反社会的行為に対する刑罰を規定するとともに拾得物の取扱いを定めた「拾ひ物取計之事」も規定している。また，「拾五歳以下之者御仕置之事」と年少者に対する配慮規定も示している。さらに，遺棄された子どもを巡る犯罪は「捨子之儀に付御仕置之事」で厳罰が規定されている。

　一方，江戸幕府は，多発する自然災害・火災・飢饉等で困窮する人びとの救済策（救小屋，賑恤，備荒等）を行った。また，18世紀後半には，罪人や路上生活者を収容・保護し，職業的自立を図る人足寄場を設けた。さらに，罪人の処遇は，御定書百箇条で定められた「御仕置仕形之事」「溜預け之事」に基づき，社会的に排除された身分階層の人びとが担った。具体的には，一部の罪人（逆罪以下の重病者や軽微な犯罪者等）が溜と呼ばれる施設に収容・保護され，社会的に排除された身分階層の人びとが処遇を担当していた。

　このように，江戸幕府が行った救済は，実施する場面や対象者も限定的であり，社会の安定を図ること（治安維持）が目的であった。とりわけ，罪人の処遇を社会的に排除された身分階層の人びとが担う仕組みは，身分制による治安維持の象徴といっても過言でない。

　また，各藩の領主や仏教寺院の僧侶も困窮する人びとを救済していた。例えば，豊前小倉藩（現在の福岡県内）の藩主・細川忠利は，17世紀前半，領地内で飢饉に苦しむ人びとを救済したという。さらに，17世紀後半より加賀藩（現在

の石川県内)の藩主・前田綱紀が始めた「御小屋」は,領地内で困窮していた人びとを救済するため,住居・食事・医療の提供および職業的自立を支援する拠点であった。また,支援に携わった僧侶は,飢餓で苦しむ人びとを救済した長崎の千歳(せんがい),不忍池(上野)の弁天島を造築した了翁(りょうおう)による棄児救済や人びとへの施薬(施薬所の設立・運営や薬の提供),飢えや病気で困窮する人びとへの救済や棄児救済を行った大阪の鐵眼(てつがん)等が知られている。

一方,農民・町人の立場から救済を行う人びともいた。彼らは篤志家(とくしか)と呼ばれ,生活に困窮する人びとや災害・飢饉等で苦しむ人びとを支援した。例えば,18世紀前半,摂津国平野郷(現在の大阪府内)の土屋七郎衛友直は,飢饉に苦しむ多くの農民を支援した。また,18世紀後半,出羽国庄内藩(現在の山形県内)の本間光丘は,飢餓に苦しむ人びとの支援だけでなく,歳末の生活支援(貧窮する人びとに対する米の配給)や港町の人びとの経済的支援(藩に町の世話人を介して行う貸付)を行った。さらに,19世紀前半,秋田藩(現在の秋田県内)御用商人の那波三郎衛門祐生と同志は,多くの人から集まった寄付金を秋田藩に献納し,知行高(ちぎょうだか)(米の年貢を徴収できる権利)を購入した。彼らは,知行高の財源(年貢)に基づく感恩講(かんおんこう)を設立・運営し,生活が困窮している人びとの支援にあたった。また,災害や飢饉等で苦しむ人びとの救済も行った。

感恩講は,町人の側から支配階層の側に働きかけ,統治制度を活用した例であるが,江戸市中には幕府主導で町人が運営を担う救済制度もあった。それは,1794年より運営が始まった町会所(まちかいしょ)である。18世紀後半は,自然災害(火山噴火や洪水)や飢饉,大火事が多発し,農民一揆も激化していた。そこで,当時の幕府は,江戸市中の地主が負担する公共費の一部(七分積金(しちぶつみきん))を活用し,町会所を設立した。その運営は,地主をはじめとする町人が担い,米の積立や救済事業のほか,地主への貸付事業も行った。なお,町会所は1872年に廃止され,営繕会議所が資産と救済事業の趣旨を継承した。

2　近代社会の成立と社会福祉のあゆみ

(1)　人びとの暮らしと近代前期の社会変動——中央集権国家体制と近代化政策

　1603年より全国を統治してきた江戸幕府は，260年余りで終焉を迎える。その契機は，1867年に発布された王政復古の大号令である。これは，従来の江戸幕府（徳川家中心の武家階級）から新たな支配階層（天皇中心の国家体制を企図する薩摩藩・土佐藩等の武家階級と公家階級の連合政権）に移行する宣言でもあった。

　その後も戊辰戦争・農民一揆・西南の役等不安定な社会状況が続く中で，明治政府は中央集権国家の体制づくりと近代化を一体的に進めた。具体的には，1870年の「大教宣布の詔」発布（天皇中心の思想統制を図る神道の国教化），1871年の戸籍法制定と廃藩置県の断行，1872年の学制公布と太陽暦（グレゴリオ暦）採用，1873年の徴兵令発令ならびに地租改正条例の制定，1884年の華族令制定等である。とりわけ，華族令は新たな身分階層（公爵・侯爵・伯爵・子爵・男爵と家族・親族）の制度に関わる法律であった。

　一方，1871年8月28日に明治政府が発布した太政官布告（以下，解放令）は，それまで社会的に排除されてきた人びとを「身分職業共平民同様タルヘキ事」と定めた。しかし，解放令発布の主旨は人びとの権利を保障することでなく，明治政府が進める中央集権国家の体制づくり（戸籍制度による人びとの統制，租税制度の拡充，天皇から一定の権利を与えられる臣民として統治する地方自治の仕組み等）にあった。そのような国策に基づき臣民の平等を定めた解放令であったが，江戸時代より農民・町人であった人びとは反発した。具体的には，解放令発布後の1871年秋より1873年夏にかけて，西日本各地で解放令に反対する一揆が多発した。当時の一揆は，明治政府の諸政策に対する人びとの不安や怒りが原動力であったという。しかしながら，その矛先が社会的に排除された人びとへ向かった点は看過できない。解放令をめぐる一連の歴史は，制度的に平等が示されても人びとの差別意識は解消しない事実を示しているといえよう。

　その後，1889年に発布された大日本帝国憲法は，同法第4条で天皇を国家元

首に位置づけ，神聖化（第3条）も規定している。また，帝国議会は，衆議院（選挙で選ばれた議員の組織）と貴族院（華族や天皇に勅任された議員の組織）で構成するよう規定し，身分階層による立法組織を設置した。

このように，明治期以降の日本は，天皇中心（天皇主権）の国家体制が人びとの暮らしを統治する社会となった。しかし，大日本帝国憲法は，人びとを主権者（市民）に位置づけておらず，人びとは天皇から一定の権利を与えられる臣民という存在であった。したがって，人びとの暮らしを支える制度も主権者の天皇から与えられた点が特徴といえよう。その典型例が恤救規則である。

（2）近代前期の社会福祉——救済制度・慈善事業・感化救済事業

1874年に発布された恤救規則は，天皇の「御仁恤ノ御趣意」（臣民に対する憐憫の情）を具現化した救済制度である。そのため，支援を必要とする人びとに対する国家の権利保障よりも家族・親族の扶養や地域社会の相互扶助が重視される内容であった。

まず，同規則が救済の対象とする「無告の窮民」は「家」による私的扶養が難しいことを前提にしていた。具体的には，①本人が幼年・高齢もしくは障害や病気の状態で独身（独居）の場合，②同居している家族が15歳以下もしくは70歳以上で生活に困窮している場合を「無告の窮民」と定めている。さらに国家の救済（米の給与）は「人民相互の情誼(じょうぎ)」（地域社会の相互扶助）が困難な場合に限定されていた。なぜならば，恤救規則は，地域社会の相互扶助を補助する手段に位置づけられていたからである。その後，帝国議会や所管官庁（内務省）で恤救規則の改正が検討された。しかし，1929年に救護法（1932年施行）が制定されるまで改正されることはなかった。

一方，明治政府は1875年より貯蓄奨励運動（人びとに貯蓄を促し，生活安定を図る国策）を推進し，明治期から大正期にかけて郵便貯金制度が普及した。さらに，政府は「人民相互の情誼」を促進するため，1875年に「篤行奇特者及公益ノ為メ出金者賞与条例」を制定した。同条例は，篤志家の実践や民間団体・企業の公益活動（福祉・医療施設等の設立・運営や資金提供）に対する金銭的賞与

を規定しており，慈善事業とかかわりが深い制度であった。

明治期は，さまざまな慈善事業が取り組まれていた。例えば，江戸時代後半から秋田県内で活動する感恩講は，1874年に明治政府から補助金を受け，従来からの救済事業を継続した。また，1872年に町会所から資産と救済事業の継承した営繕会議所は，道路や橋等の整備だけでなく養育院（支援を必要とする人びとの収容・保護施設）も運営した。

さらに，明治期以降，キリスト教の関係者・関係団体による慈善事業も拡充した。具体的には，岡山孤児院および大阪の博愛社（児童養護），救世軍の実践（免囚・失業者・女性・児童の保護・支援，貧民街の医療活動等），東京の家庭学校（非行少年に対する感化教育），岐阜訓盲院（視覚障害者の支援）等である。

一方，当時の政府（内務省）は慈善事業を感化救済事業と呼称していた。内務省によれば，感化救済は，救済の対象者を自活自営できる良民に訓化指導（教え諭すこと）するだけでなく，地域社会の改善・振興を図ることを目的としていた。その具体策として，内務省は，1908年より全国各地で感化救済事業講習会を開催した。受講者は行政関係者，宗教家（主に仏教と神道），慈善事業の施設関係者，教育関係者，警察・司法関係者，学生等多種多様であった。

（3）人びとの暮らしと近代後期の社会福祉——社会事業・戦時厚生事業

1908年，慈善事業の発展と関係者・関係団体の連携を図るため中央慈善協会が設立され，大正期に中央社会事業協会と改称された。このように，明治期から大正期は，慈善事業から社会事業へ移行する点が特徴である。大正時代に内務省（社会局）が管理した社会事業は表4-1のとおりである。

当時の社会事業は，このように幅広い年齢層への支援や生活に困窮していた人びとの支援，障害や病気により支援を必要とする人びとを支援していたことが理解できる。一方，「軍事救護」（特別救護）や「動物虐待防止」（社会教化）のように現代の社会福祉と異なる領域も社会事業に位置づけられていた。

また，明治期以降の慈善事業・社会事業（以下，社会事業）は，天皇による恩賜（金品等を与えられること）が重要な役割を担っていた。例えば，1889年の東

表4-1　大正時代に内務省（社会局）が管理した社会事業

第一類	一般的機関	行政機関，連絡統一機関（社会事業協会），委員制度（救済委員等），他
第二類	窮民救助	院内救助（養育院，養老院），院外救助
第三類	特別救護	軍事救護（傷病兵救護，軍人遺族救護），災害救護，行旅病人救護
第四類	医療的保護	病院・療養所，診療所，委託診療業，病者慰安，巡回看護
第五類	経済的保護	職業紹介，授産，宿泊保護，公設浴場・市場，簡易食堂，公益質屋，他
第六類	社会教化	矯風事業（禁煙・禁酒，婦人救済等），隣保事業，動物虐待防止，他
第七類	児童保護	胎児・乳児・幼児保護（無料産院，児童健康相談所，昼間保育所，他），労働児童保護，遊戯体育・教化（児童遊園，児童図書館，他），児童の福利増進運動（児童保護協会，他），児童鑑別・一時保護，被虐待児童保護，育児事業（養育費給与，他），感化教育，障害児の保護，病児の保護

出所：生江孝之『社会事業綱要』1923年，50-52頁，を基に筆者作成。

京府養育院をはじめ，数多くの社会事業団体は天皇からの下賜金を受けてきた。さらに，下賜金を財源とした恩賜財団も創設された。具体的には，1911年の済生会（施薬救療事業），1924年の慶福会（民間社会事業の助成），1934年の愛育会（児童福祉・母性教育等），1938年の軍事援護会（戦没・傷痍軍人と家族に対する援護）である。

　ところで，表4-1が示す社会事業には，国の救済制度や従来の慈善事業を細分して専門特化させた取り組みだけでなく，新たな社会事業も含まれている。それは，大正期に創設された方面委員と類似する委員の制度である。なお，方面委員の制度は，第二次世界大戦後に制度化された民生委員・児童委員の前身である。その歴史は，1917年の岡山県済世顧問制度創設，1918年の東京府慈善協会救済委員制度および大阪府方面委員制度の創設に始まり，1928年には47道府県全域に方面委員制度が設立された。

　1929年になると恤救規則に代わる救護法が制定された。しかし，翌年になっても施行されず，全国の方面委員（団体）は「救護法実施期成同盟会」を結成した。その後，1931年の方面委員代表者による上奏請願（天皇への直訴）を経て，救護法は1932年より施行された。

　当時のわが国は，金融大恐慌（1927年）や農業恐慌（1930年）等が発生し，人びとの暮らしも不安定な状況におかれていた。また，中国大陸への軍事侵攻が

活発化し，わが国は戦時国家体制へと移行していく。1937年には方面委員令が施行され，軍事扶助法（1937年施行）に基づく支援も担っていった。

1938年，銃後社会事業（軍事援護，国民保健，労働力の配分，救護事業等）を統括する厚生省が創設された。このように戦時国家体制が進む昭和初期から1945年の敗戦に至る期間の社会事業は，戦時厚生事業と呼称される。その目的は，戦争に役立つ人的資源の維持培養・保護育成であった。

3　福祉六法の成立と岐路に立つ社会福祉

（1）人びとの暮らしと終戦直後の社会福祉

1945年8月下旬，アメリカ主体の連合国軍がわが国に進駐した。その後，1952年4月の平和条約発効までの間，政府は連合国軍最高司令官総司令部（以下，GHQ）による間接統治の下で新たな国づくりを進めた。戦前に制度化された方面委員は，1946年公布の民生委員令により民生委員と改称された。また，1947年公布の児童福祉法は，子どもの生活と愛護の保障，健全育成に対する国民と国家の責任，児童福祉施設，民生委員による児童委員の兼任等を規定している。

当時のわが国には，戦争で生活困窮に陥った人びと（戦災による生活困窮者や家族を失った子ども，海外引揚者，復員者，戦没者遺族，戦傷病者等）が多く存在した。そこで，1946年，旧生活保護法が公布・施行された。この法律は戦前の救護法を基盤としており，民生委員が行政の補助機関（生活保護業務を担う役割）に位置づけられた。その後，1950年の生活保護法改正により，民生委員は行政の協力機関（生活保護業務に協力する役割）となった。

また，1947年5月施行の日本国憲法は，従前に制定された生活保護法や児童福祉法をはじめ，戦後に創設された社会福祉関連法の根幹をなすものといえよう。当時の『日本社会事業年鑑』は，日本国憲法が「国民の生活権を保障し，同時に社会施設についての責任を国家に負わせ，基本的人権を確立したのであって，社会事業の基礎観念がここから出発することになり，これに基づき種々

の社会立法が行われることとなった」[1]
と記している。

1946年2月，GHQは，戦時厚生事業のような国家統制を防止するため，民間社会事業団体に対する国・地方公共団体の財政的支援を原則禁止にするよう発令した。この趣旨は日本国憲法第85条にも反映されて，そのため，全国の民間社会事業団体は運営が困難な状況となった。そこで，政府は，GHQや1947年4月に来日したフラナガン神父（アメリカの聖職者・児童福祉実践者）の助言を受けて，アメリカのコミュニティ・チェスト運動を参考に

図4-1　計画当初の共同募金マーク

出所：『国民たすけあい共同募金運動の概要』
（中央共同募金委員会，1948年）。

共同募金運動を計画し，同年の11月25日から12月25日にかけて実施された。1947年10月制定の共同募金マークは，コミュニティ・チェスト（Community Chest）の頭文字を用い社会の相互扶助と国民の協力体制を表現する意匠であった（図4-1）。

一方，GHQは，日本政府が進める社会福祉の制度づくりにいくつかの条件を示した。その一つが公的責任の原則，すなわち，生活困窮者の最低生活の保障は政府の責任という理念である。政府は，公的責任の原則に基づき，社会福祉制度を検討した。その結果，1951年には社会福祉事業法を制定し，公的責任の原則は，同法が定める第一種社会福祉事業（経営安定を通じた利用者の保護の必要性が高い事業）に適用された。

社会福祉事業法の制定以降，政府は社会福祉法人等への措置委託を制度化した。そのような仕組みを措置制度という。公的責任の原則に基づく措置制度は，2000年の社会福祉事業法改正に至るまでの期間，人びとの暮らしを支える社会福祉制度の基礎構造に位置づけられてきた。

（2）人びとの暮らしと戦後復興期・高度経済成長期の社会福祉

　社会福祉事業法制定に先立つ1949年，視覚障害のある当事者として活動していた岩橋武夫やヘレン・ケラーの尽力とGHQ・政府の政策転換（戦地で傷痍軍人となった人びとへの積極的な生活支援）により，身体障害者福祉法が制定された。同法の制定により，日本の社会福祉制度は福祉三法（生活保護法・児童福祉法・身体障害者福祉法）の時代を迎える。

　福祉三法体制下の1950年6月，朝鮮戦争が勃発した。勃発の2ヶ月後（1950年8月）に警察予備隊令が公布され，政府は警察予備隊（自衛隊の前身）を創設した。その結果，GHQが進めてきたわが国の非軍事化政策は大きく方向転換することとなる。また，1950年代初めのわが国は，国連軍（実質的にはアメリカ軍）に対する物資・サービスの調達を行い，国内の関連産業に好景気をもたらした。1952年4月の平和条約発効により，わが国はGHQの間接統治から脱することとなる。しかし，その後もアメリカからの政治的・経済的な影響が軽減することはなかった。

　この時期，人びとの暮らしは豊かになり，1953年の個人消費高は第二次世界大戦前を上回る値であった。さらに，1950年代半ばから1970年代初めまで続く高度経済成長期は，人びとの暮らしと社会状況を大きく変えていった。具体的には，①農村・漁村・山村地域から都市部へ移る労働者の増加，②低賃金労働に支えられた企業の技術革新・設備投資，③終身雇用・年功序列型賃金体制等による安定した労働環境，④所得水準の向上に伴う個人消費の増加等である。

　一方，高度経済成長は人びとの暮らしにさまざまな影響を及ぼした。まず，農村から都市に移る労働者の増加は農村・漁村・山村地域の過疎化と第一次産業の後継者不足を招き，都市部の人口集中は，生活環境の悪化（住宅事情，交通渋滞，ゴミ処理問題等）を発生させた。さらに，企業の利潤追求主義や消費者軽視の姿勢は，公害問題や薬害問題（キノホルム，サリドマイド等）を発生させた。とりわけ，農村・漁村・山村地域の過疎化と都市部の人口集中は，住民のコミュニケーションが希薄化する契機となり，相互扶助の機能低下を招いた。そこで，1955年に中央社会福祉協議会（1951年創設）から改称した全国社会福

祉協議会は，1962年に住民主体の原則（生活課題解決に向けた住民の自主的な活動参加と組織化）を提唱し，住民による相互扶助の再構築を図った。

人びとの暮らしを支える国の制度も拡充し，1960年に精神薄弱者福祉法（現・知的障害者福祉法），1963年に老人福祉法，1964年に母子福祉法（現・母子及び父子並びに寡婦福祉法）が制定された。その結果，わが国の社会福祉制度は，既存の福祉三法と併せた福祉六法体制となった。また，福祉六法体制だけでなく，社会保険制度や医療・公衆衛生制度も整備され，社会保障制度が確立した。このうち，福祉六法体制は公的責任の原則に基づく措置制度が基盤である。しかし，1970年代になると，日本経済は低成長期へ移行し，さらに国の財政再建も課題となったため，福祉六法体制に基づく社会福祉は岐路を迎えた。

4　少子高齢社会の到来と制度改革のあゆみ

（1）人びとの暮らしと社会福祉基礎構造改革

先進諸国では，1970年代より国家の財政再建が重要な課題になっていた。わが国も例外ではなく，1980年代以降，政府は，財政再建に向けた公共部門の改善を図るため，選択と競争に基づく市場原理を導入した。人びとの暮らしを支える社会政策も例外ではなく，社会福祉制度は財政再建のために公的責任の原則を縮小させた。その具体的な政策が社会福祉基礎構造改革である。

1990年代後半より政府が推進してきた社会福祉基礎構造改革は，①自らの生活は自己責任で営むことが基本となる，②自助努力で生活できない場合は社会連帯によって支援する，という社会福祉の理念を掲げた。さらに，政府は，①措置制度から自己選択・自己決定を尊重した利用・契約制度への移行，②第三者評価等によるサービスの質と民営化等による効率性の確保，③地域福祉の確立を具体的内容に位置づけている。2000年の社会福祉事業法改正・改称により制定された社会福祉法は，社会福祉基礎構造改革を具現化した内容であり，①利用者による選択の尊重，②サービスの効率化，③地域福祉の推進が特徴である。言い換えるならば，社会福祉法は，行政機関―民間事業者（社会福祉法人，

企業，特定非営利活動法人等）―地域住民（社会連帯に基づく支援）―支援を必要とする人びと（自己選択・自己決定による利用・契約）という基礎構造が特徴である。

（2）人びとの暮らしと新たな社会福祉の課題

　社会福祉基礎構造改革を経たわが国の社会福祉制度は，公的責任の原則よりも支援を必要とする人びとの自己責任が重視されるようになった。一方，人びとが自己選択・自己決定するには，選択可能な社会福祉サービスの量と，決定するための正確な情報を必要とする。しかしながら，人びとの暮らしを支える社会福祉サービスには自己選択・自己決定できない状況も発生している。

　その端的な例が特別養護老人ホーム（介護老人福祉施設）に入所を希望する人たちの待機問題であり，2010年代より顕在化した保育所の待機児童問題であろう。このうち，前者の問題は，超高齢社会における在宅介護のあり方が課題になることを示している。具体的には，介護者の家族も高齢である場合，健康上の理由で介護が難しくなり，在宅介護は機能しなくなる。また，子どもが介護者である場合は，経済的な問題（就労が困難等）が発生する。さらに，少子化がもたらす労働人口の減少は，施設で働く専門スタッフの確保が難しいという問題につながる。

　一方，保育所の待機児童問題は，首都圏や全国の都市部を中心に発生し，保育サービスを必要とする人びとの暮らしに影響を与えた。なぜ，少子社会といわれる時代において保育所の待機児童問題が発生したのだろうか。

　1980年代以降，政府は公共部門の改善を図るため，選択と競争に基づく市場原理を導入した。その結果，国民の間で所得格差が広がり，経済的な生活課題を抱える人びとが増加した。さらに政府は労働政策（労働時間や労働者派遣等）の規制緩和を進め，正規雇用より低賃金の非正規雇用で働く人びとが増加した。つまり，政府は「生活の糧を獲得する」という家族の機能を保障する労働政策よりも雇用する側に有利な市場原理（労働力の選択と競争）を重視したのである。その結果，共働きでなければ暮らしを維持できない子育て家庭が増加した。

このように保育所の待機児童問題は,所得格差の拡大が背景にある。また,保護者の所得格差は,より深刻な社会的格差の問題を発生させる。それは所得階層の学力格差が職業選択や社会移動の制限（所得階層の固定化）を生むという教育格差である。子どもの貧困と呼ばれる問題も同様であり,保護者の教育歴や職業が子どもの生活・学習環境・進路選択に影響を及ぼしている。

ま と め

本章では,わが国における社会福祉の歴史を人びとの暮らしから地域社会・国家へと拡大・変容する過程に位置づけ,その歴史的特徴を学んだ。このうち,わが国における社会福祉の歴史で変容した側面は,家族や小集落の支えあい,助けあいが各時代の環境（社会や文化,政治・経済,諸制度等）に影響を受け,その一部が制度化された点である。一方,わが国における社会福祉の歴史で変容しなかった側面は,弥生時代の農耕文化複合から発展した国家（稲霊信仰・祖先祭祀と権力が結びついた王権の統治組織）による賑給という仕組みである。元来,賑給は困窮している国民に対する穀物の支給であったが,後年の国家（天皇・摂政・幕藩体制・大日本帝国時代の政府）においても権力者による救済（賑恤,備荒,恤救規則,恩賜等）は継承された。また,その特徴は現代社会にも内在している。

このようにわが国の社会福祉は,人びとの「個」に基づく支援（個人の権利保障）よりも身分階層を基盤とした国家の救済が中心であった。したがって,人びとの「個」に基づく社会福祉を拡充していくことが重要な課題といえよう。

注
(1) 財団法人日本社会事業協会社会事業研究所編『日本社会事業年鑑　昭和二十二年版』財団法人日本社会事業協会社会事業研究所,1948年,1頁。

参考文献
赤石壽美「恤救規則の成立と人民協救の優先」『早稲田法学』57(3),1982年,301-

344頁。

池田英俊・芹川博通・長谷川匡俊編『日本仏教福祉概論――近代仏教を中心に』雄山閣出版，1999年。

池田敬正『日本社会福祉史』法律文化社，1986年。

遠藤興一「恩賜財団 済生会の成立と展開過程について（上）」『明治学院大学社会学・社会福祉学研究』131，2009年，49-99頁。

遠藤興一「恩賜財団済生会の成立と展開過程について（下）」『明治学院大学社会学・社会福祉学研究』132，2010年，1-49頁。

小川直之「稲作」『生業の民俗』（講座 日本の民俗学5）雄山閣，1997年，19-51頁。

設楽博己「農耕文化複合と弥生文化」『国立歴史民俗博物館研究報告』185，2014年，449-469頁。

ジョンソン，ノーマン／青木郁夫・山本隆監訳『グローバリゼーションと福祉国家の変容』法律文化社，2002年。

高橋和之「人権総論の論点」『シリーズ憲法の論点⑧』国立国会図書館調査及び立法考査局，2005年。

中央共同募金委員会『国民たすけあい共同募金運動の概要』中央共同募金委員会，1948年。

内務省地方局『賑恤救済小史・我国慈恵救済事業・感化救済小観』内務省，1910年。

中西康裕「『続日本紀』の祥瑞記事と賑給記事」『人文論究』47(2)，1997年，1-15頁。

生江孝之『社会事業綱要』巖松堂書店，1923年。

生江孝之「日本基督教社会事業史」（1931年）一番ケ瀬康子解説『戦前期・社会事業基本文献集・33』日本図書センター，1996年。

日本基督教会同盟『大正7年基督教年鑑』日本基督教会同盟，1919年。

橋川正「日本仏教と社会事業」（1925年）長谷川匡俊解説『戦前期 社会事業基本文献集29』日本図書センター，1996年。

室田保夫（2009）「岩橋武夫研究覚書――そのあゆみと業績を中心に」『関西学院大学人権研究』13，27-46頁。

吉田久一『現代社会事業史研究』勁草書房，1979年。

第5章 海外の社会福祉のあゆみ

はじめに

　わが国における社会福祉は，諸外国の社会や文化，政治・経済，諸制度に影響を受けながら進展した。とりわけ，イギリスやアメリカ等の西洋諸国における関連事象は，わが国のみならず現代社会における社会福祉の基盤といっても過言でない。そこで，本章は，明治期以降の日本社会に影響を及ぼした西洋諸国における社会福祉の歴史に焦点を絞り，社会福祉の歴史を人びとの暮らしから地域社会・国家へと拡大・変容する過程に位置づけ，二つの視点から歴史的特徴を理解する。

　一つは，西洋諸国における社会福祉の歴史で変容した側面と変容しなかった側面（普遍的な特徴）を理解する。二つは，同時代における人びとの暮らしと生活課題，支援（実践）の特徴を理解する。また，生活課題の解決にかかわる支援（実践）と環境（社会や文化，政治・経済，諸制度等）が人びとの暮らしに与えた影響を理解する。

　さらに，本章は，近代化（工業化と自由民主主義が同時進行する歴史的事象）という側面から西洋諸国における社会福祉の歴史を理解する。なぜならば，近代化は人びとの暮らしや社会的・文化的側面と不可分であり，西洋諸国における社会福祉の特徴を学ぶ上で重要な視座（見方・考え方）となるからである。

1 近代社会成立以前の社会福祉のあゆみ

（1）ヨーロッパにおける中世社会の始まりと人びとの暮らし

　4世紀以降から始まるヨーロッパの中世社会は15世紀の後半まで続く。したがって，これだけ長い期間になると，人びとの暮らしも大きく変容した。また，各地域における人びとの暮らしも多様であった。そこで，本項は，中世前半における統治体制（国家）の変容過程および人びとの暮らしに共通する特徴を概観する。

　ヨーロッパにおける中世社会の成立は，小規模の統治体制を部族国家に変容させることになったゲルマン民族の大移動が契機となったといわれる。ローマ帝国が支配していた地域を統治したゲルマン民族は，自らの伝統を保ちつつローマ帝国の社会体制やキリスト教文化を取り入れていった。とりわけ，キリスト教は，中世に移行した後も統治者や庶民の間に継承された。

　その後，6世紀のヨーロッパは，ゲルマン民族の国家（フランク王国や西ゴート王国等）と地中海を囲む東ローマ帝国が広範な地域を支配する時代となる。同時期，中世社会の統合と人びとの精神的支柱となった組織はキリスト教の教会と修道院であった。とりわけ，三位一体説（神・キリスト・聖霊が神において一体化されるという考え）を信奉するベネディクトゥス（Benedictus de Nursia）がローマ南方に創設した修道院の活動は，ローマに拠点を置くカトリック教会（以下，ローマ・カトリック教会）が政治力を蓄積する契機となった。

　7世紀以降，イスラム教を信奉するサラセン帝国が当時のヨーロッパに侵攻した。しかしながら，8世紀になるとフランク王国がサラセン帝国を撃退し，侵攻は終焉を迎える。その後，フランク王国はカール一世（Karl I）の治世に西ヨーロッパ全域を支配した。さらに，9世紀初頭，カール一世はローマ・カトリック教会の法王よりローマ皇帝の帝冠を授与されローマ帝国が復興した。

　一方，統治者に支配される庶民の多くは，中世初期から7世紀に至るまで生産性の低い農耕と牧畜中心の生活を送っていた。その後，8世紀以降になると一部の地域で農地の大規模化が進み，生産量も増加した。また，農地の大規模

化は，封建的土地所有に伴う社会的身分の階層化（領主と農民）を促進させた。

（2）人びとの暮らしと中世社会における社会福祉の萌芽

　中世ヨーロッパの特徴とされる封建制社会の確立は11世紀以降のことである。その契機の一つがドイツ諸部族を基盤としたザクセン王朝による国家（以下，ドイツ）の台頭である。とりわけ10世紀中盤に国を治めたオットー一世（Otto I）以降，ドイツは，ローマ・カトリック教会の権威（法王によるローマ皇帝の帝冠授与）を国家統治の手段として用いるようになった。

　一方，フランク王国は10世紀以降から続くカペー王朝の成立により，新たな国家体制（以下，フランス）となった。フランスもローマ・カトリック教会の権威を王位継承と結びつけたが，ドイツと異なり，ローマ・カトリック教会と対等な連携体制を保ち，王朝の権力強化に努めた。

　また，11世紀のヨーロッパは，農業技術（水車の導入や家畜の活用等）や三圃農法（冬畑・夏畑・休耕畑という輪作方式）の普及により，農作物の耕作面積が拡大し，収穫量も増大した。支配階層の領主たちは経済的な基盤を得ることとなり，王権の国家統治と地域社会の身分階層に基づく封建制社会が確立した。

　さらに，農業生産力の向上は，余剰生産物の流通や農具・工具の生産の増加をもたらし，貨幣経済を促進する契機となった。その結果，中世ヨーロッパは，貴族（領主や国王等），キリスト教の聖職者，農民，商工業従事者という身分階層で構成される封建制社会となったのである。

　その後，12世紀以降の中世ヨーロッパは封建制社会の安定期に入り，農村部では領主の支配体制と村落共同体の整備が進んだ。前章で紹介したわが国の農村部と同じく，ヨーロッパ各地の村落共同体にも農民階層の人びとが支えあい，助けあう相互扶助が機能していた。また，商工業の発展に伴い，商人や手工業者が専業化し，各地に都市が形成された。当時のヨーロッパにおける都市は，商人の富裕層が政治（以下，市政）を支配しており，手工業者の組織（ギルド）が市政参画を求める闘争を繰り広げていた。なお，手工業者の組織（ギルド）は，徒弟制度の維持だけでなく，相互扶助の機能も有していた。このようなギ

ルド（農民階層や手工業者の組織）による相互扶助は，人びとの暮らしを支える社会福祉の原型といってよい。おそらく，彼らが取り組む相互扶助の価値観には，中世以降，人びとの間に普及したキリスト教の精神が内在していたといえよう。

また，キリスト教の教義に基づく修道院の救済活動も社会福祉の萌芽に位置づけられる。例えば，10世紀初頭に創設されたフランスのクリュニー修道院は，生活困窮者の保護・救済や病者の治療・看護だけでなく，近隣地域へ出向き，病気で苦しむ人びとの生活支援を行っていた。また，11世紀に創設されたフランスのシトー修道院は，資産の1/4を民衆に向けた慈善に充てたという。さらに13世紀前半，ドイツの聖フランチェスコ会に所属し，女性修道士として活動していたエリザベット（Elisabeth von Thüringen）は，二つの救護施設を創設し，貧困状態におかれた女性の支援や病者の治療・看護にあたった。

その後，14世紀中盤にイタリアから拡大した黒死病の犠牲者は，ヨーロッパで暮らす人びとの3割にのぼり，人びとの暮らしを取り巻く社会・経済・政治への影響も大きかったという。また，14世紀から15世紀にかけて，中世ヨーロッパ社会の封建制も形骸化が進み，農民階層を支配する領主たちや政治力をもつローマ・カトリック教会の権威が低下した。その結果，ヨーロッパの人びとは新たな時代を迎える。

（3）人びとの暮らしと近世の西洋諸国における社会福祉

ヨーロッパにおける近世は，東方貿易で発展したイタリアの都市文化およびドイツにおけるキリスト教の宗教改革が大きく影響する時代であった。前者の都市文化（ルネッサンス文化）は，中世のキリスト教が志向する価値観と異なり，現実社会や生活者としての人間を肯定する文化潮流であった。また，後者の宗教改革は，16世紀前半にドイツのルター（Luther, M.）がローマ・カトリック教会の免罪符制度を批判し，形式化・世俗化したキリスト教の改革を提言したことが契機であった。

さらに，近世ヨーロッパは，国王と貴族・領主，ローマ・カトリック教会の

聖職者階層等,政治権力が分立していた中世と異なり,国王が官僚制と軍事組織により国を統治する絶対主義国家に移行した時代である。したがって,近世のヨーロッパにおける人びとの暮らしも中世と異なる社会・経済・政治・文化の影響を受けていたといえよう。

では,近世における社会福祉は,どのような特徴を有していたのだろうか。

宗教改革を始めたルターは,慈善行為とキリスト教の信仰を積極的に結びつけ,1523年,ライスニク教会教区で暮らす貧困家庭や支援を必要とする子ども・高齢者のための「共同金庫の規定」を制度化し,経済的支援を行った。一方,公共の秩序を維持するため,国家が救済の世俗化(施策・実践と宗教活動の分離)を進めた例として,1516年,フランス国王のフランソワ一世(François I)が設立・運営を命じた救貧事務所(Grand bureau des pauvres)がある。

また,イギリスでは,1536年,乞食の禁止と労働能力をもつ貧民の職業提供を規定したイーペル市(現在のベルギー国内)の制度(Ypres scheme)を参考に救貧制度を定めた。その後,エリザベス一世(Elisabeth I)が統治していた1601年,従前の救貧制度を整備した救貧法(以下,エリザベス救貧法)を導入した。同法は,貧困状態にある大人や子どもの就業促進を重視しており,救済対象を労働能力のない貧困状態の人びとに限定している。加えて,同法は,社会秩序の維持のため,労働意欲のない貧困状態の人びとを懲罰対象に位置づけた。

さらに,近世のヨーロッパ諸国は,アジアや南米・北米大陸に海外進出し,貿易中心の重商主義政策を進めた。とりわけ,イギリスから北米大陸へと移住した人びとは,自国内の囲い込み政策(エンクロージャー)で土地を失った農民やイギリスの国教会から迫害された清教徒たちであり,他国の植民地よりも社会制度を発展させる素地をもっていた。

2　近代社会の成立と社会福祉のあゆみ

(1) フランス革命と社会福祉の歴史

ルイ一五世(Louis XV)が統治した18世紀,フランスの絶対主義による国家

体制は社会・経済状況の進展と矛盾した状況にあった。アンシャン・レジーム（旧制度）と呼ばれる近世末期は，王権の庇護を受ける聖職者（第一身分）・貴族（第二身分）が領主として国土の3割を所有していた。さらに，ルイ一五世の治世では，総人口の3％に過ぎない聖職者と貴族が政治力を独占していたのである。

一方，商業・貿易の隆盛に伴い台頭してきた産業ブルジョアジーは政治への参画を認められていなかった。また，産業ブルジョアジーの階層に属する商工業者は重商主義政策の経済統制にも不満を抱いていた。さらに，産業ブルジョアジーと同じ第三身分の農民や都市労働者もアンシャン・レジーム（旧制度）を批判し，暴動になることもあった。フランス革命は，このような社会的・経済的矛盾を背景にルイ一六世（Louis XVI）が統治する1789年に起きたのである。その契機は，同年5月の三部会（第一・第二・第三身分の代表者による議会）分裂後に設立された第三身分の人びとおよび自由主義的な聖職者（第一身分）と貴族（第二身分）による国民議会であった。ルイ一六世は軍隊を出動させ，国民議会を弾圧した。国王の強権に対して，パリの民衆はバスチーユ監獄を襲撃した。その後，革命運動はフランス全土に拡大し，農民も領主たちに反旗を翻した。

同年8月，国民議会は「封建的特権の廃止」と「人権宣言」を公表し，9月には立憲君主制と選挙制に基づく憲法を制定した。フランス革命によって生まれた「人権宣言」は，17の条文で構成されており，自由・権利の平等（第1条），国民主権（第3条），自由の定義・権力行使の限界（第4条），意見の自由（第10条），表現の自由（第11条），租税に関与する市民の権利（第14条），行政の報告を求める権利（第15条），権利の保障と権力分立（第16条）等を示している。この条文からも理解できるとおり，フランス革命から生まれた「人権宣言」は，民主主義国家の前提となる国民主権や権力分立，権利保障，表現の自由等が示されており，現代社会における社会福祉の価値観と深くかかわっている。

このように，フランス革命は，身分階層で構成される社会よりも個人の権利が平等に保障される社会のあり方を示したといえよう。

第 5 章　海外の社会福祉のあゆみ

（2）イギリスの産業革命とフェビアン協会の活動

　18世紀後半よりイギリスで始まった産業革命は，富裕層と貧困層の経済的格差を広げ，ロンドンを中心とした都市部には路上生活をする女性や子どもが増加していた。そのような社会状況に対処する新たな法律として，ワークハウス（労働能力のない人びとを収容する施設）等を規定したギルバート法（1782年）や低所得層の賃金補助を目的としたスピーナムランド法（1795年）が制定された。

　19世紀に入るとエリザベス救貧法（1601年）の代わりとなる新救貧法（1834年）が制定された。同法は，救貧行政の中央集権化等，新たな特徴を示しているが，5年間の時限法でもあった。また，1601年制定のエリザベス救貧法と同様に，キリスト教会教区が担当地域内の貧しい人びとを救済する責任が規定された。

　一方，当時のイギリスには慈善活動（Charity）を行う富裕層もいた。しかし，彼らの活動に統一感はなく，お互いの連携も希薄だった。そこで，1869年，慈善活動の組織化・効率化を図るため，慈善救済組織化および乞食抑制のための協会（Society for Organizing Charitable Relief and Repressing Mendacity）が設立された。同協会は1年後に慈善組織協会（The Charity Organization Society）と名称変更されたが，支援対象の人びとを分類し，「救済に値する貧民」を慈善活動の対象としていた。つまり，当時の慈善組織協会は，貧困を個人の問題と考えていたのである。言い換えるならば，慈善組織協会は，現代の社会福祉と異なり，人びとを取り巻く環境の問題は重視していなかったといえよう。

　19世紀後半の1880年代，イギリスの都市部で貧困層の人びとを支援するセツルメント活動が始まった。活動の担い手である中産階級の人たち（大学や教会の関係者等）は，貧困を社会の問題（雇用条件や生活環境等）ととらえ，貧困層の人たちの生活を支援するだけでなく，居住環境の改善や社会制度の改革を推進する運動も行った。

　また，イギリスでは後年の社会保障・社会福祉の原型を示す組織も誕生した。それは，1884年に設立されたフェビアン協会（The Fabian Society）である。設立当初は，イギリス国内の中流階級に属する知識人たちの組織であった。彼ら

の目的と方法は,個人や特定階層が所有する資本を社会に委託し,一般的利益のために社会を再組織化することであり,経済・倫理・政治における個人と社会の関係性を知識として普及することであった。

このように,フェビアン協会の人びとは,社会主義思想を基盤にしつつ階級闘争よりも社会再建を志向していた。同協会には,ベザント(Besant, A.)のように英国国教会の福音主義運動を基盤とする活動家もいた。一方,国家がすべての市民に健康で文化的な最低限度の生活を保障するナショナル・ミニマム(National Minimum)を提唱したウェッブ夫妻(Webb, S. and Webb, B.)もメンバーとして活動していた。

1911年,イギリスでは失業保険や医療保険を柱とする国民保険法が制定された。同法は,救貧対策(貧困状態からの救済)主体であったイギリスの社会福祉が部分的ながらも防貧対策(社会保険制度による貧困状態の予防)に移行したことを示している。しかしながら,ウェッブ夫妻は,国民保険法について個人と社会(国家)の相互義務を伴わない点が問題であると批判した。

(3) アメリカ合衆国の成立と社会福祉の歴史

フランス革命やイギリスの産業革命と同時期の18世紀後半,北米大陸の植民地ではイギリスからの独立をめざす運動が始まっていた。アメリカ合衆国(以下,アメリカ)の独立運動である。1607年,イギリスから移住者した人びとは,北米大陸の東海岸(現在のアメリカ・バージニア州)に最初の永続的植民地を建設した。その後,植民地の人びとはイギリスに敵対するヨーロッパ諸国の支援を受けながら,1776年にイギリスからの独立を宣言し,幾多の戦乱や領土拡張を経て現在の国土となった。

太古より北米大陸で生活していたネイティブ・アメリカンの人びと,先祖が奴隷として連れてこられたアフリカ系アメリカンの人びと,そして,諸外国から移住してきた人びとは,独自の文化・言語・価値観をもっている。独立後もアメリカには多くの国から人びとが移住し,社会や経済を発展させてきた。その中で,アメリカの社会福祉は,多様な民族が同じ国民として生活するための

支援や組織づくりに取り組んできた。

　イギリスに慈善組織協会（以下，COS）が設立された8年後の1877年，アメリカに最初のCOSが設立された。その後，1881年には国内10都市に設立され，1900年代初頭には約140のCOSが国内の主要都市で活動していた。

　イギリスのCOSは中央委員会の下に地区委員会を設置する形で発展したが，アメリカの場合は，慈善活動の指導・調整・組織化，中央登録所の設置，自立促進のための有給職員やボランティアによる友愛訪問等を実施した。このような実践は，専門的なソーシャルワーク（ケースワークやコミュニティ・オーガニゼーション）を生み出す契機となった。

　また，1886年に最初のセツルメントが設立され，20世紀に入ると400ヶ所に増加した。アメリカのセツルメントは，諸外国からの移住者が社会に適応できるよう支援するにあたり教育，保育，各種クラブ活動の拠点となった。さらに，セツルメントは，社会改良運動や女性解放運動を展開し，社会保障制度の整備促進に大きな役割を果たした。

　アメリカ国内で数多くのセツルメントが活動していた1905年，マサチューセッツ総合病院のキャボット医師（Cabot, R. C）は，外来患者の相談援助を行うソーシャルワーカーを雇用した。マサチューセッツ総合病院で実践されたソーシャルワークは，医療と社会福祉を結びつける病院ソーシャルワーク（Hospital-based Social Work）の先駆的な取り組みであった。

（4）二つの世界大戦と社会福祉の歴史

　産業革命によって，イギリスをはじめとするヨーロッパ諸国は資本主義社会となった。とりわけ，先進国のイギリスは，産業発展と資本の蓄積に必要な原材料を確保し，生産物を供給するため世界各地に植民地を建設した。さらに，19世紀後半から20世紀初め，イギリス以外のヨーロッパ諸国もアジア，北米・南米大陸，アフリカ大陸等，世界各国に植民地を建設した。このような自国の資本主義発展に向けた植民地政策を進める国々は帝国主義国家と呼ばれる。そして，1914年のオーストリア皇太子射殺事件を契機に勃発した第一次世界大戦

は，ヨーロッパ諸国による帝国主義政策が起因であった。

　1918年，ドイツ国内の革命運動により樹立した新政府は休戦条約に調印し，第一次世界大戦は終結した。この世界大戦では大量殺戮が可能な兵器も導入され，多くの犠牲者を出した。また，戦場から戻った人の中には身体障害を抱える人も多く，西洋諸国で医学リハビリテーションや職業リハビリテーションが発展する契機となった。なお，休戦後の講和会議で提案された講和条約（ウィルソンの14ヶ条）は，アメリカ大統領のウィルソンがフェビアン協会の理念を参考にしたとされている。

　1929年の株価暴落に端を発する世界大恐慌は，西洋諸国やわが国をはじめ資本主義国家の社会・経済・政治体制と人びとの暮らしに深刻な影響を及ぼした。そのような状況を改善した一例として，アメリカの取り組みを紹介したい。

　周知のとおり，アメリカは世界大恐慌の震源地である。当時，国内には失業者が急増し，人びとの生活再建は国家的な課題であった。そこで，アメリカ政府は，経済に介入・統制するニューディール政策の一環として，1935年，社会保障法（Social Security Act）を制定した。この法律により，アメリカでは，年金保険，失業保険，公的扶助，母子保健サービス，児童福祉サービスの制度化が進んだ。

　世界大恐慌の影響は，第一次世界大戦の敗戦国であるドイツやイタリアの政変となって現れた。ドイツでは，1934年にナチス政権が権力を掌握し，国外への軍事侵略を開始した。また，イタリアにもファシスト政権が誕生し，1939年，第二次世界大戦が勃発する。なお，わが国は1940年にドイツ・イタリアとの軍事同盟を成立させ，翌年（1941年）12月，アメリカと戦争状態となった。

　第二次世界大戦中の1942年，イギリスでは，経済学者のベヴァリッジ（Beverige, W. H）が「社会保険および関連サービス（ベヴァリッジ報告）」において「ゆりかごから墓場まで（From the Cradle to the Grave）」のスローガンを掲げた。また，同報告は，窮乏・疾病・無知・陋隘（ろうあい：不潔）・怠惰（無為）という五つの巨大悪に対する社会保障を提唱している。ベヴァリッジが示した社会保障の考え方や枠組みは，ウェッブ夫妻が提唱したナショナル・ミニマム

の理念を基盤としており，第二次世界大戦後の福祉国家構想にも多大な影響を与えた。

3 戦後アメリカ型社会福祉のあゆみ

(1) 第二次世界大戦直後〜1960年代の社会保障・社会福祉

1935年に社会保障法が制定される以前，アメリカの社会保障・社会福祉は，州政府が支援の責任を担うことを原則に位置づけていた。しかしながら，社会保障法の制定により，連邦政府は州政府に対して継続的に支援することが原則となった。第二次世界大戦後も連邦政府の役割は重視されており，1953年には社会保障法の諸施策を担う保健教育福祉省（Department of Health, Education, and Welfare）が創設された。また，1935年の制定当初は身体障害児を支援する補助金制度のみであったが，1950年の社会保障法改正により，身体障害のある人びとを支援する公的福祉サービスも制度化された。

1961年，アメリカ大統領に就任した民主党のケネディ（Kennedy, J. F.）は，人口，生存，教育，住宅および都市郊外，科学および宇宙，オートメーション，余暇，の7項目からなるニューフロンティア政策を掲げ，公教育に対する連邦政府の補助拡大，住宅施策の促進，高齢者医療の拡充，都市の再建，アフリカ系アメリカ人や少数民族の地位向上および公民権法の制定，人種差別法案の撤廃等に取り組んだ。ケネディ政権は，不況対策や最低賃金の引き上げ，平和部隊の創設等で成果を挙げた。しかしながら，連邦政府の権限拡大や社会・経済立法計画は，合衆国議会の保守勢力から反対された。さらに，人種差別に対する取り組みも評価されたが，公民権法のケネディ大統領在任中の成立が叶わなかった。なお，1935年に社会保障法で成立した要扶養児童扶助制度（ADC）は，ケネディ政権時代の1962年，要扶養児童家族扶助制度（AFDC）に改正された。

1963年よりケネディ政権を継承した民主党のジョンソン（Johnson, L. B.）大統領は，アメリカの福祉国家政策を推進した。それは，①アフリカ系アメリカ

人の公民権保障，②貧困との戦い（War on Poverty），③教育改革である。ジョンソン政権は，これらの政策に基づき，低所得者層の収入向上，失業者（特に若者）の職業訓練，失業者や貧困状態の農業従事者に対する補助金制度，経済的に停滞した地域の振興策，所得税減税や公共支出増加等の施策を実施した。

また，国民の機会の平等を推進する施策として，高齢者の医療保障制度，アフリカ系アメリカ人に対する差別の禁止，移民制限の撤廃，貧困家庭に対する教育補助，貧困状態にある人びとへの食料補助制度（フードスタンプ制度）を実施した。さらに，ジョンソン政権は，1965年よりメディケイド（Medicaid: Medical＋Aid）およびメディケア（Medicare: Medical＋Care）という公的医療保険制度を導入した。このうち，メディケイドは一定の条件を満たす低所得者に対する公的扶助制度（医療扶助）である。一方，メディケアは高齢者や障害のある人びとに対する医療保障制度である。しかし，ジョンソン大統領が就任していた1960年代はベトナム戦争が激化し，福祉国家政策にかかわる予算は抑制されていった。

ケネディ政権からの懸案事項であった公民権法（Civil Right Act）は，1964年に制定された。同法は，アフリカ系アメリカ人の選挙権を保障し，社会・教育・就労等の差別撤廃を規定しており，1950年代より続くキング（King, Jr., M. L.）牧師たちによる公民権運動の成果であった。しかしながら，公民権法制定後もアメリカ南部では人種差別が続いており，アメリカ北部（特に都市部）でも人種の違いによる経済的格差は解消されなかった。そのため，一部のアフリカ系アメリカ人が過激な運動を展開する等の社会問題も発生した。さらに，公民権運動の功績で1964年にノーベル平和賞を受賞したキング牧師は，1968年，遊説先のテネシー州で白人男性に暗殺され，社会に内在する人種差別問題の根深さが露呈した。

（2）1970～1980年代の社会保障・社会福祉

ジョンソン大統領の後任となる共和党のニクソン（Nixon, R. M.）大統領は，社会保障・社会福祉政策の改革案としてワークフェア（Workfare）を提唱した。

それまでの民主党政権が推進した福祉国家政策と異なり，ワークフェアは，公的扶助（生活保護や医療保障等）の受給者に対し，一定の就労を義務づけ，精神的自立の促進および就労を通じた経済的自立と技術・技能の習得を目的する政策理念である。ニクソン政権によるワークフェア推進の背景には，イギリスの「社会保険および関連サービス（ベヴァリッジ報告）」に基づく福祉国家理念（社会民主主義思想に基づくナショナル・ミニマム）と異なる政治思想がある。それは，①経済的自由競争の重視，②規制緩和の推進，③民間委託による公共部門（社会福祉や教育等）の縮小，④民間活力（企業や非営利組織）による経済的効率やサービス向上を特徴とした新自由主義（Neo-liberalism）である。

1981年，アメリカ大統領に就任した共和党のレーガン（Reagan, R. W.）大統領は，1929年の世界大恐慌により導入されたニューディール体制からの決別を表明した。その上で，レーガン政権は，所得税減税，規制緩和，社会福祉政策の地方分権化，自由経済ゾーンの設置，人工中絶禁止の憲法修正，男女同権憲法修正の阻止等を政策に掲げた。とりわけ，従来の社会保障・社会福祉政策に対して，レーガン大統領は，①家族（家庭生活）の崩壊，②労働倫理の空洞化，③人びとの自尊心の棄損を招いてきたと批判し，公正な経済システム構築による貧困問題解決を提唱した。

このような社会保障・社会福祉改革策の一つとして，1988年には家族援助法（FSA）が制定される。同法に基づく制度の特徴は，①労働可能な保護者に対する就労と子育ての責任を明確化している点，②3歳以上の子どもをもつ労働可能な成人に対する職業訓練・就労活動プログラムへの登録・参加を要求する点，③児童養育強制履行制度（別居中の子どもに養育費を支払っていない保護者が対象）である。

（3） 1990年代以降の社会保障・社会福祉

1993年に就任した民主党のクリントン（Clinton, W. J.）大統領は，公的投資によるインフラ整備，富裕層への増税，生涯教育の拡充，医療保険制度改革，中産階級への減税，社会福祉改革の推進を政策に掲げた。このうち，社会福祉

改革の具体策として，クリントン政権は，1996年に個人責任と就労機会調停法（PRWORA）を制定した。同法は，①貧困家庭への一時扶助制度（TANF），②児童養育強制履行制度，③児童保護（養子・里親），④保育，⑤子どもの栄養，⑥フードスタンプ，⑦未婚女性の妊娠の減少等の施策で構成されていた。また，同法の制定により，1935年の社会保障法制定以降，継続的に実施された要扶養児童家族扶助制度（AFDC）は廃止された。それに代わり導入された貧困家庭への一時扶助制度（TANF）の特徴は，①州政府に補助される一時扶助金に上限を設けた点，②一時扶助金の受給者要件を厳格化した点，③一時扶助金の受給期間を有限化と就労条件の厳格化等である。

　また，クリントン政権における社会福祉改革の目的は，労働能力のある成人が社会福祉サービスの依存から脱し，就労によって個人と家族の責任を果たすよう支援することであった。さらに，同政権による社会福祉改革は，貧困を個人の責任と位置づけている点も特徴である。

　2001年に就任した共和党のブッシュ（Bush, G. W.）大統領は，選挙中，社会保障制度の民営化とメディケアの一部民営化を主張していた。しかしながら，大統領就任後はメディケイド予算の充実や失業保険給付期間の延長等を政策に掲げ，保守主義者の人びとから批判を受けている。さらに，ブッシュ大統領は，キリスト教会やボランティア団体，コミュニティ組織によるインフォーマルな支援活動の推進を政策の中心に位置づけた。

　2009年，アメリカ大統領に就任した民主党のオバマ（Obama, B.）大統領は，ケインズ主義的な拡張的財政政策，医療保険改革（オバマ・ケア），金融規制改革（ドッド・フランク法），富裕層減税の打ち切り等の政策を掲げ，アメリカの福祉国家システム再生を図った。しかしながら，その後のアメリカ社会では，依然として経済的格差が広がり，人びとの暮らしを支える社会保障・社会福祉政策は十分効果を上げていない。

4　戦後イギリス型社会福祉のあゆみ

（1）第二次世界大戦後の社会保障・社会福祉

　第二次世界大戦後，イギリスをはじめとする先進諸国は，社会保障（公的扶助，社会保険，医療，公衆衛生，社会福祉サービス）の各種政策，住宅政策，教育政策，完全雇用政策による福祉国家をめざした。その契機は既述した「社会保険および関連サービス（ベヴァリッジ報告）」である。特に，北欧諸国（スウェーデン，デンマーク，ノルウェー等）は，イギリスの取り組みを発展・拡充させた政策（充実した社会保障，積極的な完全雇用政策，原則無料の教育制度，労働者の政策・経営への参加等）を推進した。しかしながら，1970年代のオイルショックを契機に福祉国家の課題（政府組織の巨大化や財政の過重負担等）が表面化し，北欧諸国以外の国々は政策方針の見直しを図った。その代表例がイギリスである。

（2）1980年代以降の社会保障・社会福祉

　1979年以降，サッチャー（Thatcher, M. H.）首相率いる保守党政権は「失業・貧困の原因は国民の自助努力を阻害する福祉給付やサービスである」という考え方に基づき，社会保障・雇用政策（サービス提供の民営化，利用者の自己負担増，雇用よりも経済を優先する等）を推進した。その結果，国民の社会的格差は広がり，1997年に登場したブレア（Blair, A. C. L.）首相率いる労働党政権は「失業・貧困の原因は一部の国民に対する社会的排除である」という考え方に基づき，社会保障・雇用政策を推進した。

　一方，ブレア政権は福祉国家路線の見直しも進めており，ニューディール・プログラムによる社会福祉改革を推進した。この改革政策は，アメリカのニクソン政権が提唱したワークフェアに類似している。さらに，退任間際の2007年，ブレア政権は雇用保障や各種手当の制度を導入した。

まとめ

　西洋諸国における社会福祉の歴史は，人びとの暮らしに影響を及ぼす社会・経済・政治の特徴で大きく変容してきた。一方，古代から中世，さらに近世から現代に至る歴史的展開過程の中でキリスト教の精神と諸文化がつねに社会福祉の基盤であったと考えられる。また，産業革命以降の近代化と西洋諸国における社会福祉の歴史もキリスト教をはじめとする独自の社会・経済・政治・文化と不可分な形で刻まれている。

　一方，イギリスで誕生したナショナル・ミニマムの思想は，時代の変遷もしくは地域差により定着と衰退を繰り返してきた。とりわけ，公的部門（政府）と政治家が指向する新自由主義思想とナショナル・ミニマムの思想は対峙してきた。

　さらに，自助努力が重視されるアメリカには，国民の自助努力や相互扶助で社会福祉実践をとおして，公的制度の補完的役割を担う人びとや組織が数多く存在する。そのような組織の総称が非営利組織（Non-profit Organization）である。非営利組織のメンバーとして支援活動にかかわるアメリカ国民の多くは，市民としての責務を活動理念に位置づけている。また，非営利組織を立ち上げる人びとは，複数の市民が同じ問題意識をもち，共通のミッション（社会的使命）を共有することが活動の契機であると考えている。その歴史的背景には，植民地から独立した建国以来の国民意識およびキリスト教文化が内在しているといえよう。

参考文献

ウォルター，I・トラットナー／古川孝順訳『アメリカ社会福祉の歴史』川島書店，1978年。

小川路男『西洋社会事業史論』光生館，1978年。

小林勇人「ワークフェア構想の起源と変容——チャールズ・エヴァーズからリチャード・ニクソンへ」『Core Ethics』3，2007年。

近藤和彦編『西洋世界の歴史』山川出版社，1999年。
高野史郎『イギリス近代社会事業の形成過程』勁草書房，1985年。
田中拓道『貧困と共和国——社会的連帯の誕生』人文書院，2006年
田中浩編『リベラル・デモクラシーとソーシャル・デモクラシー』未來社，2013年。
名古忠行『イギリス社会民主主義の研究——ユートピアと福祉国家』法律文化社，2002年。

第6章 現代の人びとの貧困問題と社会福祉

はじめに

　「社会福祉」とは，高齢，傷病，障害，失業，育児や介護等を理由に，生活に何らかの困難がある人の生活の維持や向上を目的とする社会的な取り組みである。生活の営みを困難とする主な状態に「貧困」があり，これへの対応は社会福祉が向き合ってきた根幹的なテーマである。

　貧困は「絶対的貧困」と「相対的貧困」の二つの視点でとらえられてきた。「絶対的貧困」とは，衣食住，労働，教育，保健医療等，人が社会で生きていく上で最低限必要とする基本的な必需品やサービス等の資源が手に入らない状態を指している。「相対的貧困」は，ある人の生活水準や様式が，その人が暮らす国や地域の標準的な生活水準や様式と比較して，何らかの理由で不足状態にあることを指している。この状態を表す一つの指標として，OECD（経済協力開発機構）(1)は「相対的貧困率」を用いている。これは，ある集団の等価可処分所得の中央値を調べて，その半分を下回る人びとの割合を指す。中央値の半分の額は「貧困線」と呼ばれている。(2)

　さらに，近年では，貧困状態にある人びとや貧困に陥りやすい人びとが，自らが暮らす社会で，教育，労働，文化，政治等のあらゆる社会生活において参加の機会を得難い状態が着目されている。これは「社会的排除（ソーシャルエクスクルージョン）」と呼ばれる。本章では，特定の集団を排除しやすい社会構造と貧困問題が深く関わっている状況を概観しながら，貧困と社会的排除の双方への取り組みと社会福祉の関係を詳述したい。

1　社会経済の変動と人びとの生活への影響

(1) 主権国家と人権・市民の概念の生成

　人びとは，いつの時代もその時々の社会や経済の影響を受けつつ生活を営んでいる。その中で貧困に陥ったり，尊厳の確保等が難しい事態に陥った時，人びとは，個々の事情に応じて多様な支援を必要としてきた。そのため，世界中の多くの社会は，人びとが支援を必要とした場合，国としての中央政府や地方政府が運営または管理する諸機関に相談したり，公的な現金給付や現物給付（社会サービス）を一定の条件下で受けられる「給付政策」を整えてきた。また，国が定めた社会福祉等に関連する法律や条例等を通じて「規制政策」を行い，貧困の軽減と生活の向上を目指してきた。こうした手段を通じた社会福祉の実施は，社会経済の変動を受けた人びとの生活状況が政治経済体制の変革を促す。18世紀ヨーロッパの封建社会を解体する市民革命等の動きは，絶対王政を廃止させ，新たに①国家政府（ガバメント），②国民と国民意識（ナショナリズム），③国境を有する領土等によって構成される「主権国家」を誕生させた。人間の解放に焦点をあてた啓蒙思想は，人はみな基本的人権を有するという人間観を提示し，自律した市民は「市民社会」を形成していくことになる。

　人は，国家からも自由であるとして，18世紀には思想や言論の自由，職業選択や居住移転の自由，人身の自由等が「自由権（第一世代の人権）」として認知されていった。さらに19世紀には，「参政権」が納税額や性別の要件を徐々になくして「国民」を範疇として拡大した。より多くの人びとの意見を反映していく政治参加は，国民主権を一定程度可能としていく。こうした背景には，産業革命による経済の進展や人口の急激な増加，その下でのブルジョワジーや労働者階級の増大があった。

(2) 資本主義における労働と貧困

　基本的権利や市民の概念が生成される一方，資本主義が確立していく近代社

会において,現実にはすべての人に人間らしく生きる待遇は保障されているわけではなかった。資本主義とは「商品生産が支配的な生産形態となっており,あらゆる生産手段と生活資料とを資本として所有する資本家階級が,自己の労働力以外に得るものをもたない労働者階級から労働力を商品として買い,それを使用して生産した余剰価値を利潤として手に入れる経済体制」を指している[5]。人が自らの労働を生活の糧として資本に売ることは「労働力の商品化」と呼ばれる。資本主義体制は,利子の概念に基づく利潤の追求と,このための継続的な経済成長を必要とする。変動する市場の景気は「労働力を商品化」する労働者(児童労働者を含む)の雇用環境,ひいては労働者と扶養家族の生活を左右していく。

19世紀後半に実施されたブース(Booth, C.)やラウントリー(Rawntree, B. S.)の社会調査は,産業革命の先発国であるイギリスのロンドンやヨークで人口の約30%が貧困状態に置かれていたことを明らかにした。この時代の貧困は,経済競争の下の非自発的な失業,低賃金や長時間労働等の劣悪な労働条件,傷病や多子,都市への急速な人口流入による粗末な住宅や衛生状況等の影響を受けていた。同様の社会経済状況は,産業革命の後発国であるドイツや日本,あるいは世界各地で見受けられた[6]。

こうした状況を受けて,人は,生存権,労働基本権,社会保障・社会福祉・教育を受ける権利等を国家に求めることができるとして「社会権(第二世代の人権)」の確立が待望されるようになる。傷病や失業,働く中で起こる貧困は,必ずしも怠惰や浪費等の個人の責任に帰せられず,また,社会全体の安定,人口の再生産や労働力の保全の意味でも重要な社会問題であるととらえられていった。

イギリスでは,国家が国民の最低生活(賃金や労働時間,義務教育,住宅,保健医療等)を保障すべきとした「ナショナル・ミニマム論」(1897年)をウェッブ夫妻(Webb, S. J., Webb, B. P.)が提起した。ニュージーランドでは老齢年金法(1898年),ドイツでは一連の社会保険法(1878~1889年)が施行される等,次第に国家による社会福祉の役割と責任への期待は高まっていく。また,ドイツの

ワイマール憲法（1919年）は「経済生活の秩序は，すべての者に人間たるに価する生存を保障する目的をもつ正義の原則に適合しなければならない」（第151条）とし，世界の憲法で初めて社会権を謳った。

　しかし，ヨーロッパ，アメリカ，日本等の資本主義諸国はその後に大恐慌を経験する。第一次世界大戦による負債も抱え困窮するドイツでは，国家社会主義ドイツ労働者党（ナチ党）による全権委任法（1933年）が成立し，そのためワイマール憲法は短命で，事実上廃止となった。日本は同時期，国際連盟の満州撤退勧告案の可決（1933年）に反発し，自ら同連盟の初の脱退国となる。世界は，最たる貧困と人権侵害をもたらす第二次世界大戦へと進んでいった。

　この時代，加えて特記すべきことは，多くの先進国の社会経済とその発展が植民地から生み出される利潤によっても支えられていたことである。植民地の市場や資源，モノカルチャー，過酷な労働からの搾取は，支配される地域の人びとに貧困や人権侵害をもたらした。このことは，現代のグローバルな南北問題（貧困問題）や環境問題等に見出される社会福祉課題へとつながっている。

（3）福祉国家の形成と標準モデル

　世界各国は，二度の世界大戦というきわめて非人道的な経験を経て「社会権」の具現化に着手し，先進資本主義国では，福祉国家の建設が始まる。福祉国家とは「完全雇用と社会保障政策とによって全国民の最低生活の保障と物的福祉の増大とを図ることを目的とした国家体制」を指している[7]。1950～1960年代，形成途上の福祉国家は戦後の貧困問題に取り組みつつ社会経済は復興を遂げていく。

　例えば，日本の『経済白書』（1956年）によると，政府は，国民の1人当たりの実質国民総生産（GNP）が戦前の水準を超え，国際社会への復帰を国連加盟で果たした社会経済の状況を「もはや戦後ではない」と表現した。高度経済成長を迎え，所得が増大し，日本は1961年に正規雇用者と自営業者の世帯を中核に国民皆年金皆保険を達成する。経済と福祉国家の政策は一定の人びとの生活の安定に成功し，この時代の国民の意識と生活は「一億総中流」と表現された

のである。

　世界に目を向けると，同時期の1957年，欧州諸国では政治経済統合の動きが現実化し，EU（欧州連合）の前身である EEC（欧州経済共同体）が誕生する。これにより EU 地域では，福祉国家の形成と並行して，国境を越えた EU 域内共通の労働と社会保護（社会福祉）政策が進められていった。1960年には，国連が「植民地独立付与宣言」を採択し，世界は植民地主義の終結に合意した。残る植民地も次々と独立し，これらの国々も貧困克服と社会経済発展に取り組むようになる。

　この時代，日本や欧米では，被雇用者，すなわち労働力を商品化する者の標準に「健常な男性」を据え，世帯の社会保険，社会手当，公的扶助等の制度はこの「主たる働き手」の労働の有無と労働条件を起点に組み立てられていった（後述の図6-2も参照）。これは「男性稼ぎ主型モデル」（以下，標準モデル）と呼ばれる。標準モデルに適合する人とその世帯は，まず，防貧的かつ普遍的な社会保険の対象とされ，一方で，同モデルから逸脱する人や世帯は，選別的な社会福祉や救貧的な公的扶助の対象となる傾向にあった。さらに，標準モデルの普及は，これに適合しない人びとの労働市場への参入を難しくした。

　高度経済成長の下では，多くの世帯に標準モデルの働き手（その中核は正規労働者）がいるように見え，先進国で貧困問題は周辺化された。経済が発展すれば貧困層にも自然に富がしたたり落ち，格差が縮まるとした「トリクルダウン理論」が一定の注目を集めた。こうした中で，社会福祉は，完全雇用をめざしても，失業，低賃金，退職等の理由で労働を通じた生活保障を得られない個々人やその世帯に対して，経済成長を前提とした再分配を担うものとなっていく。標準モデルから外れた障害者，高齢者，子ども等に，国はその責任において時に終の棲家ともなる入所施設等やこれらの場で社会サービスを提供した。メインストリーム（主流）の社会から外れる施設利用者は「保護の対象（客体）」となり，その生活は貧弱であった。

　これに抗って，北欧では「ノーマライゼーションの原理」が，すべての人が市民として自らの生活の「権利の主体」となり，地域で普通に暮らし社会に参

加するという考え方に立って追求されるようになる。その後、この原理は世界へと広がっていった。

いずれにせよ、社会福祉は、人が労働による社会参加ができない場合、貧困に陥らずに、社会でどの程度生活できるか否かを軸に展開したのである。これは「労働力の脱商品化」と呼ばれている(8)。

(4) 福祉国家の行き詰まりとグローバル化

1970年代のオイルショック等を経て、先進国の経済は成長から停滞へと転じた。同時に、福祉国家は行き詰まりを見せ、貧困が再発見されていく。例えば、1970年代以降、アメリカでは貧困の増大、中でも女性（特に黒人やヒスパニックのひとり親）の貧困等が注目されてくる。EUでは、域内の経済成長の不均衡な拡大と、移民や障害者等の社会的に不利な人びとの貧困が報告されるようになった。この問題は広く議論され始め、EUや加盟各国による有効な社会（福祉）政策の欠如が指摘されるとともに、これをルノアール（Lenoir, R.）は「社会的排除」と表現した(9)。EU理事会は当時、「貧困な人びととは物質、現金収入、公的および私的なサービスといった諸資源が少ないために、その者が暮らす加盟国が許容する最低生活から排除される者または家族を指す」と述べている(10)。

一方、経済成長の原動力となるべく構築された資本主義下の大量生産・大量消費は拡大し、世界の人口爆発（図6-1参照）や新興国の経済発展も併せて、グローバルな経済競争や公害、気候変動等の問題が加速化していく(11)。これらは、地球環境の保護、資源の公正な分配、雇用環境の変化、持続可能な発展の有無等の貧困問題に直結する課題を提起する。こうした中で人の基本的な権利を実現するには、各国や人びとが国境を越えて連帯する必要があるとし「発展の権利」「環境権」「平和への権利」等の概念が、1970年代から現在にかけて「第三世代の人権」として形成をみた。しかし、その実体化は道半ばのままにある。

全体として先進国の人びとは、ヒト、モノ・カネ・情報が国境を越えて移動するグローバル化や世界の人口爆発の下で、①経済の低成長、②環境問題（気候変動等）、③雇用環境の変化（失業や働く中での貧困）に加えて、④少子高齢化

第6章 現代の人びとの貧困問題と社会福祉

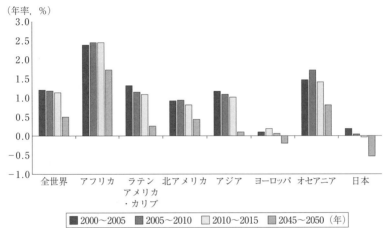

図6-1 世界の人口の増加率

注：UN, World Population Prospects: The 2015 Revision, July, 2015, をもとに作成。国連による推計。2015年以降は出生率・死亡率とも中位で推移した場合の予測値。
出所：独立行政法人労働政策研究・研修機構『2016 Databook of International Labour Statistics データブック 国際労働比較』2016年3月，50および56頁。

による生産年齢人口の減少，⑤三世代同居の減少，高齢独居世帯や離婚の増加等による家族のあり方の変容に直面している。これら社会経済の変動は福祉国家の前提を大きく変化させ，標準モデルから逸脱する人びとをさらに顕在化させた。例えば，グローバル資本の下で雇用が労働コストの低い国や地域に移転する「産業の空洞化」により，先進国では失業の増加や雇用形態の変化が起きている。日本やアングロサクソン諸国の英米に代表される保守政権の国々は，小さな政府と規制緩和の方向を選択し，競争力を高める意図で，労働コストの抑制や雇用の非正規化，福祉ミックス（福祉の民営化等）を進めている。日本の場合，非正規労働者の割合は1990年から現在までに倍増し，これは生産年齢人口における所得格差の一因としてもとらえられている。

福祉国家の標準モデルは，この四半世紀の失業者の増加，労働者の非正規化，家族のあり方の変容等に対し，最低生活以上を保障するに十分な機能を発揮できなくなった。この状況に対し，多くの先進国は，標準モデルからの脱却を試みつつある。例えば，介護や育児，家事の負担を軽減し，女性の労働からの排

図6-2 年齢階層別女性労働力率（1971年～2004年）

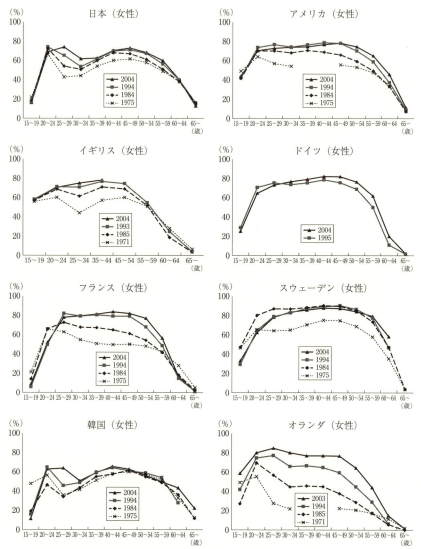

注：(1) 日本は総務省「労働力調査」、その他の国はILO「LABORSTA」より作成。
　　(2) 1975年のアメリカの30～34歳は30～44歳。
　　(3) 2004年のイギリスの35～44歳は35～49歳。
　　(4) 1971年のオランダの30～34歳は30～44歳。
出所：内閣府『男女共同参画白書 平成18年版』2006年，5頁。

除を包摂に変え，参加や自立を高めるための取り組みが挙げられる。これは福祉国家の「脱家族化」と呼ばれ，図6-2のように，英米のアングロサクソン諸国，北欧，欧州大陸諸国，日本の福祉国家レジーム（体制）における異なる取り組みは，女性の労働参加において数十年の間に異なる結果を生んでいる[14]。ここで示されるレジームごとの差異（女性の労働における包摂と排除）は，次節の貧困と格差における国々の差異にも一定の影響を与えている。

2　現代の人びとが抱える貧困の特徴

（1）世界と先進国における貧困の特徴

現代に生きる人びとが抱える貧困の実際は，世界の社会経済状況と福祉国家等の形成の結果，どのような特徴をもつようになったのだろうか。世界銀行の「国際貧困ライン（1日1.90ドル：2011年の購買力平価に基づき設定）」によると，世界の全人口の約1割（12.7％の約8億9,600万人：2012年）が極度の貧困層にいる。所得格差を示す「ジニ係数（所得分配の不平等を示す指標）」の動向は，経済の高成長を経験した中国やインド等の国々では何百万人もが貧困から抜け出す一方で，成長の分配は不公平であり，世界では所得格差が一段と拡大していることを示している[15]。世界の貧困の要因には植民地の後遺症累積債務，政治，資源や環境，貿易，教育，紛争等があり，格差の要因にはグローバル化，技術の進歩，国々の政策アプローチの変化がある。

先進国をみると，OECD加盟国の「相対的貧困率」の平均は，例えば，2010年代には約11％である。国別に見ると，新興国やアングロサクソン諸国でより高く，北欧や欧州大陸諸国でより低いことがわかる[16]（図6-3-1参照）。子どもの相対的貧困率は平均で7人に1人を占める。国家間の所得格差はこの半世紀で最も高い水準になっている。富裕層と貧困層のそれぞれ10％が占める平均収入の差は9倍あり，これは1990年時の7倍である。所得格差を示すジニ係数の値は，相対的貧困率と同様の傾向になっている（図6-3-2参照）。

日本の場合は，貧困，所得格差，子ども貧困の割合のすべてがOECD平均

図6-3-1 相対的貧困率の国際比較

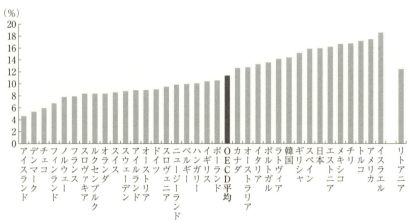

注：リトアニアはOECD非加盟国（加盟交渉中）。数値は2014年あるいはそれに最も近い年。
出所：OECD, Society at a Glance 2016, p. 105, を筆者訳。

図6-3-2 所得格差の国際比較

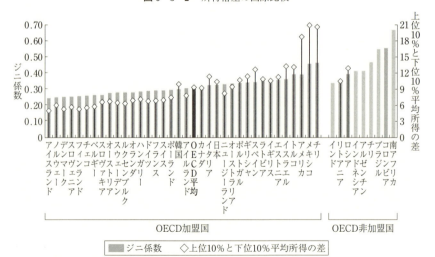

注：数値は2014年あるいはそれに最も近い年。
出所：OECD, Society at a Glance 2016, p. 103, を筆者訳。

よりも高く，OECD 35ヶ国中，貧困が29位，所得格差が22位，子どもの貧困が25位となっている（図6-3-1，6-3-2参照）。さらに，子どもがいる大人一人世帯（ひとり親家庭等）の貧困は31ヶ国中24位と格差が大きい[17]。また，OECD諸国の資産格差は所得格差を上回り，特にアメリカでは富裕層10％が全資産の76％を有し資産格差が顕著である。OECDでGDP（国内総生産）が上位1/3に入る国々は，世帯の収入を含む物質的な福祉（安寧）が一定程度満たされているものの，いずれの国も雇用保障，空気の質，家の購入可能性，ワークライフバランスに弱点を抱えている。

さらにEU（加盟国28）の統計を見ると，加盟国総人口の9％弱が「絶対的貧困」に直面している。17％の人びとが加盟国の平均的な世帯収入の60％以下で暮らし，10％の世帯には職がなく，女性の貧困者は男性より1,200万人多くなっている。また，社会福祉制度が貧困のリスクを削減する率は，EU平均で35％であり，これを加盟国別に見ると，削減率は，国々の福祉制度の違いのために，最大60％から15％まで開きがあることがわかっている[18]。

（2）日本における貧困の特徴

ここでは，上述のように国際比較を通じて明らかになる日本の位置を踏まえ，貧困と格差に見られる日本の特徴を整理してみたい。2012年に想定されたわが国の「貧困線」は122万円（名目値）で，「相対的貧困率」は16.1％，子ども（17歳以下）に貧困は16.3％（子ども約6人に1人）となっている。子どもがいる現役世帯の貧困は15.1％，そのうち大人が1人の世帯（ひとり親家庭等）は54.6％と突出しており，大人が2人以上の世帯では12.4％となっている[19]。また，生活意識としては，5段階の選択肢のうち「大変苦しい」「やや苦しい」と考える世帯が全体の60.3％を占めている[20]。

国が健康で文化的な最低限度の生活を保障する（日本国憲法第25条）とした「生活保護」の制度に焦点を当てると，バブル崩壊後の1993年から被保護者数は増加傾向にある。その数は160万1,914世帯，217万868人であり（2014年3月確定数），保護率は1.5％となっている。世帯類型としては高齢者世帯，傷病・

障害者世帯, その他の世帯, 母子世帯の順で数が多い。[21]保護開始の理由を見ると, 障害, 傷病, 母子世帯よりも, 高齢と生産年齢期の働きの収入の減少や喪失が増加傾向にある。後者は全体の20％以上を占め,「ワーキングプア」「フリーター」「ホームレス」に加えて「ニート」が新しい貧困問題として社会問題化している。

また, 貧困の割合の高さでは母子世帯が目立っている。その95.9％が全世帯の平均所得金額以下で生活している。母親の80.9％は就業しているが, 平均年間稼働収入は179万円であり,「児童のいる世帯」の同収入673.2万円よりかなり低くなっている。[22]その要因は, 働く母親の半数近く（47.4％）が非正規雇用のためと考えられ, 母子世帯の84.7％は生活が「大変苦しい」「やや苦しい」と感じている。

3　貧困と社会的排除の構造

（1）貧困にある人びとの属性と社会的排除

どのような人びとが貧困にあるのかを探求していくと, 社会経済構造の中で異なる集団が, それぞれ異なる経験をしていることがわかってきた。例えば, 前述のようにわが国の母子世帯の貧困率は高いが, 父子世帯の父親は, 半数以上（67.2％）が正規雇用で, 平均就労年収は360万円と母子世帯より高い額になっている。このため, 父子家庭であることは母子家庭ほど貧困に結びついてはいない。性差にかかわるOECDの2012年のデータによると, OECD平均で, 女性は男性よりも収入が16％低く, 最も高額な女性の収入も男性のそれよりも21％低い。[23]女性の国会議員数は男性の1/5以下であり, 会社の役員数の割合はさらに低い。働く上で, 女性であることは男性よりも不利になっている証左といえよう。

年齢の視点から見ると, 例えば, イタリア, ベルギー, ハンガリー, オーストリア, ルクセンブルク, イギリスでは15歳から24歳の若者の長期失業率は働き盛り年齢層より少なくとも2倍高くなっている。民族や人種による不利も見

受けられる。例えば，EUにおいてロマ民族の大人は2～3倍失業に陥りやすく，ロマの子どもで中等教育を修了する者は15%のみである[24]。障害のある人は障害のない人よりも2～3倍失業しやすい。また，EUでは，障害のある人の貧困のリスクは19.4%と障害のない人の14.9%よりも高い[25]。日本でも障害の有無による就業動向は同様で，また，障害のある人の相対的貧困率は約56%であり，社会全体の16%より相当高いとする調査結果もある[26]。

　以上のことは，性別（男女），年齢（若年，中高年，高齢，子ども等），障害の有無，民族や人種，さらには宗教や信条，性的指向といった変えることが困難な属性によって，特定集団の人びとが社会構造の下で不利な立場に置かれやすいことを示している。社会的に不利な属性をもつ人びとは，さまざまな社会参加の機会を得難く，福祉国家の「標準モデル」からも外れやすい。このため，貧困と相互に連鎖し社会福祉の受け手になりやすい。既述の子どもの間の貧困と格差は，大人の貧困や社会的排除の構造と驚くほど結びついている。OECDによれば，貧困の状態にある家庭の子どもは学校でいじめられやすく，学校への帰属意識も低い[27]。社会的排除と貧困は，人と社会的なつながり，生活や仕事の質，健康状態，寿命等の，生のあり方と多面的にかかわっているといえよう。

（2）社会的排除を把握する指標と参加

　こうして，貧困な状態や貧困率のみならず社会的排除をいかに把握するかが肝要となり，国連やEU等では，近年，貧困と社会的排除のリスクにかかわる指標の開発と改善に力が入れられている。

　EUによる指標は，貧困と社会的排除のリスクを①可処分所得，②物質的剥奪率，③労働密度をもとに算出している。①では，EUの加盟国で最低許容水準の生活を営むことが難しい収入として，当該国の等価処分所得の中央値で60%以下の世帯で暮らす人びとの数値を用いる。②では，予期しない出費，年1週間の家から離れた休暇，住宅ローン・家賃・公共料金の支払あるいは分割払，肉や魚等のたんぱく質の隔日摂取，家の適切な暖房，洗濯機，カラーテレビ，電話の全9項目のうち4項目以上を非保有あるいは負担できない世帯で生活す

る人びとの数値を用いる。ただし，項目の選択肢については継続的な議論がある。③では，世帯の生産年齢にある者1人（学生を除く）について，フルタイムで働いた場合の1年間の就業月数を12ヶ月として，そのうち世帯平均20％（2.4ヶ月）以下しか就業できていない世帯の数値を用いている。

EUでは，以上の指標を用いて全加盟国ですでに統計が取られており，貧困と社会的排除のリスクに直面する人びとの数や属性，程度について，国ごとの比較が可能となりつつある。例えば，これにかかわるEUの統計（2011）を見ると，貧困と社会的排除のリスクが，障害のある人（16〜64歳）はEU平均で36.7％，障害のない人は21.6％であり，さらに，障害のある男女の率にも差があること等が公表されている。これらの結果は，両者の差を縮めるべく「社会的包摂（ソーシャルインクルージョン）」をめざして，不利な立場に置かれる人びとへの対応を社会の側が変えていく取り組みの必要性を提起している。

4　社会的不利に置かれる人びとと社会福祉

（1）均等・積極的差別是正・メインストリーム政策

社会生活の各場面で不利な立場に置かれ，排除を経験する人びとの社会的包摂を促すにあたり，近年，多くの国々は，年齢，障害，民族や人種，さらには宗教や信条，性的指向等の属性に焦点をあてた「均等法政策」を進めている。「均等法政策」は「差別禁止法政策」や「均等待遇法政策」とも呼ばれる。

同政策は，通常の労働，教育，政治，文化等の中で現出する社会参加における困難は，例えば，バリアのある建物等が示すように，社会の側の環境の不備（社会的障壁）によって相当程度生み出されているという「社会モデル」に切り込んでいく。そのことにより，特定の人びとを排除する，社会の既存の事物，制度，慣行，観念等の変更を社会の側に求める物差しや手段を示すのである。具体的には，個々人を権利の主体として，女性と男性，障害のある人とない人，障害のある子どもをケアする労働者と障害のない子どもをケアする労働者，黒人とアジア人等の比較対象間の平等（均等，非差別）を尺度とし，不利な者に

対して不均衡な取り扱いをしないこと（不当な差別的取り扱いの禁止）を公私の事業者に義務づけることが挙げられる。

特に，障害の分野では，社会的障壁（例えば，段差や晴眼者の文字である墨字等）に対して，障害のある個々人が各々の状況に即した「合理的配慮」（例えば，スロープ，点字や機器の提供等）を享受できることが均等法政策に含まれる。事業者の合理的配慮の提供義務は過度な負担となる場合に除かれる。こうした手段を講じることにより，障害のある人に通常の場での社会参加の機会は提供可能となっていく。合理的配慮は，カナダ等の場合，宗教や信条の属性に対しても用いられている。均等法政策は，EUの「雇用均等枠組指令」（2000年），「人種民族枠組指令」（2000年），国連の「障害者権利条約」（2006年）等，社会的に不利を被りやすい一定の属性（複合的な属性を含む）を対象に，世界で広く実施されつつある。日本もこの流れを受け，2016年，障害の分野で初めて社会生活全般を対象に「障害者差別解消法」が，労働分野では「改正障害者雇用促進法」が均等待遇を謳うに至った。

均等法と並行して，社会参加の機会の確保については「積極的差別是正措置（アファーマティブ・アクション，ポジティブアクション）」が許容されている。同措置は，特定の集団が社会生活で相当程度不利に置かれている場合，その集団を優遇する対応である。教育機関や労働において特定集団を一定割合で入学させたり，雇用したりする「割り当て制度」等が，この例として挙げられる。不利な立場にある人びとの社会参加を高めるにあたり，個々人への合理的配慮を含む均等待遇の取り組みは永続が求められる。しかし，積極的差別是正措置は，特定の集団間の差異が一定程度縮小すれば逆差別も起こり得るとして廃止していく位置づけにある。

均等待遇を確保する前提条件として，多様な人びとが情報，サービス，建物等を使いやすくする「アクセシビリティ」向上の取り組みも活発化している。さらに，近年の先駆的な取り組みとして，EUと加盟国が力を入れる不利な立場にある人びとの社会参加を高めるための「メインストリーム政策」がある。「メインストリーム政策」とは，不利な立場にある人や排除された人の包摂を

熟慮して，各国が通常の法施策を策定し実施することを指している。例えば，一般の交通に関する法の策定や地域のスポーツフェスティバルの計画を行う場合，障害のある子どもや大人，異なる民族の人も利用できるよう，その内容を描く等が挙げられる。これらの均等（平等）に関わる諸政策により通常の社会における包摂が進み，多様な人の社会参加の促進と貧困削減への可能性が開かれるのである。

（2） 積極的労働市場政策――ワークフェア・アクティベーション

　福祉国家は，前述のように，労働を軸に人びとの生活保障を組み立ててきた。一方，多くの先進国では，失業者や非正規雇用等の不安定就労者が増加し，これが貧困問題の拡大につながっている。こうした中で，社会的不利に置かれる人びとの労働における包摂の重要性がとりわけ認識されてきている。これは，当事者の貧困問題のみならず，少子高齢化にあって労働力人口が減少する社会経済の活力維持のためにも注目されている。ここでは旧来の失業率の削減のみならず「就業率」の向上により力点が置かれる。失業率は求職者として登録された者の率を表すが，就業率は15歳以上人口に占める就業者の割合であり，失業者でも労働者でもない女性，若者や中高年，障害者等の人びとを視野に入れる数値を指している。こうした中で，例えば，EUは，就業率を75％に高めることを目標としている。

　より多くの人を労働市場に包摂するため，福祉国家は「均等政策」等と並行して，積極的労働市場政策を押し進めるようになった。同政策は労働と社会福祉（社会保障）を連携させ，労働への参入と人びとの就労可能性（エンプロイアビリティ）を高めようとする。これには，福祉レジームによって，アングロサクソン諸国や日本で見られる「ワークフェア」政策と，北欧やヨーロッパ大陸諸国で見られる「アクティベーション」政策の二つの流れがある。「ワークフェア」は，生活保護の受給者に対し，給付条件として労働や労働につながる活動を義務づける内容が主となっている。給付は，時に時限付きとなる。これは「労働力の商品化」を再度進めるとの指摘もなされている。[30]一方，「アクティベ

ーション」は，雇用政策と社会保障政策の制度全体を通して就労への支援を行うが，必要な場合，労働市場から離れられる脱商品化の度合いを高める内容を有している。

　グローバル資本による経済競争が進む中で，福祉国家における労働を通じた包摂は，どちらのアプローチをとっても課題を散見する。いずれにしても，より多くの多様な人びとの労働参加が，人びとの貧困の削減や生活の質の向上，社会経済の安定につながるとして，このための取り組みの模索が続いている。

(3) 所得保障・ベーシックインカム

　女性，移民，障害のある人びと等の労働における包摂が近年試みられつつある中で，これに呼応した新たな所得保障のあり方も議論されつつある。例えば，女性や障害のある人びとの個々の労働状況に合わせた，柔軟な課税や年金の支給のあり方等がその例である。

　一方，貧困と社会的排除の削減や解消との関連で，従来の福祉国家とはまったく異なる視点からの政策提言がある。その筆頭が「ベーシックインカム」である。これは，対価を伴う労働を軸に形成された生活保障のあり方について，一部あるいは全体的に変革し，労働と生活を新たな視点でとらえようとしている。すなわち，ベーシックインカムは，労働の有無等によらず，政府が，すべての大人から子どもまで無条件に最低生活費を給付する。欧州では1970年代に議論が始まり，フィンランドでは，実際にベーシックインカムの導入実験が2017年から行われる。これは，無作為に2,000～3,000人の成人を抽出し，社会保障制度による給付を停止する一方で，2年にわたり月額560ユーロを支給する試みとなっている。EUでは，ベーシックインカムの導入を問う世論調査を実施し，全体として賛成派が64％，反対派が25％という結果も出ている。この制度によって，貧困の解消のみならず，複雑な社会保障の運用の解消が期待されているが，グローバル資本主義のもとで一国の実験がいかなる結果と解釈をもたらすかが注目されよう。

まとめ

　本章は，地球規模で社会経済活動が進む中，貧困や格差が，福祉国家の枠組みに影響を受けながら存在していることを確認した。こうした中で，人は多様性に富み，そのすべての人が排除されない社会を築くことが貧困の削減にとって重要であるととらえられるようになった。世界銀行によると「社会的包摂」は極度の貧困に終止符を打ち，繁栄の分かち合いを促すという。社会的包摂は，そのための諸条件を改善する中心的な位置づけに置かれている[33]。また，国連は，人の福利（well-being）は経済的な欠乏だけで計ることができず，長年の議論を経た貧困の定義においては，人びとがそれぞれに暮らす社会にいかに参加できるかが重要であり，ますます社会的包摂を考慮する必要と述べている[34]。

　社会的排除を包摂に変える諸政策は，性別，年齢，障害，民族・人種，宗教・信条等によって社会的不利にある人，排除される人を対象としており，この意味で福祉国家の下での「国民」の枠を超え，ある地域社会に住むすべての市民の生活保障へとつながっていく。例えば，EU全域の「欧州市民権」（1992年導入）における人びとの共通の諸権利は，こうした本章がまとめた諸政策に相当程度依拠している。これらは社会連帯を高め，共生社会を創造する手段ともなっている。

　社会的包摂をめざす取り組みは，その目標に対する明確な比較対象や物差しをもち，人びとを社会参加の主体に位置づける点で，旧来の社会福祉が「漸進的な福祉」をめざすという目標のもとで人びとを保護対象（客体）とした点と異なる強みをもっている。しかし，その一方で，社会的包摂がどの程度達成されるかは，社会的に不利な立場にある人びとに対する社会サービスやソーシャルワークが，どれほど豊かに社会に存在するかといった社会福祉とその実践を抜きに語ることができない。例えば，社会的に不利な立場にある人びとの社会参加の機会を実現するため，当事者の意思決定を支援したり，必要なサービスをよりよく提供したりすることは不可欠なのである。貧困問題の削減における新

第6章　現代の人びとの貧困問題と社会福祉

たな諸手段を社会的包摂への取り組みは提起しつつ，これらの手段と社会福祉が蓄積したこれまでの手段とを有機的に連携させていくことが求められている。

注
(1)　OECDは，世界の経済や社会福祉を向上する政策の推進活動を行い，先進国の貧困問題等の国際比較の検討を継続している。加盟国数は2016年現在。
(2)　等価可処分所得とは，世帯の可処分所得（収入から税や社会保険料等を除いた手取り収入）を世帯人員の平方根で割って調整した所得のことである。
(3)　社会（福祉）政策の手段には，直接および間接給付からなる「給付」と法規による「規制」がある。
(4)　わが国では，女性が参政権を得たのは戦後であり，また，成年後見制度において2013年まで被後見人（認知症や知的障害の人びと）の参政権が制限されていた。
(5)　新井出編『広辞苑 第6版』岩波書店，2011年，1219頁。
(6)　わが国の当時の様子は『蟹工船』『女工哀史』『ああ野麦峠』等を参照。
(7)　新井出編，前掲書，2317頁。この他，経済辞典や社会福祉辞典を参照のこと。
(8)　エスピン-アンデルセン，イエスタ／岡沢憲英・宮本太郎監訳『福祉資本主義の三つの世界――比較福祉国家の理論と動態』ミネルヴァ書房，2001年，など参照。
(9)　Lenoir, R., Les exclus, Un François sur dix, third ed. Seuil, 1974.
(10)　EEC, Council Decision of 22 July 1975 Concerning a programme of pilot schemes and studies to combat poverty, 1975, p. 1.
(11)　世界の人口は1950年の25億人から2016年には約73億人となった。国連予測（2015）によれば，2050年に約94〜100億人になる（図6-1）。
(12)　すべての国々や人びとが発展の過程に参画し，その利益の分配を等しく受ける権利のこと。
(13)　例えば，日本では，国民負担率が将来にわたり50％を超えない福祉国家を描くことが示された（臨時行政改革審議会 1983年）。また，社会福祉基礎構造改革（2000年）以降，福祉の民営化や地域福祉などが推進されている。
(14)　エスピン-アンデルセン，イエスタ／大澤真理監訳『平等と効率の福祉革命――新しい女性の役割』岩波書房，2011年（原著は2009年刊行），等参照。
(15)　The World Bank, Regional aggregation using 2011 PPP $1.9/day poverty line（http://data.worldbank.org/indicator/SI.POV.DDAY）参照。
(16)　OECDのIncome Distribution database（http://www.oecd.org/social/income-distribution-database.htm）の他，Social and Welfare Statistics, 2015年も参照。
(17)　子どもの貧困については，2013年または2013年に近い数値の国際比較。OECD

Family database (http://www.oecd.org/els/family/database.htm) における CO2.2, Child poverty の国際比較の図より OECD 非加盟国のリトアニアを除外したもの。
⒅　欧州委員会による http://eu.europa.eu/social/main.jsp?catId=751 参照。
⒆　厚生労働省「平成25年　国民生活基礎調査の概況」2013年。
⒇　厚生労働省「平成27年　国民生活基礎調査の概況」2015年。
(21)　厚生労働省「被保護者調査」2015年。
(22)　厚生労働省「平成25年　国民生活基礎調査の概況」2013年。
(23)　OECD, Closing the Gender gap: Act Now, 2012.
(24)　European Commission, Report on Discrimination of Roma Children in Education, 2011.
(25)　統計の例については，引馬知子「障害者権利条約の今──欧州編（前編・EU 加盟国の障害者の状況）」『さぽーと』知的障害者福祉協会，2014年等参照。
(26)　厚生労働省「障害者の生活状況に関する調査結果」2012年，きょうされん「障害のある人の地域生活実態調査の結果」2012年，等参照。
(27)　OECD, How's life 2015: Measuring Well-being, 2015.
(28)　注(25)参照。
(29)　日本では，労働分野のみでこれに先んじて「男女雇用機会均等法」が均等法では施行されている。
(30)　武川正吾『政策指向の社会学──福祉国家と市民社会』有斐閣，2012年。
(31)　宮本太郎『社会的包摂の政治学──自立と承認をめぐる政治対抗』ミネルヴァ書房，2013年。
(32)　EU の支援により行われた，NEO POLIS, FUTURE OF WORK, Dalia, What do European think about basic income ?, 2016, 参照のこと。
(33)　World Bank, Inclusion Matters -the Foundation for Shared Prosperity, 2013.
(34)　UN, Analysing and Measuring Social Inclusion in a Global Context, 2010.

参考文献
阿部彩『子どもの貧困──日本の不公平を考える』岩波新書，2008年。
阿部彩『子どもの貧困2──解決策を考える』岩波新書，2014年。
岩田正美・西沢晃彦編『貧困と社会的排除──福祉社会を蝕むもの』ミネルヴァ書房，2005年。
OECD, 高木郁朗監修・翻訳, 麻生裕子翻訳『図表でみる世界の社会問題3　OECD 社会政策指標──貧困・不平等・社会的排除の国際比較』2013年。
橘木俊詔編『格差社会』ミネルヴァ書房，2012年。

| 第7章 | 社会福祉に関連する法と理念 |

はじめに

　第二次世界大戦後の高度経済成長が終焉をみて以降，わが国の社会福祉には，それまでのスタンスとは異なる対応が求められるようになった。特に，平成期には，介護保険制度の導入，社会福祉基礎構造改革，障害者自立支援法の制定等，矢継ぎ早に法改正や新制度の導入が図られ，しかも，このような変化は「措置から契約へ」といった印象的なフレーズで喧伝され，「権利擁護」といった取り組みによって一段と際立たされた。

　しかし，法律や制度がいかに新しいものになっても，法律を貫く論理や，制度を支える法の役割自体が変わることはない。例えば，「措置から契約へ」の変更は，社会福祉サービスの提供方法として大転換かもしれないが，措置の名で語られる「行政庁の決定」にしろ，それと対比される「契約」にしろ，いずれも法的には既知のものであり，少しも目新しいものではない。

　以下では，社会福祉を根底で支える「法」やその「理念」を的確に理解することで，一連の変化と冷静に向き合い，堅実に社会福祉の運営に取り組んでいくための基礎づくりに役立てたらと考える。

1　基本的人権の尊重と社会福祉

（1）近代的人権の展開

　マグナ・カルタ（1215年）や権利の請願（1628年），権利の章典（1689年）を基本的人権の源流と見る向きもある。しかし，これらは，当時の特権階級の諸要

求を反映したものであり，それよりは，「天賦人権」を内容とする18世紀後半のアメリカやフランスの人権宣言を源流と見る方が適切であろう。ただし，18～19世紀の人権は，法の下の平等，自由権，参政権および若干の請求権等に限られ，まだ社会権や「人間の尊厳」等は含まれていない。

なお，自由権に関しては，経済活動の自由が人身の自由，精神活動の自由と同等に扱われ，その下で自由な経済活動が競われた。しかし，そうした競争の結果，社会的・経済的強者が生まれる一方で，社会的・経済的弱者も大量に生まれることになる。

（2）現代的人権の特徴
1）社会権の登場

20世紀に入り，資本主義の高度化に伴う失業，貧困，労働条件の悪化等がもたらす弊害から社会的・経済的弱者を保護し，ひいては，資本主義経済体制を維持すべく，社会権が保障されるに至った。1919年のドイツのワイマール憲法が嚆矢となり，第二次世界大戦後の諸国の憲法がこれに続く。日本国憲法もこの流れに属し，生存権（第25条）等の社会権が保障されることになる。

2）自然法思想の復活

19世紀の西欧諸国の憲法では，人権は「生来の権利」という性格こそ失ったが，実定化された権利・自由として定着した。その背景には，実定法のみを法と考え，自然法的なものを排除する法実証主義があった。ところが，法実証主義では，20世紀前半に台頭したファシズム（とりわけナチズム）を断罪できなかった。というのは，ナチスは選挙によって議会多数派となり，その議会がいわゆる「授権法」を制定してヒトラーに強大な権力を与えたからである。

このような苦い経験への反省から，改めて，自然法思想に基づく人権の重要性が強調され，特に，「人間の尊厳」の不可侵性が各国憲法で謳われるようになった。

3）人権の国際化

第二次世界大戦以前，人権問題とは国内問題であり，国際法による規律には

馴染まないと考えられていた。しかし，戦後，人権問題も国際社会における重要な関心事となった。

このような変化をもたらした文書の一つは1948年の世界人権宣言である。これは法的拘束力をもたないが，普遍的に認められるべき人権の基準を定めた点で重要な意義をもつ。もう一つは，1966年に採択され，1976年に発効した国際人権規約である。それは国際条約として締結国を法的に拘束する。そして，国際人権規約以後，女性差別撤廃条約，子どもの権利条約，障害者権利条約等，数多くの人権条約が締結されてきた。

(3) 基本的人権の保障
1) 基本的人権の意義

「基本的人権」あるいは「人権」に関し，通説は「人間がただ人間であるということにのみもとづいて，当然に，もっていると考えられる権利」[1]ととらえる。したがって，人権の基本的な性格は，第1に「人間がただ人間であるということ」に基づくとすることから，人間が生まれながらにもっている権利ということである。第2に，人間が人間として「もっている」から，奪うことも他人に譲り渡すこともできない権利ということである。第3に，人間が人間である間，時効によって消滅したりしない権利ということである。

次に，人間の「権利」すなわち「人権」は，他の実定法領域，とりわけ私法の領域等の「権利」と同義なのか否かが問われる。この点に関しては，必ずしも同義ではないと解するのが一般的である。例えば，私法上の「権利」は裁判によって保護され，実現されるのが普通だが，「人権」は，必ずしもつねに裁判的救済を伴うとは限らないといわれる。[2]

さらに，「人権」については，①「背景的権利」，②「法的権利」，③「具体的権利」という存在次元が考えられる。まず，①としての人権は，各時代の人間存在に関わる要請に応じて多様に主張され，②を生み出す母体として機能する。この②としての人権は，主に，憲法規定上に根拠をもつ権利のことで，①の人権も，明確に特定し得る内実をもつまでに成熟し，かつ，憲法の基本権体

系と調和する形で特定の条項（例えば，日本国憲法第13条）に根拠づけられると，②としての地位を得る（例えば，プライヴァシーの権利）。ただし，②の人権は必ずしも裁判的救済を前提としない。最後に，③の人権は，裁判所に対して，その保護・救済を求め，法的強制措置の発動を請求できる権利である。

2）日本国憲法における人権保障

フランス人権宣言第16条は「権利の保障が確保されず，権力の分立が規定されないすべての社会は，憲法をもつものではない」と規定したが，日本国憲法は「権利の保障」に関して豊かな人権規定を有する。それらは，包括的基本権（第13条，第14条），自由権（第19条，第20条，第21条，第22条，第23条等），社会権（第25条，第26条，第28条），国務請求権（第17条，第32条，第40条），さらには，参政権（第15条，第16条）に及ぶ多彩さである。

他方，人権規定は，「権力の分立」によって支えられるとき，その実効性を発揮する。この点，日本国憲法は，立法権を国会に独占させ（第41条），内閣等が国会を経ずに国民の権利や自由を制限し得る余地を残さない。また，行政権は内閣に属するが，内閣の職務の筆頭には法律の誠実な執行を掲げる（第73条）。さらに，司法権を裁判所に一元的に属させる（第76条）ほか，立法権，行政権による侵害から国民の権利・自由を保障すべく裁判所に違憲立法審査権を付与している（第81条）。

2 社会福祉と権利保障の理念

（1）社会福祉における「人権」の保障

前述したが，人権は「人間がただ人間であるということにのみもとづいて，当然に，もっていると考えられる権利」であり，「一定の身分や人種や性別を前提として享受しうるものではなくて，人間本来の権利として存在するもの[3]」であるから，社会福祉サービスの利用者がそこから除外されることはない。

しかし，例えば，障害者について「自由権がすべての人間に保障されているといっても，それを現実的に行使する手段を障害者に確保しない限り意味がな

第7章 社会福祉に関連する法と理念

いことになる(4)」という「現実」が懸念されるかもしれない。そのため，障害者のみならず社会福祉サービスを利用する誰にとっても「社会的弱者に国家が援助を与える社会権の保障と法の下の平等における実質的平等の保障が重要な意味をもつ」ことになろう。日本国憲法は，障害者の権利はもとより，社会福祉サービスの利用者の権利を直接明文で規定していないが，そもそも「すべて国民は，法の下に平等」(第14条第1項)なのであり，彼らにとっては，他の人々と同様，場合によっては，それ以上に第25条の生存権等が重要な意味をもつことに変わりはない。

　ところで，社会福祉サービスの利用者とそれ以外の人びととの間の関係について，形式的平等にとどめるか，実質的平等まで追求すべきかが問われる。多数説は，日本国憲法第14条の法の下の平等は法的取扱いの不均等の禁止を意味するにとどまるとして，基本的には形式的平等ととらえている。そして，実質的平等の実現は生存権その他の社会権によるべきであり，実質的平等を実現するために行われる法的取扱いの不平等は「合理的区別」として許容されるならば，例外的に実質的平等が受け容れられる余地を残すと解釈される。しかし，「社会国家」なる現状認識のもとで「社会国家の狙いが人間を実質的に尊重することである以上，そこで要請される平等も，単なる形式的平等ではなくて，社会国家理念に即した実質的平等でなくてはならない(5)」といい，法の下の平等の保障は，形式的平等のみならず実質的平等も含むという解釈も十分成り立つといわれる。

(2)「契約」関係における「権利」の保障

　「契約自由の原則」は近代私法の基本原理の一つであり，その中心に「契約の内容は当事者が自由に定めることができるのであって，国家が干渉することは許されないという原則」である「契約内容の自由」が含まれる(6)。そのため，単純に社会福祉サービスの利用関係に関して，サービス提供事業者と利用者の間での合意を前提にして，どのような内容であろうと自由に契約内容を定められると大いに期待された。

しかし，契約方式の導入がサービス利用者の「権利」の保障にただちに結びつくか否かを考えるには，以下の指摘が重要であろう。①当事者間の協議自体が不調なら契約は締結されず，締結されても契約の解除によって「権利」もまた消滅してしまう旨(7)が指摘される。②総じて，「選択の自由」が強調される。しかし，一方では，介護保険制度等でサービス提供事業者に「契約締結義務（正当な理由なしに契約締結を拒否できない義務）」を課しており，他方では「選択の自由」の確保に資する情報提供等に関する規制（社会福祉法第75～79条）は整備されたが，契約内容の適正化や契約の履行の確保等に関する法制度には十分な関心が向けられていないと指摘される(8)。③サービスやその利用者の特性から「契約化にそもそもなじむのか」という指摘がある。すなわち，介護サービスに関しては，契約当事者が有する情報量，情報の質，情報収集・評価の能力の点で非対称性の問題がかなり存在しており，「契約化をそう単純に進めていくことができにくい構造となっている(9)」との指摘がみられる。④契約化のねらいである「サービスの選択を利用者に任せる」という仕組みは，選択対象のサービス資源が十分にあってはじめて機能するが，特別養護老人ホームの入所希望者に比して施設が不足しているといった場合（「とにかく入所の申込みをしておく」というように振る舞わずとも）「最低限保障されるべき事柄」はあるはずであり，「逆にこうした『公正さ』を度外視してしまっては，社会的なニーズの充足を目的としている公的サービスとしての意義を失いかねない(10)」と指摘される。

3　社会福祉と権利擁護

(1)「権利擁護」の登場

　社会福祉サービスの提供方式が，行政処分による「措置」からサービスの提供者・利用者間の「契約」へと大きく移行する中で，課題が浮き彫りになった。すなわち，「契約」は，当事者の申し込みという意思表示と相手方の承諾という意思表示の合致で成り立つところ，社会福祉サービスを必要とする人びとの

中には，加齢や知的・精神的障害等によって，そうした意思の形成や表示に支障のある人が含まれ，それらの人びとが不利益を被ることが懸念された。そこで，これらの人びとが，「契約」方式で提供される社会福祉サービスの利用に関して不利益にならないようサポートすべく，「権利擁護」が構想され制度化されるに至ったのである。

(2)「権利擁護」の定義

現行法上,「権利擁護」の定義規定は見当たらないが，多くの論者に共通しているのは，一つには，判断能力が不十分な人びとを対象とすること，二つには，それらの人びとの権利とりわけ自己決定権の行使の支援であることである。その上で，①「判断能力が不十分な人々に対して憲法的要請から自己決定権を保障すること」（「狭義の権利擁護概念」），②「判断の力の有無にかかわらず，立場性の違いから自己決定権を阻害されている場合に，自己決定の実現を法令上保障すること」（「広義の権利擁護概念」），③「国民が有している諸権利について，事後的救済を含んで広くその実現に向けて努力すること」（「最広義の権利擁護概念」）等とも整理される[11]。

(3) 二つの「権利擁護事業」

「権利擁護事業」として知られている日常生活自立支援事業と社会福祉サービス利用援助事業は，成り立ちが異なる。日常生活自立支援事業の前身となる地域福祉権利擁護事業は，1999年の厚生省通知で創始されたが[12]，社会福祉サービス利用援助事業は，2000年に施行された社会福祉法第2条第3項第12号に規定される第2種社会福祉事業である。

このような中にあって，現行の「日常生活自立支援事業実施要領」[13]（以下，実施要領）は，「福祉サービス利用援助事業」その他を事業内容とする。要するに，社会福祉サービス利用援助事業が日常生活自立支援事業に包摂される形となっている。

しかし，かつての地域福祉権利擁護事業における「実施要綱」[14]は「福祉サー

ビスについての情報提供，助言」その他を基準にした内容の「支援計画の作成」について取り上げているが，両事業の包摂関係などまったく見られない。また，当時，両事業の関係は，次のようにも説かれた。すなわち，「福祉サービス利用援助事業については，都道府県・指定都市社会福祉協議会（以下，社協）が実施する場合のみ，実施要領（地域福祉権利擁護事業）が定められているが，福祉サービス利用援助事業は，地域福祉権利擁護事業にかかわらず広い概念となっている」と。その上で，社会福祉サービス利用に関する相談事業については「広く各事業を福祉サービス利用援助事業の範疇に入れて考えることが必要」[15]だといい，具体的に「相談支援事業（障害者自立支援法），在宅介護支援センター（老人福祉法），居宅介護支援事業（介護保険法）等，法に定められた相談・援助事業，さらには，ふれあいのまちづくり事業など通知により行われている事業，その他種々の民間，インフォーマルな相談・援助事業」[16]が展望されていた。つまり，前述したのとは逆に，地域福祉権利擁護事業が社会福祉サービス利用援助事業に包摂されるとのとらえ方である。

　このような位置関係の逆転をどのように考えるべきかについて，一方で，かつての地域福祉権利擁護事業は厚生省（現・厚生労働省）の通知を根拠としたが，社会福祉法所定の社会福祉サービス利用援助事業を傘下にして根拠は明確になったといえるかもしれない。しかし，他方では，社会福祉サービス利用援助事業が日常生活自立支援事業に包摂されたことによって，前述のように展望できた前者事業の拡充の可能性が失われたとも考えられる。

　この点，「実施要領」によると「福祉サービス利用援助事業」は「認知症や精神障害等により日常生活を営むのに支障がある者」を対象とし，「福祉サービスの適切な利用のための一連の援助」が契約に基づき一体的に行われるとした。また，「援助の内容」は「福祉サービスの利用に関する援助」や「住民票の届出等の行政手続に関する援助」等を，そして，これに伴う働きとして「利用者の日常生活費の管理（日常的金銭管理）」や「定期的な訪問による生活変化の察知」を，さらに，具体的な援助方法としては「原則として情報提供，助言，契約手続，利用手続等の同行又は代行によること」としている。

ところで、日常生活自立支援事業の下で「福祉サービスの利用に関する援助」と抽象的に規定し、さらに、具体的な援助方法として「原則として情報提供、助言、契約手続、利用手続等の同行又は代行によること」等といえば、それらしく聞こえてくるから不思議である。また、「住民票の届出等の行政手続に関する援助」や「預金の払い戻し、預金の解約、預金の預け入れの手続等」のように、そもそも「権利擁護」等と銘打つまでもなく、誰にでもできる類いの事柄がさも重大事のように扱われているだけになおさらである。

　それに対して、今日の日常生活自立支援事業も含め「広く各事業を福祉サービス利用援助事業の範疇に入れて考え」たならば、事業の及ぶ範囲・領域はかなり広げられたかもしれない。しかし、現実には、ささやかな内容の日常生活自立支援事業に包摂されることで、社会福祉サービス利用援助事業は矮小化された、あるいは、本来、持ち得たはずの豊かな可能性を追求できなかったことは本事業の大きな問題点として残ることになった。

(4)「権利擁護事業」と成年後見制度

　成年後見制度は、「精神上の障害」が原因で判断能力を欠くか、あるいは、不十分な成年者を保護する制度である。他方、日常生活自立支援事業も判断能力が不十分な人を対象とし、社会福祉サービスの利用に関する援助等を行う。両者については、後者の事業は「成年後見制度よりも使いやすい」と比較されたり、同事業の前身たる地域福祉権利擁護事業の実施に際して「主管官庁であった厚生省（当時）は、この事業は成年後見制度を補完するものであるという位置づけをしていた」等ともいわれる。だが、両者は、そうした関係にあるのだろうか。

　日常生活自立援助事業は、はたして成年後見制度よりも「使いやすい」のか。前者も後者も、判断能力の状態が要件を満たすか否かで利用の可否が決まる点では同様である。しかし、後者は上記以外に要件を課さないのに対して、前者は「判断能力が不十分な者」という要件のほか、「本事業の契約の内容について判断し得る能力を有していると認められる者」であることを求める。という

のは,「措置から契約へ」の流れの中で「福祉サービスの利用に関する援助」なるサービスも「契約」の形で提供される必要があったからである。しかしながら,日常生活自立支援事業の場合,判断能力が不十分だからこそ同事業を利用するはずなのに,判断能力が全般的に低下していても同事業の利用に関する「契約」に限っては十分な判断能力を求めるというのは,いかにも都合の良い理屈ではあろう。仮に,第1の要件は満たすが,第2の要件が満たせないなら,当然に同事業は利用できず,そうなれば,もはや同事業が「使いやすい」か否かの問題ではなくなる。

　また,成年後見制度と日常生活自立支援事業とでは,後者は前者を「補完」する関係にあるか否かも問題になる。そこで,両事業の対象から考えてみたい。すると,成年後見制度（とりわけ法定後見）では,「判断能力」が劣っている人,著しく劣っている人,欠けている人の順で,補助,保佐,後見と対応が異なるのに対し,日常生活自立支援事業では,前述の二要件が課されるため,「判断能力」を欠いている人,成年後見制度でいえば後見の段階の人は完全に除外される。その際,成年後見制度は財産に関するサポート,日常生活自立支援事業は「福祉の専門家がきちんとサポートするシステム」[19]と割り切るなら,前者で補助・保佐の段階の人なら同制度によって財産に関するサポートを受けられる上に,後者での「福祉の専門家」による「サポート」を受けることも期待できる。しかし,後見の段階の人は,前者で財産に関するサポートは受けられる反面,どんなに社会福祉的なサポートが必要であっても,後者では,「福祉の専門家」による「サポート」は一切受けられないことになる。つまり,日常生活自立支援事業は,最も手厚い対応が必要な人に対応できず,成年後見制度が財産面に関してのみ対応できるという状況は,後者による前者の補完とは言えても,前者による後者の補完とは言えないことになる。また,「実施要領」が「成年後見制度の対象と考えられる者等については,市町村及び関係機関への連絡,成年後見制度の利用の支援等適切な対応を行うよう努めること」を同事業の実施主体に求めること自体,同事業が成年後見制度と並び立たないことを物語っているであろう。

（5）「権利擁護」に何を求めるか

次の見解[20]から検討してみよう。

それは，まず，「可視化されていない利益」の問題と銘打ち，一般的には得られるはずの自由や利益が「社会的に弱い立場や従属的な立場にあるという意味でバルネラブルな状態にあるがゆえに得られないでいる時，それらを得られるように支援するのが権利擁護の役割」だという。さらに，認知症高齢者に対する詐欺的商法やオレオレ詐欺等を例にとり「普通だったら騙されないようなことで騙されてしまう」ことが問題だともいう。その上で，「当事者がバルネラブルな状態にあって騙されやすい立場である場合，一般的には機能するはずの刑事上，民事上の抑止効果がはたらかないため，そうした抑止力の存在によって間接的に得られるはずの保護的利益を得られずにいるということになる」と説く。

しかし，「バルネラブルな状態」にあるか否かで対応を異にできるものでも，すべきものでもないであろう。なぜならば，この見解に従えば，「バルネラブルな状態」にない一般の人は，「間接的な保護利益」を享受しているのだから，そもそも騙されるはずがないと楽観視したり，騙されたとしても仕方がないとか，挙句の果てには，騙されたのは自己責任なのだと突き放さないとも限らないからである。むしろ，ここで重要なのは，誰が対象であれ人を騙してはならないということであり，「バルネラブルな状態」にあるか否かは，騙した側の悪質さや責任の加重の問題であろう。騙された人が「バルネラブルな状態」にあるか否かを強調すればするほど，人を騙した者の責任が不問に付されないまでも，曖昧になることが懸念される。あるいは，騙した側が「バルネラブルな状態」の人だったら，その責任は問われ得ないとでもいうのだろうか。

そもそも，前述の例でいえば，相手が誰であれ騙してはならないのと同様に，誰の「権利」でも「擁護」されねばならないはずなのに，先の見解は，特定のカテゴリーに属する人の「権利」を「擁護」しようとしているだけのように受け取れよう。このことを突き詰めれば，「権利」ならぬ「特権」の「擁護」にさえなりかねない。

また，先の見解は「権利」といえないようなものまで「擁護」しようとしてはいないだろうか。つまり，「権利侵害を論じる従来の権利論では対応できなくなっている」とする認識に立ち「間接的な保護利益」等を論じているようには見えるが，実は「間接的な保護利益」のように法的な概念でないものを動員するからこそ，「従来の権利論では対応できない」だけに過ぎないのではなかろうか。いずれにせよ，何か新たな意味ある内容が提示されているとは読み取れない。

　さらに，「権利擁護」は，自由権や社会権の侵害を問題にすることを超えて「本人が価値があると考える生き方や行為の追求についても，個別具体的に擁護されるべき権利の問題として取り扱うことが求められるようになる中で，本格的に登場してきた」と説明される。しかし，「バルネラブルな状態」という概念を用いて，また，法的な「権利」とは言い難い「間接的な保護利益」等についても言及するが，一体，誰の・どのような「権利」を・どのように「擁護」しようとするのかは少しも明らかにならない。

4　社会福祉の権利救済

(1)「措置から契約へ」の変化

　2000年の社会福祉基礎構造改革以前，「市町村は，必要に応じて，次の措置を採らなければならない」（老人福祉法第11条第1項）というように，社会福祉サービスは「措置」として提供されていた。「契約」が注目されることはあったが，それは措置権者による福祉施設に対する措置委託が「私法上の契約」か「公法上の契約」かといった問題としてであり，社会福祉サービスの利用関係における利用者・事業者間の関係としてではなかった。

　そうした中で，「契約」の側面を含む新たなサービス利用方式が介護保険制度，自立支援給付，保育所方式等として導入されるようになった。しかし，サービスの利用関係が全面的に契約に移行したわけでなく，また，サービスの利用者，提供者に行政（市町村）を交えた三者の構図は措置制度と異ならない。

結局,「措置から契約へ」といわれるが「措置」の全面的否定とはならず,領域や事柄に応じて「措置」によるべきか否かが分かれることになった。(21)

(2) 行政不服審査手続と行政事件訴訟

　社会福祉の給付等に関する決定が行政処分と解される場合,これに不服があれば,一般には不服申立制度,さらには,行政訴訟を利用して権利の救済を図ることになる。このうち,不服申立てについては,行政不服審査法の適用を原則とするが,独自の規定(特例規定)を有する法律(生活保護法,介護保険法,障害者総合支援法等)の場合,まずは,その特例規定に従い,行政不服審査法は補充的な適用となる。他方,特例規定を持たない法律の場合,一般法としての行政不服審査法が適用される。ちなみに,同法によれば,不服申立てには,異議申立て,審査請求,再審査請求の3種類があり,①行政処分を行った処分庁,または,行政処分を行わなかった不作為庁に上級行政庁があれば,そこに対して「審査請求」を行う。また,②上級庁がなければ,処分庁または不作為庁に対して「異議申立て」を行う。さらに,③審査請求の裁決に対する不服申立てを「再審査請求」といい,申立て先は個々の法律等が定める。なお,不服申立てを行うか,それとも,行政庁を相手取って行政訴訟を提起するかは選択可能とするのが原則である(生活保護法や介護保険法は不服申立前置主義をとる)。

　他方,行政事件訴訟法では,4種類の行政訴訟(抗告訴訟,当事者訴訟,民衆訴訟,機関訴訟)が規定される。こうした行政訴訟には二つの側面があり,その一つは,国民の権利保護という側面(主観的側面)であり,もう一つは,国民の代表である国会が制定した法律に違反した違法な行政作用を否定・是正する行政統制の側面(客観的側面)である。また,行訴法は,個人の権利保護を主目的とする主観訴訟原則主義に立つから,前述の4種類の訴訟類型では,抗告訴訟と当事者訴訟が原則となる。

　こうした中で,例えば,社会福祉サービスにかかわる行政処分等に不服がある場合に利用されるのが,「行政庁の公権力の行使に関する不服の訴訟」としての抗告訴訟(行政事件訴訟法第3条第1項)である。抗告訴訟はさらに六つに

分けられる。すなわち，①「処分の取消しの訴え」，②「裁決の取消しを求める訴え」，③「無効等確認の訴え」，④「不作為の違法確認の訴え」，⑤「義務付けの訴え」および⑥「差止めの訴え」である。なお，行政処分そのものの取消しを求めるなら①，審査請求等に対する行政庁の裁決等の取消しを求めるなら②が好適である。また，今日では，2004年の改正で新設された⑤，および，仮の義務付け（第37条の5）が，なすべき処分や裁決を行わない行政庁を義務づける点で「社会福祉の給付に関して実効的な救済手段となり得る[22]」ともいわれている。

（3）民事訴訟による権利救済

社会福祉サービスの提供に際しての事故や施設職員等による不法行為は，介護保険制度や障害者総合支援法等の下で，事業者あるいは施設の不法行為責任または債務不履行責任として問われることになった。また，こうした責任追及は民事訴訟として行われる。

サービス利用をめぐる法律関係に限った場合，例えば，社会福祉法人が経営する高齢者施設でのデイサービス利用者の転倒等による受傷事故であれば，介護契約上，介護サービスの提供を受ける高齢者の心身の状態を的確に把握し，施設利用に伴う転倒等の事故を防止する安全配慮義務が法人の側にあるとの前提で，同法人の債務不履行責任を問うといった訴訟を想定することができる。また，不法行為責任に関しては，例えば，社会福祉法人が経営する特別養護老人ホームの入所者が誤嚥により死亡した事故であれば，食事介助を担当した職員の注意義務違反を認め，当該職員を雇用する同法人の不法行為責任（使用者責任）を問うといった訴訟も想定することができる。

（4）苦情解決の手続

前述の不服申立て手続や行政訴訟，民事訴訟にしても，基本的に誰でも・いつでも利用できる建前になっているが，実際には種々の困難が伴う。そこで，比較的軽微な苦情を簡単・迅速に解決する方途が講じられてきた。代表的な例

として，社会福祉法では「福祉サービスに関する利用者等からの苦情を適切に解決する」(社会福祉法第83条)ため，各都道府県社協に運営適正化委員会が設置され，それが苦情解決のための相談等のほか，苦情解決の斡旋も行う(同法第85条)。また，介護保険法では，国民健康保険団体連合会が，制度上の苦情処理機関として，苦情申立て等に関して，事業者等に対する調査・指導・助言の権限をもつ(介護保険法第176条)。

ま と め

　以上，本章では，わが国が変革期にあるからこそ，確実な理解を得られるように制度的課題を整理してきた。そのため，新たに登場した諸概念にも，喧伝されるがままに無批判に受容したりせず，まずは，法の言葉や論理等を駆使して，対象を分析したり再構成を図る等して全体像をつかむように努めた。
　その中で，例えば，「措置から契約へ」というフレーズであれば，社会福祉サービスの提供がすべて「契約」方式に移行した等と誤解してはならないことは当然として，介護保険，障害者施策における支援費支給，保育所入所等のそれぞれの関係において，どの部分が「契約」に移行したかということは，どの部分が(公的な責任として)行政の決定に委ねられるのかを見極めるところから始めることが肝要になろう。その上で，「契約」さえすれば万事問題なく事態が進展すると考えず，「契約」に基づくことの意義や限界，必要とされる前提条件等を検討するといった視点を持つことが必要になる。
　また，「権利擁護」に関しても，大体，それは，誰の・どのような権利を「擁護」しようというのか，あるいは，「擁護」とはどのように関与することなのかといった一連の素朴な疑問を持つことが，事態の理解には早道になるかもしれない。しかし，そうした地道な努力を惜しんだのだろうか，ある時は「権利」の「擁護」ではなく「権利擁護」と説き，また，ある時は「バルネラブル」なる語にすべてを託すように見受けられる。とはいえ，それで一体何が明らかになるのだろうか。

変革期にある今日だからこそ，新しい状況の下で扱うべき事柄が新しいものになるのは当然だとしても，良かれ悪しかれ，過去からの連続性の中で物事が生起している以上，まずは，従来の知見や方法の分析から始めることが必要になろう（例えば，法学上の用語や論理であれば，社会福祉の領域の動向に直接影響されないだけに，相対的には安定しており，比較的用いやすいかもしれない）。その意味では，本章による理解や掘り下げには，特に目新しいものがないはずである。本章の中で例示したように，諸概念等に根拠づけも不確かな新奇な内容を盛り込んでも，混乱が倍加することはあっても，適切かつ妥当な理解に到達することは期待できないであろう。それは何よりも避けるべきことなのではなかろうか。

注
(1) 宮沢俊義『憲法Ⅱ 新版』有斐閣，1974年，77頁。
(2) 同前書，97頁。
(3) 河野正輝・関川芳孝編『講座 障害をもつ人の人権①』有斐閣，2002年，4頁。
(4) 同前書，4頁。
(5) 宮沢俊義，前掲書，289頁。
(6) 五十嵐清『私法入門 改訂3版』有斐閣，2007年，23頁。
(7) 高野範『措置と契約の法政策と人権』創風社，2006年，44-45頁。
(8) 岩村正彦編『福祉サービス契約の法的研究』信山社，2007年，6-7頁。
(9) 秋元美世『社会福祉の利用者と人権』有斐閣，2010年，34-35頁。
(10) 同前書，36-37頁。
(11) 平田厚『権利擁護と福祉実践活動』明石書店，2012年，54-55頁。なお，同書の36-53頁では，平田自身のものを含めて，諸論者による14の定義がコメント付きで紹介されている。
(12) 平成11年9月30日社援第2381号。
(13) 平成17年3月31日社援発第0331021号。
(14) 前掲注(12)。
(15) 『新版・社会福祉学習双書2007』全国社会福祉協議会，2007年，67-68頁。
(16) 同前書，68頁。
(17) 高山直樹・川村隆彦・大石剛一郎編著『権利擁護』中央法規出版，2002年，140頁。
(18) 田山輝明編著『成年後見人の医療代諾権と法定代理権』三省堂，2015年，21頁。

第7章　社会福祉に関連する法と理念

⒆　「鼎談・検証――権利擁護の10年」『月刊福祉』2009年2月号，全国社会福祉協議会，12頁。
⒇　秋元美世「人権の理論と権利擁護」『月刊福祉』2016年5月号，13頁以下。
㉑　菊池馨実『社会保障法』有斐閣，2014年，401-405頁。
㉒　加藤智章・菊池馨実・倉田聡・前田雅子『社会保障法（第6版）』有斐閣，2015年，353頁。

参考文献
佐藤幸治『世界史の中の日本国憲法』左右社，2015年。
高木八尺・末延三次・宮沢俊義編『人権宣言集』岩波書店，1957年。
樋口陽一『比較憲法全訂　第3版』青林書院，1992年。

第8章　社会福祉の展開分野

はじめに

　近年，少子高齢化の急速な進展，核家族化や一人暮らし高齢者世帯の増加，都市化・過疎化の二極化が進む等，社会背景の大きな変化とともに地域社会でのつながりが希薄化し，社会福祉，保健，医療に対する福祉ニーズは増大し多様化している。人びとの地域社会とのかかわりが薄れ，住民相互の連帯感の希薄化により，相互扶助機能（つながり）が弱体化し，個人・家族の孤立が顕在し，孤独死，暴力，虐待等の社会問題が急増している。

　同時に，新自由主義思想を基調とした制度改革がもたらした「格差」「貧困」「孤立」の蔓延は，これまでの社会福祉制度が想定していなかった人びとを支援対象層として顕在させ，「制度の狭間」という新たな社会福祉の支援領域を生み出した。

　また，わが国では，社会福祉基礎構造改革によって，利用者の選択による社会福祉制度への転換が推し進められる等，2000年を前後に社会福祉の運営体制は大きく変化している。このように社会福祉の状況が変化する中で，あらためて社会福祉の意味をとらえ直し，社会福祉の役割を確認することが必要であろう。ここでは，社会福祉の支援対象である「家族」「高齢者」「障害者」「生活困窮者」の四つの展開分野から検討したい。

1　社会福祉と家族

（1）家族の個人化

　家族は個々人の生活に大きな意味を持つ社会システムとして存在している。家族社会学においては，経済的生産機能，消費機能，性的要求充足機能，生殖機能，教育機能，扶養機能，娯楽機能，宗教機能，社会的地位付与の機能，生活保障機能，子どもの社会化機能，愛情機能等の多様な機能が論じられてきた。これらは，家族機能の歴史的変化とその時々での社会科学論者の視点によるところが大きいが[(1)]，伝統的な家族の機能と役割は，人間の種の存続や文化・社会規範への社会化といった社会的役割活動，また，人間発達サイクルのすべての発達段階において社会が期待すること，人間発達に必要な資源を供給することにまとめることができる。

　しかし，家族がこのような伝統的な機能と役割を果たしつつも，近年はそのような機能と役割を根拠として家族を定義することが困難になっている。現代の家族は，伝統的な二世代家族，三世代家族，四世代家族という形態から，父母子の核家族，夫婦のみの家族，ひとり親家族，養子家族，法的根拠のない同居人家族，ステップファミリー（再婚や事実婚により，血縁のない親子関係や兄弟姉妹関係を含んだ家族形態）等，家族の形態は，多種多様であり，世帯という制度上に認定される概念を含めれば際限なく存在する。

　また，家族構成員に期待される役割も社会経済状況等によって大きく変化してきた。性差による家族内での役割分担は崩れ，家庭内での男女の役割はより流動的になっている。そこには，男尊女卑や夫婦の非平等性を肯定した「家」制度の廃止という法的要因，高度経済成長による産業構造の変化，夫が働き妻が家事・子育てに専念するといった近代家族の構造化を経て，その後の女性の労働市場への参入に象徴される労働者家族の増加といった経済的要因が大きく影響している。

　加えて，近年の未婚化，少子化，高齢化の進行は，社会経済活動への負の影

響のみならず，ライフステージを通して家族の役割とされてきた家族内社会的弱者へのケア機能（子育て，看護，介護等）の脆弱さを浮き彫りにしている。このように，家族が占有するべきとされてきた機能は，その働きを弱めているが，その反面，「家事労働の社会化」に象徴されるように社会生活のあらゆる場面で，家族と社会との相互関係，すなわち「家族の社会化」が進行している。そして，家族内の誰かを犠牲にするのではなく，家族機能は家族成員全員の要求に対して個人化している。すなわち「家族の個人化」現象である。

（2）社会福祉と家族が置かれた位置

　伝統的な三世代家族や夫婦と子どもからなる家族を標準的な「家族」とした時代に求められた「自助」への期待は大きな変更を求められている。自助機能を失ったまま孤立化を深めた結果として，児童虐待や高齢者虐待，DVといった問題が安全であるべき家族の中で顕在している。

　このような近年の状況は，家族機能を支援し補完する仕組みとして社会福祉サービスを必要としその充実を求めてきた。その結果，高齢者介護の課題を例にすれば，在宅介護で家族を孤立させることのない社会的介護を謳って介護保険制度が創設された。しかし，制度改正が重なる中で，制度上での家族の置かれた位置があらためて問題となっている。

　介護保険制度は社会保険制度であるために，制度存続維持を大きく左右する保険料設定に社会的了解を必要とする。すなわち，制度が社会保険方式で成立すると同時にサービスに対する利用抑制が宿命となる。すると，抑制されたサービスニーズは，家族や地域近隣の「自助」「共助」で担わざるを得ず，そうでなければ，ニーズは解決・軽減されることなく放置されることになる。介護保険制度は介護の社会化を謳ったが，その実態は，家族を制度の含み資産として制度運用の前提としている。

　同様に，障害者福祉施策においては，障害者総合支援法等によって地域在宅生活を進めるための支援サービスが展開しつつも，「（制度は,）親の負担を軽減しつつケア提供者としての役割を強化するもの」[2]との指摘があるように，障害

のある人の家族は高齢者介護の実態と同様に，制度の含み資産としての位置にあり続けている。

　以上のように，社会経済状況の変化による伝統的家族機能の衰退とともに，社会福祉サービスが必要とされ整備されてきたが，それは家族内で自助的なケアがなされることを前提に制度化されている。しかし，日本社会における未婚化，少子化，高齢化等に加え，近年の深刻な貧困と格差，社会的孤立の顕在は，家族内での社会的弱者の自助的ケアに一層困難な状況を作り出している。国家規模の財政的課題を抱えると同時に，新自由主義思想を基調とした自助努力／自己責任論が強調されるわが国での社会福祉サービスのあり方が問われている。

(3) 社会福祉と家族支援

　19世紀初頭のイギリスにおけるソーシャル・ケースワークの始まりは，「貧困」家庭への訪問，家庭という場での家族への働きかけであり，アメリカではリッチモンド（Richmond, M. E.）が「ケースとは，すべて家族のケースである」と述べたように，その発祥の時から今日まで，家族は支援の対象としてあり続けてきた。

　一方，わが国においては，「日本型福祉社会」に象徴されるように，「家」意識に支えられた家族のケア機能に多くを期待する風潮が長く続いた。そして，社会福祉の役割も「多問題家族」といわれる家族のリカバリー的な処遇や，家族ではケアしきれない重篤な問題を抱えた家族成員への介入の必要に応じるものであった。

　しかしながら，家族の機能や役割が変化しつつある現代社会にあって，家族を制度の含み資産と期待することはもはや現実的ではない。さらに，男女の共同参画社会が求められ，ケア役割を担うものとして女性を家庭内に囲い込むのではなく，家族のケア役割を男女が共に担うための社会作りが謳われ，家族に新たなかたちのケア役割を期待し，その機能を促進しようとする政策がある。高齢者福祉領域では，介護する家族へのケアが課題であるし，深刻化する児童

虐待問題においては，虐待するに至る親への支援の必要が了解されている。そこでは，どのような家族も支援の対象となり得るし，家族のストレングスを促しエンパワーすることが必要との理解が進んでいる。

家族支援に重要なことは，一つには，「全体としての家族」への働きかけであり，家族成員どうしの関係のみならず，個々の家族成員に対して，広く社会関係を円滑にするための，それぞれが置かれたシステムへの働きかけである。二つには，解決困難な家庭生活上の課題を抱えた家族や，危機的状況にある家族への問題解決支援と同時に，問題が家族に生じないための予防的支援の必要である。

すなわち，家族支援とは，ソーシャルワークを活用しながら，全体としての家族へのアプローチとして，家族全体，家族成員，家族にとっての環境すべてに働きかけるものであり，「問題」のある家族のみを対象としたものではなく，予防的支援を視野に入れた地域全体を活性化する包括的な取り組みをも含めたものである。現存する社会福祉サービスの活用のみならず，社会福祉サービスの狭間で家族が困難を抱え込むことがないように，新たな社会資源や地域で家族を支えるサポートネットワークの構築が重要な課題となっている。

2　社会福祉と高齢者

(1) 支援対象としての高齢者問題の出現

戦後のわが国では，1963年の老人福祉法の制定まで，高齢者に対する社会福祉施策は貧困者を対象にした生活保護法で進められ，施設入所と生活扶助施策に限定されていた。明治時代に成立した「恤救規則」以降，高齢者施策は歴史的にも救貧対策の範疇であった。家族があるかぎり，ほとんどの場合は高齢者の「世話」を家族内で完結させたため，高齢者の世話が社会問題になることはなかったのである。

わが国では，「介護」自体が比較的新しい概念である。農業や漁業といった第一次産業にすべての家族成員が動員されていた時代は，一人の病人に一人の

家族成員が専従で「世話」にあたる余裕はなかった。1955年以降の高度経済成長期に産業構造が大きく変化し，国民の所得水準が格段に向上したことで，労働市場で夫が働き，妻が家事・子育て等に専念するといった近代家族の構造化を経て「介護」という概念が一般化する。この頃，後のホームヘルパー事業の先駆例となる，長野県での「家庭養護婦派遣事業」(1956年)，大阪市での「家庭奉仕員派遣事業」(1958年) が開始された。

　1960年代後半に日本人の平均寿命は70代になり，高齢者人口も7％台になる。有吉佐和子の小説『恍惚の人』で，認知症高齢者の介護が家族のみで抱える問題ではなく社会問題として認識される等，高齢者の介護が社会問題として顕在することになる。しかし，高度経済成長の中で謳った1973年の「福祉元年」は社会福祉・社会保障の拡充を計画したが，オイルショックによって方針転換を余儀なくされた。同じ頃，政府自民党による「日本型福祉社会」が構想され，その基調である「家族介護は日本人の美徳」とする思想は，その後の高齢者福祉政策に影響を与え続けることになった。

　高齢化率や高齢者人口の上昇等を社会的背景として，1970年代中頃から，特別養護老人ホームの量的整備，ショートスティやデイサービス等の在宅福祉施策が開始された。「施設から在宅へ」が強調される中，1980年代になると，社会福祉と保健・医療の連携が高齢者の在宅生活を支える課題となってくる。1982年の「老人保健法」の制定，1989年の「高齢者保健福祉推進十か年戦略（ゴールドプラン）」の策定，1990年には「老人福祉法等の一部を改正する法律（福祉関係八法改正）」が公布され，在宅福祉サービスの積極的な推進，入所処置権限の町村への委譲，市町村と都道府県における老人保健福祉計画の策定等が進んだ。

　しかし，老人保健福祉計画の取りまとめの結果，ゴールドプランで策定した在宅福祉サービスの目標数では必要な数量が不足することが明らかとなり，1994年に「高齢者保健福祉推進十か年戦略の見直しについて（新ゴールドプラン）」が新たに策定された。

（2）「介護の社会化」の現実

　1994年の高齢社会福祉ビジョン懇談会報告書「21世紀福祉ビジョン——少子・高齢社会に向けて」では，少子高齢社会に対応する社会経済システムの必要性とともに，今後の社会保障の全体像が示された。この年，わが国の高齢者人口は14％を超え，高齢者福祉の諸制度は高齢者の介護問題へ力点が置かれるようになる。同年，厚生省（当時）に設置された「高齢者介護・自立システム研究会」の報告書「新たな高齢者介護システムの構築を目指して」において新たな介護システムの構築が提唱された。すなわち，介護サービスを一元化して高齢者自身がサービスを選択する利用契約制度とともにケアマネジメントの導入，措置制度から社会保険方式への転換等の必要である。1996年に老人保健福祉審議会は「高齢者介護保険制度の創設について」という最終報告を発表し，「介護保険法」が成立していくことになる。

　2000年にスタートした介護保険制度は，「介護の社会化」を謳い，在宅生活を支える家族介護者の負担を軽減し，高齢者の自立生活を支える制度として期待が寄せられた。しかし，制度開始からわずか数年間で介護保険制度が抱えることになった課題は，「制度の持続可能性」というきわめて深刻な事態である。その後も，要介護高齢者の急増とそれに伴う介護給付費の増大がもたらす「制度そのものの持続可能性」と，制度が実現すべき「尊厳を支えるケアの確立」の同時的両立を課題としながら制度改正が繰り返されてきた。この課題は，制度が社会保険方式を選択した宿命ともいえる。現状は，「適正な（国民の了解可能な）」保険料設定をもとにサービス給付，介護報酬のバランスが調整され，サービス給付の抑制，サービス利用料負担額の増額，補足給付の見直しに重点を置きながら，制度存続が図られている。

　はたして介護保険制度が謳った「介護の社会化」は実現しているのだろうか。介護サービスの自治体間格差，市場原理主義による僻地等の介護サービス体制の不備といった制度開始当初から懸念されていた問題点に加え，最新の制度改正では，要支援者の訪問・通所介護が介護予防サービスから外され各自治体独自のサービスへ改編された。制度開始当初からの懸念されていた問題が，今後

ますます深刻になることが予想される。さらに，特別養護老人ホームへの入所は要介護3以上の認定者に限定され，施設サービスの部屋代等の補助認定が厳密化し，一定以上の所得がある高齢者のサービス利用料を2割負担とする等のサービス利用の抑制政策によって，高齢者介護の場面では，再び「制度の含み資産としての家族」の実態が浮き彫りになっている。

(3) 利用契約制度下における支援の問題と課題

　介護保険制度は介護報酬という「統制価格下」にある。そのため，景気の動向にかかわらず介護保険制度下では給与水準を引き上げることが難しい。さらに，介護報酬単価の引き下げによって，深刻な介護人材難の慢性化に拍車がかかる状況が続いている。人員基準を満たせず，保有ベッドの一部を閉鎖せざるを得ない施設の状況も常態化している。このような介護人材難の中で介護事故や施設内虐待が報道される機会が増えている。

　措置制度から利用契約制度への転換にあたっては，「利用者が自らサービスを自由に選択できる」ことが強調され説明されてきた。しかし，横山は「選択の自由＝利用者の意向の尊重とは，事業者を選択する自由という意味に矮小化されていて，利用者が希望する生活を選択できる自由を意味していない。介護保険制度のもとでは事業者を選ぶ自由は拡大したが，必要なサービスを選択し生活を選ぶ自由は実現されていない。しかも見逃せないことは，たとえ不十分な，劣悪なサービスの利用であったとしても，それは利用者が自ら選択した結果とみなされ，問題とされない仕組にある。本来的な意味での『選択』とは，事業者を選ぶ選択ではなく，その人が望む生活を選択できることであり，そのことを前提とした上で，利用者自身がその決定にかかわり，最終的な決定権を有することが保障されることに他ならない」[3]と指摘する。さらに，契約とは，相互の了解の上に成立するが，その実態は，サービス資源を独占している事業者側の都合に契約の可否は委ねられている。その結果，希望してもサービスを獲得できない対象者が生み出されている。

　一方，介護保険制度下でのソーシャルワーカーの実践にも大きな課題が生じ

ている。介護保険制度は介護報酬と介護サービスの対価交換を仕組みの前提としており,「支援＝介護保険サービスの利用」とするサービス至上主義への偏重が顕在している。その結果,介護報酬が伴わない〈手間〉は,支援の範疇とは認識されにくい現場状況が生み出されており,支援関係の矮小化が問題化している。

　支援の裏づけが介護報酬である制度の仕組みを考えれば,「支援不在」の顕在は制度に内包された問題である。

3　社会福祉と障害者

(1) 障害者と社会福祉の課題

　「障害者」に対して共通した明確な定義はない。わが国の障害者基本法(1995年)では,「障害者とは,身体障害,知的障害または精神障害があるため,長期にわたり日常生活又は社会生活に相当な制限を受ける者」と定義されている。国際連合の「障害者の権利宣言」(1975年)では,「『障害者』という言葉は,先天的か否かにかかわらず,身体的又は精神的能力の不全のために,通常の個人又は社会生活に必要なことを確保することが,自分自身では完全に又は部分的にできない人のことを意味する」とされている。WHO(世界保健機構)による「ICIDH(国際障害分類)」(1980年)では,身体・個人・社会という三つの次元から,障害を機能障害,能力低下,社会的不利という三つの階層の連続として定義しており,社会通念上の障害者観を集約したものであった。しかし,視点が医学モデルに偏りすぎており,最も重要な環境要因に言及していないといった批判を受け,WHO は,2001年に ICIDH の改訂版として「ICF(国際生活機能分類)」を採択した。ICF は,心身機能に変調がある個人を多様な要因(環境因子・個人因子)との相互関係としてとらえ,人間のもつ生活機能と障害について「心身機能・身体構造」「活動」「参加」の三つの次元,及び「環境因子」等の影響を及ぼす要因の交錯関係と理解する。ICF は,ICIDH に強調された医学モデルと,障害を社会によって作られた問題と理解し,障害は個人に帰属

するものではなく，社会のあり方を変えていくことが問題解決の手段と考える社会モデルとを統合する概念として，障害に対する国際的な共通言語となっている。

わが国における障害者への社会福祉サービスは，戦後，「生活保護法」に位置づけられた救護施設等における取り組みから始まり，「身体障害者福祉法」「知的障害者福祉法」「精神保健福祉法（精神保健及び精神障害者福祉に関する法律）」といった障害種別ごとの法制度が成立した。1970年に障害の種別を超えた「心身障害者対策基本法」が成立し，その後，ノーマライゼーション理念の社会的な広がりと相俟って，1993年には同法の改正により，障害者施策の基本となる「障害者基本法」が制定された。障害者基本法は，精神障害を明確に定めた点や障害者計画の策定をもたらし，その後の施策のあり方に大きな影響を与えた。2004年の法改正では，基本的理念として障害者への差別をしてはならない旨が規定され，都道府県・市町村の障害者計画の策定が義務化された。

2012年には，「障害者自立支援法」にかわって「障害者総合支援法（障害者の日常生活及び社会生活を総合的に支援するための法律）」が制定され，障害者の定義への難病等の追加や，2014年度から「障害程度区分」にかわって必要な支援の度合いを総合的に示す「障害支援区分」が導入される等，障害のある人への社会福祉施策は，自立支援，社会参加に向けた施策へと大きくシフトしている。

（2）障害者差別と合理的配慮の課題

わが国では2006年12月の国連障害者の権利条約の採択以降，2014年1月の条約締結まで，条約批准に向けての国内法の整備が図られてきた。その中でも，障害者差別解消法は，条約の差別の禁止に関する規定を踏まえ，障害者基本法の基本原則である「差別の禁止」を具体化する法律として2013年6月に成立した。多くの問題点と課題が指摘されながらも，「障害者差別をなくす」ことに一歩を踏み出した画期的な法律である。今後，日本という国家や社会がこの壮大な理念をいかに具現化するかが問われている。

障害者の権利条約では，障害者の差別について「障害に基づく差別とは，障

害に基づくあらゆる区別，排除または制限」のことであり「あらゆる形態の差別（合理的配慮の否定を含む）を含む」と定義している。「合理的配慮」とは，障害のある人とない人との平等性を確保するにあたり，従来の「不作為の原則」だけでは不十分であり，社会生活の具体的場面で必要となる個々人の障害特性やニーズに対し，相手方の配慮がなければ実質的な平等は担保できないという具体的必要性に基づく概念である。そこでは，本人がどのような配慮が必要かを相手方である雇用主，公共機関，事業者等に伝え，当事者である二者が調整や変更による配慮について話し合い，折り合うためにお互いの了解点を見つけ出していく。このような「合理的配慮」を獲得するには，本人や代弁者による「合理的配慮の要求」が必要となる。

特に，知的障害のある人の合理的配慮の要求には，多くの場合，代弁支援が必要となる。知的障害のある人の意思表明の困難さ，意思表明機会の少なさ，自由や権利があることさえ認識していないこと，経験がなく意思表明ができないこと，自尊心の欠如から意思表明が困難なこと等とともに，権利行使をめぐるさまざまな障壁があり，「権利」を知ってもらうことの支援や，権利行使を後押しする支援が重要である[4]。

これまで，ソーシャルワーカーは知的障害のある人の「判断」に大きな影響を及ぼしてきた。そして，それが本人の自己決定を揺るがすパターナリズムであるのか否かと，自己決定を尊重することの間でつねにジレンマを抱えてきた。さらに，自己決定における「自己」の範疇，すなわち，本人のみに限定されない「共決定」における当事者性をどのような範疇でとらえるかはきわめて個別性が高い。「主体性」や「自己決定」をめぐっての学問的議論は尽きないが，実践現場における「主体性を尊重し自己決定を促す」支援は，意思決定の表明が困難な人びとの希望や願いを「どのように」受け止め，代弁し，権利を擁護するのかという解決が難しい実践的な課題として鎮座している。

（3）障害者支援と「親亡き後」の課題

人の尊厳を支援上に具現化することが求められている今日では，「その人ら

しさ」という生活の質的課題への要求が高まっている。しかし，制度に人間の生活を当て込む伝統的な政策スタイルはいまだに転換せず，障害者総合支援法等によって地域在宅生活の支援が展開しつつも，そこでは「親の負担を軽減しつつ，ケア提供者としての役割を強化するもの」[(5)]との指摘のとおり，障害者の親は制度の含み資産としてあり続けている。

　知的障害のある人が置かれている状況を例にすれば，入所施設建設推進の根拠法であった精神薄弱者福祉法から今日まで，現実問題としての「親亡き後」の不安とは，「親亡き後」のわが子の「居場所」の課題であった。近年，地域生活に多大な可能性をもたらす主体的な暮らしの場所として，また，「親亡き後」の現実的な「居場所」としてグループホーム等への期待が高まったが，一連の制度改正によって，誰もが手にすることができる社会資源ではなくなった。「親亡き後」の不安は，生活の場を大規模入所施設に求めた施設要求運動の時代から，ノーマライゼーション思想を背景とした地域福祉への転換が強調される今日まで，連綿として解消しない課題であり続けている。

　社会や制度，支援者までもが「知的障害者は親がかり」であることを当然とし，親を制度や支援を補完する存在として容認してきた。その結果，支援者は，本人の不適応の程度や活動先における本人の日中の様子を熟知しているものの，「どんな子どもだったのか」「近所での様子」「誰と挨拶を交わしているのか」「声をかけてくれる人」「なにげなく見まもってくれている人」「親が頼りにしている近所の相談相手」といった，地域での家族の暮らしの重要な事実やその歴史に関心を寄せることが少なかった。これは，本人にとっての「地域での暮らしを支える重要な事実」を引き継いでいくこと，あるいは，地域近隣での豊かな関係性の必要への視点が，支援上から欠落してきたことを意味している。

　それらを内省すれば，今はまだ差し迫って支援が必要ではなくても，将来のために，障害のある人とその家族の歴史・思いや願いを受け止めつなげることが課題となろう。そして，「親亡き後」に新たな支援が必要となる時にも，スムーズに支援がつながり，孤立することなく安心して暮らしが送れるよう，その人にとってのテイラーメイドの見守りの仕組みを作る必要がある。そして，

障害のある人が地域で孤立し埋もれることがないように，地域での多様な見守りネットワークを構築していくことが重要である。

「親亡き後」の不安の解消には，「施設」か「グループホーム」かという二者選択でなく，生活の場が施設であっても自宅やグループホームであっても「地域で生活し続ける」ことへの支援の構築が必要であろう。

4　社会福祉と生活困窮者

(1) 深刻化する今日の貧困問題

　1990年代初めまで，わが国は「貧富の格差が少ない平等な社会」と信じられてきた。その根拠であった，いわゆる「一億総中流社会」を可能にしてきたのは，わが国の高度経済成長期に成立した終身雇用・年功序列賃金といった日本型雇用慣行であった。しかし，1991年のバブル崩壊以降，わが国の中流階層が崩壊しはじめ，新自由主義思想を土壌とした社会経済政策の貫徹とともに日本型雇用を可能にしてきた経済環境は失われた。企業のコストカットを目的とした規制緩和政策が推し進められ，低賃金の非正規雇用者層が急増した。「ワーキングプア」や「ネットカフェ難民」といったキーワードに象徴される「貧困」と「格差社会」があらためて社会問題化した。さらに，2008年のリーマンショックが失業率を急上昇させ，「貧困」の状況にさらなる深刻化をもたらし現在に至っている。

　さらに，1年以上失業している長期失業者の増加が顕著であり，その4人に1人が子どもを扶養しているという状況が，世代間で連鎖する貧困の増加現象をもたらしている。いわゆる貧困の世代間連鎖である。2012年度の厚生労働省「国民生活基礎調査」によると，国民全体の貧困率（相対的貧困率）は16.0％であるが，17歳以下の子どもの貧困率は16.3％とそれを上回っている。さらに，ひとり親家庭の貧困率は54.6％と，OECD諸国の中では最も高い。

　このように，わが国の今日の貧困問題の背景には，経済政策，雇用政策の変容がもたらした社会構造の問題が指摘できる。しかし，忘れてはならないのは，

母子家庭や女性，日雇い労働者といった日本型雇用という仕組みからそもそも弾かれていた人びとの存在である。すなわち，「貧困」は決して新しい社会問題ではない。

（2）子ども・若者・母子世帯と貧困

　前述のように，バブル経済の崩壊やリーマンショック等が失業・リストラを蔓延させ，ワーキングプア問題を引き起こしている。ワーキングプアに代表される低所得者層を基準に所得水準を押し下げることで，一般階層の所得が引き下げられるという構造が作られている。また，リーマンショック以降，特に企業では，リストラの断行と並行して正規職員の非正規職員への置き換えが進み，おびただしい数の非正規労働者が多種多様な形態で重層的に作り出されている。これまで暮らしの保障を企業の雇用に依存してきたわが国では，勤労者に対しての社会保障の仕組みがほとんどなく，社会保障制度にセーフティネットの機能が不十分である。その結果，とりわけ不安定雇用にある勤労世帯は極めて脆弱な生活状況を強いられている。このような過酷な雇用状況の中で，正規雇用に就けない若者が増えている。職場を何らかのアクシデントや派遣切り等で解雇され，仕事どころか住居も失い，単発のアルバイトを繰り返しながら，24時間営業のファストフード店，ネットカフェ等で夜を過ごし，昼間は図書館等で仮眠を取る等して生活している人が多くいる。

　さらに，「主婦」という立場の女性は，男性中心の日本型雇用の仕組みからは弾かれていた存在であり続けてきたことと，女性の社会的地位の低さ，家事や子育てをほぼ一人で抱える事情から，安定した正規雇用につながりにくい。ことに，母子世帯の母親が低賃金処遇から脱出することは非常に難しい。一ヶ所のパート収入では生計が成り立たず，ダブルワークやトリプルワークを強いられている母親が多くいる。そのような家庭にいる子どもたちは，貧困を原因として，「安心」と「安全」のみならず，一般社会では当たり前となっているような生活上の営み，社会参加の機会や選択肢が奪われていく。すなわち，進学，習いごと，親子関係，友人関係，趣味，つきあい，少々の贅沢といった社

会とのつながりと社会での経験である。

その中でも深刻なのは，学力の獲得と教育の機会への壁である。厳しい雇用状況の中で，安定した職業に就くために高学歴化に拍車がかかり，それに対して，低学歴に加え技能・技術をもたない若者は不安定な雇用状況に置かれやすい。そして，貧困にある若者が新たな世帯を持ったとき，世代間を越えて貧困が連鎖していく。

(3) 高齢者と貧困

高齢者の貧困は年々増え続けている。生活保護を受給している世帯のうち約50％が高齢者世帯である。2010年のOECD34ヶ国を対象とした調査によると，わが国の高齢者（65歳以上）の貧困率は19.4％で，これはアメリカ（19.9％）と同レベルであり，34ヶ国中8番目に高い水準である。また，後期高齢者の貧困率は25％で，4人に1人の後期高齢者が相対的貧困の状態にある。その中でも，一人暮らしの高齢者に貧困率が高く，2012年の統計によると，男性の単身高齢者の貧困率は29.3％，女性の単身高齢者は44.6％である。[6]

高齢者が貧困に陥る原因は年金受給にかかわる問題が大きい。不安定な雇用にあったり自営業であったために厚生年金がなく基礎年金のみの受給者，保険料納付期間の不足によって基礎年金を満額受給できない人が多くいる。「平成26年度厚生年金保険・国民年金事業の概況」によれば，そのような人たちが999万人おり，その平均年金月額は5万円に満たず，生活扶助基準額を大きく下回っている。また，年金保険料を納めてこなかったために公的年金を受給できない無年金者もかなりの数にのぼる。さらに，若者世代の貧困化状況にも関連して，高齢の親と無収入であったり収入の少ない実子との同居事例が顕在化している。

家族機能やコミュニティ機能が衰退化している中で，高齢者が安定的な暮らしを維持していくためには，医療や介護，日常の生活支援といった社会サービスの充実が欠かせない。しかし，社会福祉基礎構造改革以降の高齢者支援サービスは，定率負担と自己負担部分の拡大によって，費用負担が難しい高齢者を

制度から排除する仕組みが作り上げられている。

　高齢者にとっての，日常での「なるべくお金を使わない」生活とは，衣食住を切り詰めるばかりではなく，医療にかからない，介護サービスを利用しない，外出をひかえる，そして，地域近隣・友人・親戚等との関係に疎遠でいることで維持される。高齢者の貧困は社会的孤立に連鎖しており，人とのつながりを持たず社会的支援を受けることがないまま死に至る孤立死の事例が社会問題となっている。

（4）社会的排除に対する社会福祉の新たな取り組み

　2015年4月に生活困窮者自立支援法が施行された。前述のように，これまでのわが国では，日本型雇用に備わっていた「安定的な雇用」がセーフティネット機能を担ってきた。その一方で，最低生活保障のための最後のセーフティネットである生活保護制度の手前で対応する社会サービスの不備，加えて，生活保護制度に困窮から脱却していくことを支援する機能が十分でないことが指摘されてきた。生活困窮者自立支援法は，この最後のセーフティネットの手前に，もう一つのセーフティネットを張ろうとするものである。すなわち，これまで十分ではなかった生活保護受給の手前にいる生活困窮者に対し，生活保護に至る前の段階から早期に支援を行う「第2のセーフティネット」の構築をねらいとしている。

　この法律は，以上を目的とし，生活困窮者の自立と尊厳の確保と，生活困窮者支援を通じた地域づくりを目標にしている。「地域づくり」とは，生活困窮者が社会とのつながりを実感し，主体的な社会参加に向かうこと，「支える，支えられる」という一方的な関係ではなく，「相互に支えあう」地域の構築である。

　生活保護に陥る事態にある人びとへの具体的な支援として，就労や自立生活に関する相談支援や個別支援計画を作成する「自立相談支援事業」，離職により住宅を失った生活困窮者に対し家賃相当の支給をする「住宅確保給付金」が福祉事務所設置自治体の必須事業として実施される。また，就労に必要な支援

を行う「就労準備支援事業」，住居のない生活困窮者に対して宿泊場所や衣食の提供をする「一時生活支援事業」，家計管理に関する指導や貸付を斡旋する「家計相談支援事業」，生活困窮家庭の子どもへの「学習支援事業」が任意事業とされている。

　生活困窮者自立支援法は，国と地方，官と民の協働による体制づくり，社会福祉と雇用政策の連携，地域の実情を踏まえた必要な支援等を地方自治体が主体的に構築していくことを求めている。この制度が単なる経済的貧困対策に終わることなく，他制度と重なりながら地域の活力を高め，排除される人がいない地域づくりのために活用される必要がある。

ま　と　め

　社会福祉が対応する問題は多岐にわたるが，その問題は「格差」「貧困」「孤立」といった今日的状況と密接に関連している。したがって，社会福祉のみで解決できる問題は多くはない。例えば，今日の雇用情勢は多くの貧困の状況を生み出しているが，最も問われるべきことはわが国の雇用政策のあり方である。昨今，多くの社会福祉支援領域で「就労支援」が強調され，それを後押しする政策が繰り出されてきた。しかし，高齢者や障害者，母子世帯の母親や貧困な状況にある人に対しての「就労訓練」をそれのみで強調することは，問題の解決をすべて当事者に求めることになる。支援したのに改善されない結果を自己責任の問題に帰結させかねない。就労支援という政策が抱える根源的な問題を阿部は次のように指摘する。すなわち，「『出口』としての社会がかわらないところである。いくら就労支援をしても，こまめにサポートをしても，得られた就職が非正規で賃金も低く，自己の存在価値が認められたとかんじさせるような仕事でなければ，結局のところ，何が改善されるのであろう。『出口』の先が，人々を戦々恐々とさせる格差社会であるなら，その人の真の社会的包摂は可能であろうか」と。「改善」すべきは「人」ではなく「労働市場」であろう。これからの日本がどのような社会をめざすのか，真剣に向き合わなければなら

ない問題がそこにある。

　社会福祉における「貧困」への支援は，就労や経済的自立のみをゴールとしない。「貧困」とは，「お金がないこと」だけではなく，頼るべき家族，友人，社会関係といった関係から疎遠で「溜め」のない状態である。自立の主体は当事者であり，社会関係の中で自らの生き方，居場所を取り戻していくことが自立のプロセスであろう。社会福祉の支援領域は多岐にわたるが，いずれの領域においても，問題を個人に帰結させず，個人と社会の接点に働きかけることが社会福祉の役割であろう。

注
(1) 宮本益治編著『高齢化と家族の社会学』文化書房博文社，1993年，62頁。
(2) 鶴野隆浩「『家族での暮らし』と『家族からの自立』の支援——知的障害児・者家族福祉の視点」『介護福祉学』7 (1)，日本介護福祉学会，2000年，73頁。
(3) 横山寿一『社会保障の市場化・営利化』新日本出版社，2003年，53，125，207頁。
(4) 全国手をつなぐ育成会連合会『「知的障害のある人の合理的配慮」検討協議会報告書』2015年。
(5) 鶴野隆浩，前掲書。
(6) 阿部彩「貧困率の長期的動向：国民生活基礎調査 1985〜2012を用いて」貧困統計ホームページ，2015年。
(7) 阿部彩『弱者の居場所がない社会——貧困・格差と社会的包摂』講談社現代新書，2011年，177頁。

参考文献
川向雅弘「『親亡き後』の障害者の生活支援に関する考察——横浜市障害者後見的支援制度を手がかりに」『社会福祉学部紀要』No. 13，聖隷クリストファー大学，2015年，34-46頁。
川向雅弘「現場実践でのソーシャルワークの貢献——知的障害のある人の合理的配慮とソーシャルワーク」『ソーシャルワーク実践研究』第3号，ソーシャルワーク研究所，2016年，76-77頁。
厚生労働省『生活困窮者自立支援制度全国担当者会議資料』（2015年9月14日）。
平山尚・武田丈『人間行動と社会環境』ミネルヴァ書房，2000年。

第9章 社会福祉におけるソーシャルワークの方法

はじめに

「人はたった一人では生きていけない」という言葉をよく耳にするだろう。その意味はソーシャルワークにおいてきわめて重要な側面を持つ。ソーシャルワークにおける支援関係の定義化に貢献した研究者の1人であるコノプカ（Konopka, G.）は、人間の存在を「独立した実在ではなく、他の人々との間に相互関係をもつ全体的個体（a whole individual）[1]」と規定している。すなわち、「一生を通じて、人間は相手 you——重要さ、温かさ、優しさの性質を自分の中に育ててくれる人——に近づくことによって、そのような自己認識を作り、それを維持しようと努めるのである。相手と自分との間に人間関係のかけ橋ができた時に、人間は他人を愛することができ、また自分の能力を完全に活かすことができる（成就感）。自分（I）と相手（You）との間に、この架け橋がない場合には、人間は崩壊する[2]」とし、ソーシャルワークは、人間が発達課題に取り組む際の必然的な支援とも論じている。[3]

ソーシャルワークは、すぐれて人間対人間の意図的な関わり合い（支援関係）に介在する実践である。人の人生と、その人生を積み重ねるための絶え間ない日々の暮らしの現実に影響を及ぼす活動ともいえる。

本章では、現代社会の諸問題について概観し、それらの問題が人間の発達に及ぼす構造を明らかにした上で、ソーシャルワークをミクロ（micro：小さな）・メゾ（mezzo：ミクロとマクロの中間）・マクロ（macro：大きな）レベルの視点から論ずる。

1　現代社会とソーシャルワーク

(1) 現代社会の諸問題——社会福祉支援活動の射程

　現代の日本社会は、「自立」あるいは「自己責任」をキーワードに、これまで以上に人びとに「強い個人」(4)であることを求めている。「強い個人」とは、健康であり続け、勤勉でできる限り長く働くことによって自力で生活を維持し、同時に社会に貢献することができる人びとのことを指す。人びとは「強い個人」になろうと努力する。しかし、「強い個人」であること、また、あり続けることにはおのずと限界がある。例えば、生まれたばかりの乳児、働くことの一線から退いた高齢者はどうであろうか。突然の病気や事故等によって障害と向き合わざるを得なくなった人、構造的な問題からリストラによって職を失った人、定職に就きたくてもかなわない人はどうであろうか。生まれた時から何らかの障害のある人はどうであろうか。最低生活保障の対象になりにくく過酷な労働を強いられている外国人やその家族はどうであろうか。このような状況に直面する人びとは、現代社会の仕組みが「強い個人」を中心としている限り、自力で当たり前の生活をすることが容易でないことは想像に難くない。

　このように、自分の力ではどうすることもできず、当たり前に暮らすことを阻まれている人びとを「強い個人の限界」(5)をもつ人ととらえる。現代の日本社会は、この「強い個人の限界」をもつ人びとにとって、決して暮らしやすい環境とはいえない。図9-1に示すとおり、その背景には、経済のグローバル化、雇用の不安定化、地域・家族の紐帯の弱体化、少子高齢化、大震災・大災害等の社会状況の変化がある。これらの変化によって、既存のセーフティネットからも、支援関係（つながり）の網の目からもこぼれ落ち「孤立化」の状態に陥る人びとが増加している。内閣府が設置した「一人ひとりを包摂する社会」特命チームは、国レベルやそれ以外の調査、統計等を中心に分析した結果から、現代の日本社会における「孤立化」の現状について、分野別に次のように指摘している。

第9章　社会福祉におけるソーシャルワークの方法

図9-1　現代社会の諸問題の構造（イメージ）

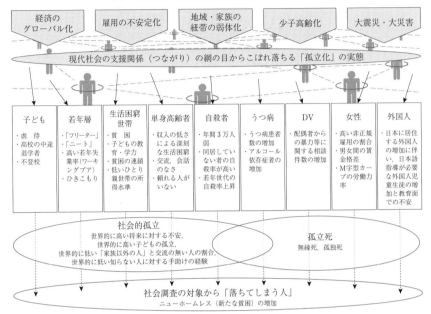

出所：本図は，2011年1月18日に内閣府が設置した「一人ひとりを包摂する社会」特命チームによる「社会的包摂戦略（仮称）策定に向けた基本方針（「社会的包摂政策を進めるための基本的考え方（案）」）」，及び基本方針を取りまとめるプロセスの中で行われたヒヤリングの際の資料（内閣府政策会議「一人ひとりを包摂する社会」特命チーム会議録〔http://www.kantei.go.jp/jp/singi/housetusyakai/　2016年8月1日アクセス〕）を参考にしながら，筆者が作成したものである。

① 子ども

子ども虐待の深刻化，高校の中途退学者，不登校は減少傾向にあるものの高止まりである。また，両親の収入によって明らかに大学進学率の差があることも明らかとなっており，貧困と学力の問題が指摘されている。

② 若年層

いわゆる「フリーター」「ニート」の存在が社会問題化している。「ニート」の中には対人関係や精神的な面に問題を抱える者も少なくない。また，若年失業率も高く，引きこもりの者もいる。

③ 生活困窮世帯

貧困は大きな問題になりつつある。必要な生活物品も確保できない実態もうかがえ,子どもの教育にも影響が生じる貧困の連鎖の問題も生じている。また,ひとり親,特に,母子世帯の所得水準が低い。

④ 単身高齢者

一人暮らし世帯高齢者（単身高齢者）は,一般世帯に暮らす高齢者より,生活が厳しい者も多く,「頼れる人がいない」者や,家族以外と交流・会話がない者もいる。

⑤ 自殺者

自殺者は,減少傾向にあるものの,年間3万人弱と高止まりが続いており,これは世界的に見ても非常に高い。同居していない者の自殺率が高く,若年世代の自殺率も年々上昇している。自殺の背景には,主に四つの要因があり,複数の悩みが連鎖する中で事態が深刻化し,追い詰められた末に亡くなるというパターンがあることが明らかとなっている。連鎖の典型例として,失業→生活苦→多重債務→うつ病→自殺（失業者）,事業不振→生活苦多重債務→うつ病→自殺（自営業者）,配置転換→過労＋職場の人間関係→うつ病→自殺（被雇用者）,子育ての悩み→夫婦間の不和うつ病→自殺（主婦）といったプロセスがある。さらに,虐待・いじめを受けた経験や,職場や立場により自殺に追い詰められるプロセスについても,自殺に関連する要素として着目されている。

⑥ うつ病

うつ病患者数の増加は,自殺との関連で深刻な問題である。同じく増えているアルコール依存とうつ病と自殺は「死のトライアングル」ともいわれている。

⑦ DV（ドメスティック・バイオレンス）

配偶者からの暴力に関する相談件数は年々増加している。

⑧ 女　性

女性の雇用環境には,高い非正規雇用の割合,男女間の賃金格差,M字カーブ（女性の労働力率,15歳以上人口に占める労働力人口：就業者＋完全失業者の割合は,結婚・出産期に当たる年代に一旦低下し,育児が落ち着いた時期に再び上昇する）

等，引き続き取り組まなければならない課題も多い。
　⑨　外　国　人
　日本に居住し製造業・派遣労働を支える外国人が増え，日本語指導が必要な外国人児童生徒の増加等に伴い，外国人児童の教育面等での課題が浮き彫りになっている。

　以上の現状に加え，「無縁死」「孤独死」に象徴される「孤立死」や，将来に対する不安，自分は孤独と感じている「子どもの孤立」，家族以外の人と交流のない人，知らない人に対する手助け経験が少ない人も増えている。社会的に孤立し，生活困難に陥る問題が，「無縁社会」「孤族」などの造語を生み出している。「いい酒飲んで，糖尿病で，路上で寝ている」と揶揄されていたのが，従来のホームレスの問題であった。しかし，現代の「豊かな社会」の中で，昨日までは会社の経営者であった人（「スーツ・ホームレス」），若年者や家族，女性，シングルマザー，子ども等が，いわゆる「ニュー・ホームレス（新たな貧困）」の一面として取りざたされているのである。多くの人にとって他人事だったホームレスの問題が，「自分もホームレスになるかもしれない」という自分事としての問題に変わってきた。[6]
　また，現代社会においては，支援関係（つながり）の網の目からこぼれ落ち，「孤立化」の状態に陥る人びとを社会のメインストリームから排除する「社会的排除」の構造が見て取れる。このような人びとは，社会調査の対象からも「落ちてしまい」，存在すらも知られないまま社会の周縁に追いやられている。「孤立化」の人びとを社会の周縁に追いやることは，能力を発揮することを困難にさせるだけではなく，社会全体の意欲をも低下させる。さらに，貧困や排除の連鎖は，新たな家族形成・次世代育成を困難にし，世代を超えた格差の固定による社会の持続可能な可能性を喪失させることにつながる。「社会的排除」は，日本社会の発展と質の高い国民生活の実現の大きな制約要因となることが危惧される。[7]だからこそ，支援関係（つながり）の網の目からこぼれ落ち「孤立化」の状態に陥る人びとを，ソーシャルワークの射程に据えなければならないだろう。

表9-1 エリクソンによるライフサイクルの諸段階と心理社会的課題と危機

段階	時期	年齢	心理社会的 課題	対	危機	決定的対人関係の範囲	心理社会的行動様式
1	乳児期	0歳—1歳半	基本的信頼	対	基本的不信	母親的人物	得る,お返しに与える
2	幼児前期	1歳半—3歳	自律性	対	羞恥心・疑惑	親的人物	保持する,手放す
3	幼児後期	3—6歳	主導性・積極性	対	罪悪感	基本家族	思い通りにする,まねをする
4	児童期	6—12歳	勤勉性	対	劣等感	近隣・学校内人間	ものをつくる(=完成する),ものを一緒につくる
5	青年期	12—22歳	自己同一性	対	同一性の拡散	仲間,グループ	自分になりきる,他人が自分になることを認める
6	前成人期	22—40歳	親密性	対	孤立・孤独	友情・性愛・競争,協力の関係におけるパートナー	他人の中に自分を見失い,発見する
7	成人期	40—65歳	世代性	対	停滞・自己吸収	(分担する)労働と(共有する)家庭	存在を生む,世話をする
8	老年期	65歳—	統合性	対	絶望	"人類""私のようなもの"(自分らしさ)	過去との持続による存在感,死に直面する

出所:平山諭ほか『発達心理学の基礎と臨床』(ライフサイクルからみた発達の基礎①)ミネルヴァ書房,2003年,42頁を基に筆者修正。

(2) ソーシャルワークとは

ソーシャルワークとは,自由な「強い個人」と,多様な人間存在や社会的不平等との間の矛盾のあれこれを,社会問題として突きつけられた社会が行ってきたその矛盾の解決への組織だった諸活動のことである。[8]「強い個人」の限界を持ち,支援関係(つながり)の網の目からこぼれ落ち「孤立化」の状態に陥る人びとを支援することは,ソーシャルワークの使命である。

したがって,人びとの人生に深く関与することになるソーシャルワークには,人間の発達に関わる理解は欠かせない。

第9章 社会福祉におけるソーシャルワークの方法

図9-2 らせん状のライフコース（イメージ）

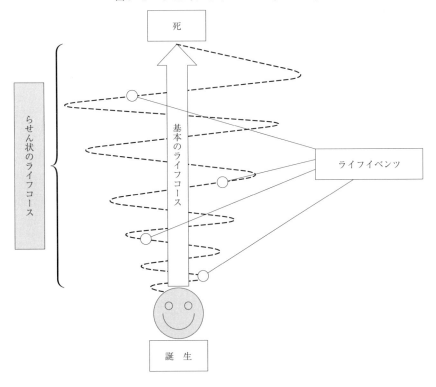

　人間の一生を，ライフサイクルという視点で示したのは，心理社会的発達論で著名なエリクソン（Erikson, E. H.）である。この理論の特徴は，表9-1に示す通り，①人間はつねに社会（取り巻く他者）との相互作用の中で発達していく，②人間は生まれてから死に至るまで生涯にわたって発達する，③人間の一生は八つの発達段階に分かれ，各段階には固有の発達課題がある，④発達は前段階の発達課題の達成を基盤にして，次の発達段階へ進むものである，とした点にある。[(9)]

　このような発達段階をたどる人間は，誕生し必ず死ぬという生命体としての宿命を持つ。これを「基本のライフコース」ととらえ，図9-2の通り一本の線で表した。すべての人間が，全く同じ長さや過程でライフコースを辿ること

157

はない。ライフコースは，誕生から死まで上昇しているが，人生は必ずしも一直線，つまり，順風満帆には進まないものである。発達とともにライフコースを辿る間，その成長を阻む，あるいは脅かす出来事に大なり小なり遭遇する。身近な人との死別，失業，病気，災害等が挙げられる。これらの危機的出来事を「ライフイベンツ」(10)と呼ぶ。私たちのライフコースは，一直線というよりは，むしろ，さまざまなライフイベンツを経験し，対処しながら成長するという観点から図9-2のようならせん状がイメージされよう。

例えば，ライフコースに生ずる深刻な「ライフイベンツ」の問題の一つにある虐待を受け，不登校になっている小学生の場合，近隣や学校内の人間関係の中で「ものを一緒につくる」「完成する」という発達の課題に取り組む体験の機会を奪われる。この状態が長期間にわたって続くと，肉体的には成長し青年期の年齢になったとしても，仲間やグループの中で青年期に「自分になりきる」「他人が自分になることを認める」という課題の取り組みに困難が生じる可能性がある。なぜ虐待が深刻な社会問題として取り上げられ，早期発見，早期介入の重要性が叫ばれるのか。それは，虐待が，人間の発達を阻み，次の発達課題に取り組めないことによって，新たな社会問題，例えば，若者のいわゆる「ニート」「ひきこもり」「依存」等に連鎖していく可能性をはらんでいることを危惧するためである。

このような負の連鎖を断ち切り，「孤立化」を防ぐため，排除される危険のある一人ひとりをどのように支援すべきか。それは，「木を見て森を見ず」的な立ち位置では到底救い出すことができない。つまり，「木も見て森も見る」という全体の構造を見わたす視点を持ちながら，個人を「状況の中にある人（person-in-environment）」ととらえ支援するアプローチが必要となろう。この支援活動の全体を説明する有効な方法の一つに，ソーシャルワークにおけるミクロ・メゾ・マクロの三分法がある。

図9-3は，筆者が「状況の中にある人」に対する支援（アプローチ）の全体構造をイメージしたものである。人が暮らす環境を人-環境のインターフェース（接触面）ととらえ，ミクロ環境，メゾ環境，マクロ環境の三つに分けて整

第9章 社会福祉におけるソーシャルワークの方法

図9-3 ソーシャルワークを駆使した支援（アプローチ）の構造（イメージ）

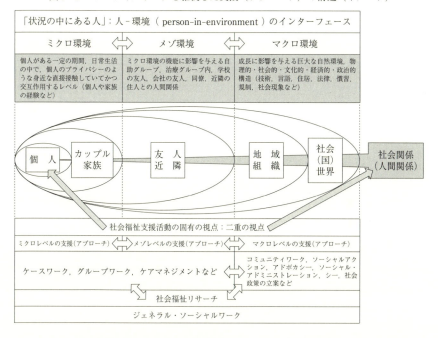

　理した。それぞれの環境は，個人を起点としてつながる社会関係（人間関係）の広がりに対応したものとなっている。ソーシャルワークは，この広がりを活動の守備範囲としてとらえ，個人と個人につながる社会関係の双方に視点を持つ（二重の視点〔dual focus〕[11]）という固有性を発揮し，個人が望む暮らしの実現を個人と協働してめざす。その際，個人が直面する生活課題（ニーズ）は，どことどこの環境のインターフェース（接触面）にどのような不具合があるのかを見極める際の視座として役立つ。また，その不具合を解消するための適切な支援方法を効率的に選択することも可能となる。

　第2節以降では，これら三つの環境に対応する効果的な支援（アプローチ）として，ミクロ，メゾ，マクロのそれぞれのレベルにおける支援（アプローチ）方法を，複数の文献を基に[12]，環境の特徴と対象，求められる支援（アプローチ）・スキル，支援者の役割に分けて概説する。

2　ミクロレベルの支援（アプローチ）

（1）環境の特徴と対象
　ミクロ環境の範囲は，個人がある一定の期間，日常生活の中で，個人のプライバシーのような身近な直接接触していてかつ交互作用する環境である。その関係は，人間の直接的対面的接触を通じて発達を促進したり妨げたりする最小の相互作用関係である。対象としては，個人，カップル，家族，友人，クラスメート等と多様である。例えば，子どもの成長によってミクロ環境が大きく複雑になる点では，家族関係や発達状況との関連が重要な構成要素となる。

（2）求められる支援（アプローチ）方法・スキル
　ミクロレベルの支援（アプローチ）におけるソーシャルワークは，利用者と直接接触しながらサービスを提供するため，直接実践あるいは臨床実践と呼ばれる。ソーシャルワークにおける固有の方法として，ケースワーク，グループワーク，ケアマネジメント（新しい人や直接接触する資源の導入・調整・改善）等がある。ミクロレベルでは1対1の支援を基盤としているので，相談支援（カウンセリングを含む）技術，直接的サービスの提供，直接的介助やケア，教育・指導的支援，情報提供支援，ソーシャル・ネットワークの強化，弁護的支援（権利擁護や代弁機能を含む）等，パーソナルなアプローチにおける多様なスキルを活用することとなる。

（3）ミクロレベルの支援におけるソーシャルワーカーの役割
　ミクロレベルの支援においてソーシャルワーカーは，以下の役割をとる。
　① 危機介入をする人
　利用者の身体的・心理的・社会的・スピリチュアルな側面に危機的な生活の課題があるかどうかアセスメントし，積極的に介入する。
　② 解決の動機を高め解決を可能ならしめる人

利用者の語りを傾聴する。苦しみに共鳴しながら，積極的にライフ・ストーリーについて耳を傾けて聴く。その際，利用者が自分自身の現状を正しく理解し解決方法を適切に選択できるよう，インフォームド・コンセントやインフォームド・チョイスのための支援を行いながら，必要なサービスを受ける動機づけを高める。そのようなプロセスの体験を通して，対象者をエンパワーする。

③ 課題解決のガイドをする人

課題解決の地図を示しながら，課題解決の旅（プロセス）の方向性をガイドする。また，利用者が，旅の途中で迷って前に進めないような状況の時には，利用者自身で軌道修正ができるようガイドする。

④ 課題解決のプロセスを伴走する人

課題解決の旅は，必ずしも一方向ではなく行きつ戻りつであり，長い道のりであることから，一人ひとりの健康状態や生活状況に応じ，忍耐強く伴走する。

⑤ 権利を守る人（アドボケイター，メディエーター）

利用者が，不利益（サービスが受けられないなど）やスティグマ，差別等によって，基本的人権を侵害されていないか否かについてアセスメントやモニタリングを行い，侵害が認められる場合には，利用者とともに是正に向けた介入，調停等を行う。

⑥ 教 育 者

利用者に教育的プログラムを提供することによって情報交流過程を促進させ，利用者が生きづらさの課題を客観的にとらえることができるよう助言する。

3　メゾレベルの支援（アプローチ）

(1) 環境の特徴と対象

メゾ環境は，利用者を含む二つあるいはそれ以上のミクロシステム間の相互作用関係や，利用者を直接的に含まないが，その個人に重要な決定を与える二つ以上の相互作用関係のことといえる。すなわち，ミクロ環境の機能に影響を与える自助グループ，治療グループ内，学校の友人，会社の友人，同僚，近隣

の住人との人間関係のことである。対象としては，子どもの学校と仲間と家族関係，施設入所の高齢者とソーシャルワーカーと家族関係，親の職場，兄弟姉妹の学校クラス，家族の友人や仲間等である。ミクロ環境間の結びつきが多く多様かつ複雑になることは，メゾ環境の発達に強い影響を与える。例えば，親の職場で起こった出来事は，支援対象の子どもの状況を変化させるように，外部の諸力もメゾ環境と同様の影響力を有する。

（2）求められる支援（アプローチ）方法・スキル

　メゾレベルの支援（アプローチ）において，ソーシャルワーカーは，利用者が直接に影響している環境を変化させることに向け介入する。ソーシャルワークにおける固有の方法としては，ミクロレベルの支援（アプローチ）と同様の支援方法が求められるが，特に，グループワーク等，集団を媒介にしたスキルの活用が効果的である。

（3）メゾレベルの支援におけるソーシャルワーカーの役割

　メゾレベルの支援において，ソーシャルワーカーは，以下の役割をとる。
　① 指導者
　自己開発能力を構築させるための教育をする。
　② 集団を媒介にして解決を図る人（グループワーカー）
　仲間と出会い，問題解決の動機づけが高まるよう集団を媒介にしたグループワークを行う。
　③ 連携を創る・行う人
　セーフティネットからこぼれ落ちることを防ぎ，切れ目のない（シームレス〔seamless〕）支援を保障するため，必要な部署，多職種，対象者同志がつながるよう連携のシステムを創り，システムが機能するようファシリテートする。
　④ 組織を開拓する人（パイオニア，チェンジ・エージェンシー）
　集団や組織にある偏見や「差別的排除」に取り組み，集団や組織が必要で適切なサービスも提供できるよう組織にある資源を開拓する。

4 マクロレベルの支援（アプローチ）

（1）環境の特徴と対象

　マクロ環境は，成長に影響を与える巨大な自然環境，物理的・社会的・文化的・経済的・政治的構造（技術，言語，住居，法律，慣習，規制，社会現象等）のことである。すなわち，ミクロ，メゾの環境に示されるように直接的な環境で起こる社会構造や活動に影響を与える「青写真」を社会に提供する。対象は，イデオロギー，習慣，ライフスタイル，法律・政策，多様な資源等である。例えば，社会の暴力に対する意識やプライバシーに関する考え方は，個別の子どもや家族への虐待問題や支援方法に影響を及ぼしている。

（2）求められる支援（アプローチ）方法・スキル

　マクロレベルの支援（アプローチ）において，ソーシャルワーカーは，組織やコミュニティ等の環境に対して働きかけることが求められるため，政治のスキル（アドボカシー，法的行動をとる，証拠を提示する，交渉する，組織化する，広報活動する，デモンストレーション）が重要となる。ソーシャルワークにおける固有の方法としては，コミュニティワーク，ソーシャルアクション，アドボカシー，ソーシャル・アドミニストレーション，社会政策の立案，資源改善のためのコンサルタント，資源のネットワーキング等の活用が効果的である。

（3）マクロレベルの支援におけるソーシャルワーカーの役割

　マクロレベルの支援において，ソーシャルワーカーは，以下の役割をとる。
　① 計画者
　調査と計画化を通してプログラムの調整と政策の発展を行う。
　② 同業者・監視者
　専門的正確さに対する相談・先達・支持を行う。

③　活　動　家

ソーシャルアクションを通して，社会変革に力を注ぐ。

④　触　媒　者

学際的な活動を通して地域サービスを刺激する。

⑤　出向いて行く人

地域教育を通して社会問題や社会的サービスについて公的情報を伝える。

⑥　調査者・学習者

知識開発の発見に従事する。

ま と め

　ブトゥリム（Butrym, Z. T.）は，社会福祉固有の方法であるソーシャルワークの本質をアイデンティティとし，その枠組みをパールマン（Perlman, H. H.）のいう「問題解決モデル」に見出し，それをソーシャルワーク実践モデルとして高く評価している。(13)ブトゥリムによると，ソーシャルワークは専門職であるが，その機能と作用の仕方は時代の社会構造のさまざまな変化の過程から大きな影響を受けているがゆえに，一貫性や論理性がないまま親切心さえあれば誰でもできるかのように見なされていると指摘する。その一方で，社会が直面する問題の予防，統制，除去には，ソーシャルワークが大きな社会的権限と責任を担っており，それらを実践するソーシャルワーカーの知識と能力に対する社会の信頼の大きさについても強調する。(14)

　ブトゥリムが指摘する「時代の社会構造のさまざまな変化の過程から大きな影響を受けている」ソーシャルワークであるから，社会の構造をミクロ，メゾ，マクロ環境からダイナミックに，かつ鋭くとらえるクリティカルな視座を持つことが求められよう。(15)その際，社会構造が人間の発達に及ぼす影響に関する知識が役立つ。このような活動を通して，ソーシャルワークは，人びとの「生きづらさ」に接近（アプローチ）する社会的権限と責任を果たすことになると考える。

注

(1) コノプカ，ジゼラ／前田ケイ訳『ソーシャル・グループワーク——援助の過程』全国社会福祉協議会，1982年，51頁。
(2) 同前書，51-52頁。
(3) 同前書，63頁。
(4) 岩田正美ほか『社会福祉入門』有斐閣，1999年，10頁。
(5) 同前書，11頁。
(6) 岩田正美『現代の貧困——ワーキングプア／ホームレス／生活保護』ちくま新書，2007年，96-110頁。
(7) 「一人ひとりを包摂する社会」特命チーム「資料／社会的包摂政策をすすめるための基本的考え方（案）」内閣府，2011年，2-3頁。
(8) 岩田正美ほか，前掲書，15頁。
(9) 川瀬正裕ほか編『新自分探しの心理学——自己理解ワークブック』ナカニシヤ出版，1997年，128-130頁。
(10) 松井二郎「社会福祉実践の原理」仲村優一ほか編『社会福祉実践の基礎』（講座社会福祉④）有斐閣，1981年，32頁。
(11) 山崎美貴子・北川清一編『社会福祉援助活動』岩崎学術出版社，1999年，17頁。
(12) 引用，参考にした文献は次の通りである。
　　　岡本民夫ほか編『ソーシャルワークの技能』ミネルヴァ書房，2004年，87-92頁。
　　　黒木保博ほか編『ソーシャルワーク』中央法規出版，2004年，22-30頁。
(13) ブトゥリウム，ゾフィア・T.／川田誉音訳『ソーシャルワークとは何か』川島書店，1986年，22-27頁。
(14) 同前書，iv-v頁。
(15) 北川清一ほか『演習形式によるクリティカル・ソーシャルワークの学び——内省的思考と脱構築分析の方法』中央法規出版，2007年。

参考文献

尾崎新編『「ゆらぐ」ことのできる力／ゆらぎと社会福祉実践』誠信書房，1999年。
神田橋條治『追補 精神科診断面接のコツ』岩崎学術出版社，1994年。
ジョンソン，L. C.・ヤンカ，S. J.／山辺朗子・岩間伸之訳『ジェネラリスト・ソーシャルワーク』ミネルヴァ書房，2004年。

第10章　社会福祉におけるソーシャルワークの担い手

はじめに

　ソーシャルワークが対象とする課題は，人間の発達を阻むものとして想定される死別，失業，病気，災害等，多様なライフイベンツ（危機的出来事）への対処である。ライフイベンツは，人間に身体的，精神的，社会的な苦しみをもたらし，課題を自力で達成する力を抑圧したり奪ったりする。ソーシャルワークにおける支援関係の定義化に貢献した研究者の一人であるコノプカ（Konopka, G.）の考え方に依拠するならば，危機的なライフイベンツに直面した時，人間は家族や友人，隣人等の身近な人的資源に橋を架け，他者からの支援を求め得る。他者も，支援する行為を通して相手に対する関心や信頼感を促進し，成長の達成を得る。環境に内包された自分（全体的個体）と相手（集団も含む）との助け合いの相互関係は，人間にとって欠かすことのできない普遍的な支援関係（Helping Relationship）ととらえることができ，ここにその意義が示されよう。すると，支援関係とは，すぐれて人間の発達・成長を促進する発達維持装置としての役割を果たすものと考えられる。

　本章では，社会福祉において，人間の発達・成長を促進する発達維持装置の役割を果たすソーシャルワークの担い手について，図10-1を基に概説する。

1　ソーシャルワークの主体と客体

（1）ソーシャルワークの主体

　主体とは，自覚や意志に基づいて行動したり作用を他に及ぼしたりするもの

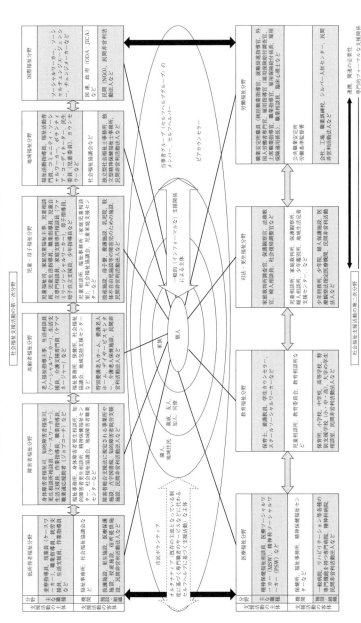

図10-1 ソーシャルワークの担い手（主体、客体）の例示

注：各分野の実践機関・施設は、主に根拠法に基づく機関や施設、組織の一部を示している。
出所：本図は、村田典子が作成した図「社会福祉援助の実践分野・施設の例示」（北川清一・山崎美貴子編『社会福祉援助活動』岩崎学術出版社、1998年、142頁）を基に、筆者が現在の実情に合わせ、一部加筆修正をしたものである。

第10章　社会福祉におけるソーシャルワークの担い手

を意味する。ソーシャルワークの場合の主体は，支援を提供する人のことである。ここでは，主体を大きく三つに分けてみたい。

　一つは，伝統的な主体である。これは「人間労働を行う勤労者」[3]として，既存の主流となっている制度（福祉六法や精神保健福祉法など）に基づき，専門的支援関係を取り結びながらかかわる専門職種である。図10-1の通り，低所得者福祉，障害者福祉，高齢者福祉，児童・母子福祉，地域福祉，国際福祉，医療福祉，教育福祉，司法・更生福祉，労働福祉のいずれかの機関，施設・組織に所属しながら，利用者への相談支援や関係機関との調整等を行う。社会福祉固有の支援技術，すなわち，専門的支援関係を取り結びながらのソーシャルワークを活用するため，総称してソーシャルワーカー，ケースワーカー等と呼ばれることもあるが，分野によって法令上の名称が異なる。例えば，福祉事務所であっても低所得者分野では，生活保護法に基づき査察指導員，現業員（ケースワーカー）等という職名になる。一方，児童福祉分野では，児童福祉法に基づき家庭児童福祉主事等の職名となり，仕事の範囲や役割の違いによって独自の呼称が設けられている。

　二つは，専門的支援関係とは異なる情緒的な関係を基盤とする家族，親戚，友人，知人，同僚，隣人，地域住民等，一般的支援関係を取り結び支援する主体である。三つは，伝統的主体に代わるセルフヘルプに基づくオルタナティブな主体[4]として，市民ボランティア，当事者グループ（セルフヘルプグループ）のメンバー，ピアカウンセラー等である。

（2）ソーシャルワークの客体

　客体とは，主体の認識・行為等の対象となる者である。ソーシャルワークにおける客体とは，支援，すなわち，人間労働やモノ（物財）を源泉とする有用的働き・作用が差し向けられる領域のことであり，支援の効果が現れる具体的な場を指す。[5]

　支援の客体領域は，図10-1に示す通り，伝統的に社会福祉固有の支援技術であるソーシャルワークによる支援が第一義的目的となる第一次分野（primary setting）と，第一義的目的は社会福祉以外の職種によるサービス提供であり，その目的達成を側面的に支えるためソーシャルワークが用いられる第二次分野（secondary setting）に分類される。[6] 第一次分野は，低所得者福祉，障害者福祉，高齢者福祉，児童・母子福祉に，地域福祉，国際福祉を加えている。第二次分野は，医療福祉分野，教育福祉分野，司法・更生福祉分野，労働福祉分野である。各分野には，支援の効果を最大限に発揮する第一線の機関，施設・組織がある。機関の運営は，国，地方公共団体が挙げられる。施設・組織の運営は，国，地方公共団体の他，学校法人，社会福祉法人，一般社団法人，非営利活動法人（NPO），民間企業，個人開業の独立型等，多様である。また，近年になり注目されている市民ボランティアや当事者グループ（セルフヘルプグループ）等，オルタナティブな支援活動と伝統的な支援活動の客体が連携，協働する形で支援活動の成果を出している。オルタナティブな支援活動は，第一次分野，第二次分野の客体に比べると，社会福祉サービスの提供における即効性，柔軟性に優れている。したがって，活動の場を限定することなく，本人が暮らす自宅や地域にあるコミュニティセンター等，幅広い場で活動できる客体として期待が高まっている。

2　専　門　職

（1）ソーシャルワークに専門職が必要とされる理由と背景

　支援関係が，希薄，歪み，断絶，遮断等，何らかの障壁により発達維持装置として機能しにくい状況に陥る場合もある。図9-1に示すように，例えば，虐待，家庭内暴力（ドメスティック・バイオレンス＝DV），ホームレス，アルコール依存等，現代社会における諸問題は，支援関係の障壁と深く結びつきながら，人間を社会的孤立・孤独や社会的排除・摩擦へと追い込む。その結果，人間の発達は阻害され，生命維持は危険な状態に陥り，存在が脅かされることになりかねない。

　このような状況に直面する人びとが，自力で支援関係の障壁を取り除き，再

第10章 社会福祉におけるソーシャルワークの担い手

び発達の課題に取り組むことは容易でない。そのあり様を「生活モデル（life model）」理論を打ち出したジャーメイン（Germain, C. B.）は「貧困者・老齢者・児童・異常者・被差別者など，社会的アウトサイダーと呼ばれるような人びとにとっては，現代社会の中で生活していくことは，至難の業に違いない。これらの市民は，常に変化している環境に対処したり，人間としてのニーズを満たすことが困難な状況を克服しようとする時，様々な体験や，社会的組織（家族・学校・教会・病院・住居・刑務所など）による不適切な反応をとおして，自分の『力量（コンピテンス）』について自信を喪失していくのである。コミュニティ機関，プログラム及びサービスは，市民が適応し生産的な生活をする為に必要な資源に結び付ける窓口は，『公害』（pollution）によってうまく機能しておらず，適応のニーズは満たされていない[7]」と指摘する。

　現代社会の諸問題に直面する人びとは，支援関係そのものの障壁だけではなく，求めた支援が適切でないことによってニーズが満たされず，自信を失い（自己肯定感が低くなる），その結果，発達の課題に取り組む力が脆弱化するという悪循環に陥りやすい。悪循環から抜け出し，発達を継続させるには，個人の変容を促すだけでこれを達成することは困難である。「人と環境との双方を視座に入れた二重の焦点（dual focus）[8]」でそれらの接触面（インターフェース＝interface）の状態への働きかけが必要とされる。つまり，個人の内発的な取り組みの動機づけを促進し，課題に取り組む力量を引き出し促進することと同時に，個人が最大限に力量を発揮することができるような環境の応答性を高める支援である。この場合，友情や愛情，思いやり等を中心とした情緒的要素で取り結ばれる一般的支援関係とは区別される。すなわち，専門的支援関係を基盤とした専門職による支援が必要となろう。

（2）ソーシャルワーカーが取り結ぶ**専門的支援関係**

　ソーシャルワークの主体である専門職による専門的支援関係とは，どのような関係なのであろう。ソーシャルワーカーとして臨床経験を積み，対人支援職のスーパービジョンを行っている奥川幸子が表10－1の通り，一般的支援関係

171

表10-1 専門的支援関係と一般的支援関係

一般的支援関係	専門的支援関係 (専門的なコミュニケーション技術が必要)
①自然発生的に始まる。	①特定の目的がある。 　個別的な支援目標と最終ゴールがある。 　契約概念が入る。
②二人,またはそれ以上の人びととの間の暗黙上の契約と理解。	②利用者に焦点があてられる。 　関心の中心は利用者にある。
人間関係の距離や質が異なる	
◎(友情関係の場合)相互の友情を目的としている。	◎友情に基づくのではなく,ほとんどの場合報酬がある。
③個人や集団が情緒的,社会的,精神的,認知的,身体的に成長することを助ける。→すべてか,または一面の成長を助ける。	③利用者のニーズに基づく。 　客観的なやり方で自分を惜しみなく提供する(気持ちも入れる)。 ・容量は大きければ大きいほどいい。 ・訓練と経験で容量は大きくなっていく。
④双方が同等に自分たちについての情報を与え合い,互いに助けたり助けられたりする。 ・普通の会話ならgive&takeの関係。めいめいが自分のことをしゃべっていい。	④被支援者が個人的な情報を提供するのに対して,支援者はそれを聴き,専門的な役割や知識に基づいて情報やサービスを提供する。 ・話は一方向(利用者)に向かう。 ・利用者に集中する。
⑤期間:支援期間は不定(例えば親子の関係は一生涯にわたって続くが,友人関係の場合は一時的であるかもしれないし,永遠に続くかもしれない)。 頻度:関わり合いの一貫性は不定。	⑤支援関係の時間,場所,期間,範囲が限定されている。
	⑥専門職基準として倫理綱領による指針の中で独自な人間として自己を表現するよう努める。
共通の要素:ケア,関心,信頼感の促進と成長の達成,行動・頻度・感情に現れる変化など	

出所:本表は,奥川幸子が作成した「一般的援助関係と専門的援助関係」(『身体知と言語/対人援助技術を鍛える』中央法規出版,2007年,205頁)を,筆者が一部修正(「援助」を「支援」に,「クライエント」を「利用者」に)したものである。

と区別して,その特徴を実践に即しわかりやすく分類しているので,その内容を整理し概説してみたい。

1)限定された意図的な関係

専門的支援関係は,限定された時間,場所,期間,範囲,支援方法によって効率的に形成される意図的でほとんどが報酬を伴う関係である。一般的支援関

係は give & take の相互扶助的関係であるが，専門的支援関係では，ソーシャルワーカーが利用者のニーズに基づき，利用者から提供された個人的な情報を聴き，専門的な役割や知識に基づいて情報やサービスを提供する。話しは一方向に向かい利用者に集中する。一般的支援関係では，支援期間や頻度は不定であるが，専門的支援関係では必ずゴールが設定される。

2）ソーシャルワーカーの明確な役割や知識に基づく関係

専門的支援関係におけるソーシャルワーカーは，被支援者を利用者ととらえ，ソーシャルワーカーの役割を自覚し，徹底して利用者の気持ちを受け入れ，ソーシャルワーカーとしての自分を客観的なやり方で惜しみなく提供する。双方が同等に自分たちについての情報を与え合い，互いに助けたり助けられたりする一般的支援関係とは異なる。

3）ソーシャルワーカー側の支援の容量が反映される関係

専門的支援関係では，利用者のありのままの状況を受け入れる容量の大きさが問われる。容量は，大きければ大きいほどよく，訓練と経験で大きくなっていく。

4）ソーシャルワーカーの支援行動が倫理綱領に規定される関係

専門的支援関係は，一般的支援関係と比べて情緒的には冷静な関係であるが，温かさと，利用者を理解し「受容（受け入れる）」しようとする姿勢，どのような相手でも尊重する倫理的態度が要求される。

5）人間関係の距離を絶妙にとりやすい関係

専門的支援関係では，職業倫理，専門的知識，専門技術を身に付けたソーシャルワーカーが，利用者の秘密を守り，直面する困難な事態の解決を支援し解決したら終了する関係であるため，利用者にとっては，一般的な支援関係で話しにくい内容の事柄を開示しやすい状況が生じる。つまり，人間関係の距離を絶妙にとりやすい関係なのである。

以上のことから，両者の違いは，支援関係における意図や役割等の枠組みや距離，質にある。ソーシャルワーカーは，家族や親族，友人や同僚等との自然

発生的な情を基礎とした一般的支援関係と異なる。それは，専門的支援関係を取り結びながら，特定の目的の下で利用者と利用者の持つニーズに焦点を当て[9]，利用者の課題解決を意図的，側面的に支援する主体なのである。

3　当事者グループ——オルタナティブな支援①

（1）オルタナティブな支援

　伝統的なソーシャルワークと併せ，人びとのニーズに応える新たなソーシャルワークの主体として期待が高まっているのがピアサポーター，ピアカウンセラー，セルフヘルパー等と呼ばれる人びとによるオルタナティブな支援である。
　オルタナティブな支援とは「障害者は障害者の専門家である」という「哲学」に基づき「自分たちが自分たちを援助してきた方法に関する体験的知識に基づいて援助する方法」である。オルタナティブな支援の要件は，①障害者たちによる運営，②障害者が障害者に提供する支援，③セルフヘルプ運動に基づいた運営，④体験的な知識に基づいた活動と運営，⑤利用者の直接的かつ具体的なオーダーに基づいた活動と運営，⑥完全な自由意思に基づく利用者による支援の選択と決定，⑦利用者が参加する場面を選ぶ権限，⑧利用者による支援の方法の選択と決定の権限，⑨利用者による利用者に関する情報の入手，⑩誰でも支援できる能力があるという考え，が挙げられる。
　オルタナティブな支援の場（客体）は，当事者グループ（セルフヘルプグループ）の事務室の一室，地域活動支援センター等の社会福祉機関，自宅，医療機関，フリースペース，マック（MAC）やダルク（DARC）等[10]，多種多様である。したがって，オルタナティブなソーシャルワークは，伝統的なソーシャルワークに比べると，人びとの暮らしのより身近な所にあり，必要な時には，いつでも気軽に活用できるという利便性に優れた支援ととらえることができる。

（2）オルタナティブな支援活動を行う当事者グループとは

　当事者グループ（セルフヘルプグループ）とは「何らかの問題・課題を抱えて

いる本人や家族自身のグループ」であり，わが国では総称して当事者グループと呼ばれてきた。しかし，近年，国外の文献が日本で紹介されるようになると，当事者グループは，セルフヘルプグループの意味づけと同じように活用されるようになり，そのままカタカナで「セルフヘルプグループ」と表記され定着しつつある。

　当事者グループの特徴，機能について，久保紘章は，カッツ（Katz, A. H.）の文献をもとに次のように整理している。

　構造的特徴として，①当事者グループには小集団の特徴と同様の特徴が見られる。②当事者グループは「問題中心」であり，特定の問題に対して組織化されている。③グループメンバーは仲間同士（ピア〔peer〕）であり，メンバー同士には問題の共通性と相互性がある。④当事者グループには共通のゴールがある。⑤アクションする時には「グループ・アクション」である。⑥他者を支援することはグループの規範である。⑦ソーシャルワーカーの果たす役割は当事者グループの中でまちまちで一定しない。⑧当事者グループのパワーとリーダーシップは仲間と水平的な（横の）関係でなくてはならない。

　また，機能的特徴としては「コミュニケーション」が垂直的（上下関係）でなく，水平的（横の関係）である。①メンバーの「パーソナル・コミットメント」はすべての当事者グループにとっての必須要件である。②メンバー一人一人は自分の活動に責任を持つ。③「アクション」に志向されている。「行うこと」によって学び，「行うこと」によって変えられる。

（3）当事者グループの機能

　当事者グループの機能は，①参加するメンバーのアイデンティティの再建や自尊心の改善を有効に働きかけるためのグループ・プロセスの機能，②当事者グループに属する人びとに共通する生活条件，態度，認知といった特徴の中で問題をつくりだすような悪循環を断ち切り，再発に対する持続的な防御を供給する「認識の解毒剤（cognitive antidote）」としての機能，③支援の与え手と受け手が共通の問題を抱えており，そのことから生じる深いレベルで実感を伴う

共感と内的理解によって，烙印（stigma）によって限定されることなく，自らを積極的に受け入れることが可能となり，メンバーの自尊心が高まり，支援を受ける能力を増すというヘルパー・セラピー原則の機能，④実用的・実践的で「今ここで（here and now）」の方向性を持ち，全体的・包括的（holistic and total）な特性を持つ体験的知識の機能，⑤従来の専門的組織や専門職による支援を問い直す批判的役割の機能，⑥当事者グループに参加することで，その相互支援のダイナミクスによって変化がもたらされ，当事者が「力」を得ていくグループ・ダイナミクスの機能，⑦当事者グループに参加するメンバーが，活動を通じて力を獲得し（empowerment），セルフヘルプの精神（the Self-help Ethos）を醸成することを通じて，ヒューマン・サービスの実践や，公共政策の再構成に貢献し得る力の獲得の機能等である。

（4）当事者グループの種類

当事者グループの種類を問題別に整理すると，表10-2の通り，①身体的な病気の人びとのためのグループ，②精神的な病気の人びとのためのグループ，③公害，薬害，犯罪等の被害者としての権利の擁護を社会に働きかけるグループ，④主に行動，人間関係に関連する脅迫的な状態を改善する人びとのためのグループ，⑤主に物質に関連する脅迫的な状態を改善する人びとのためのグループ，⑥障害を持つ人びとのグループ，⑦暴力や一方的な行為等に関連する問題を持つ人びとのグループ，⑧人生における危機や変化に対する人びとのためのグループ，⑨病気ではないが生活スタイルの変更を強いられる等の課題がある人びとのグループ，⑩家族等の周囲の人びとのグループ，⑪同じような状況と志を持ち，社会的なサポートを必要とする人びとのグループ，に分けられる。

当事者グループは，人びとの暮らしにもたらされる，あらゆる苦しみにかかわるため，分類も固定されることをめざさず，人びとのニーズに合わせ柔軟に変化していく客体の役割を果たすことが望ましい。

第10章　社会福祉におけるソーシャルワークの担い手

表10-2　当事者グループの種類，特徴，組織の例示

当事者グループの種類	メンバーの特徴	組織の例示
①身体的な病気の人びとのためのグループ	肝臓病，脳卒中，がん，糖尿病，難病，リューマチ，ぜんそくなどの病とともにある人びとなど	全国肝臓病患者連合会，あけぼの会（乳がん手術体験者の会），日本糖尿病協会，日本リウマチの友の会，日本ALS（筋萎縮性側索硬化症）協会，あせび会（希少難病者全国連合会）など
②精神的な病気の人びとのためのグループ	統合失調症，自閉症，てんかん，うつ病，神経症，発達障害，不登校などの問題に直面する人びとなど	全国精神保健福祉連合会，日本自閉症協会，日本てんかん協会など
③公害，薬害，犯罪などの被害者としての権利の擁護を社会に働きかけるグループ	イタイイタイ病，サリドマイド被害，じん肺被害，薬害被害者の家族，犯罪被害者の家族，拉致被害者の家族，飲酒運転被害者の家族など	イタイイタイ病対策協議会，いしずえ（サリドマイド被害者），全国薬害被害者団体連絡協議会，全国犯罪被害者の会，北朝鮮による拉致被害者家族連絡会，飲酒・ひき逃げ事犯に厳罰を求める遺族・関係者全国連絡協議会
④主に行動，人間関係に関連する強迫的な状態を改善する人びとのためのグループ	強迫神経症，摂食障害，買い物依存，ギャンブル依存，虐待，家庭内・カップル間の暴力の問題に直面する人びとなど	NABA（摂食障害），GA（ギャンブル・アノニマス）など
⑤主に物質に関連する脅迫的な状態を改善する人びとのためのグループ	アルコール依存症や薬物依存症など依存性物質に依存することが止められない状況に直面する人びとなど	全日本断酒会連盟，AA（匿名のアルコール依存症者の会），NA（匿名の薬物依存症者の会）MAC（マック），DARC（ダルク）など
⑥障害を持つ人びとのグループ	身体（脊髄損傷などを含む），視覚，聴覚などの障害とともにある人びとなど	日本障害者協議会，全国脊髄損傷者連合会，全日本難聴者・中途失聴者団体連合会，日本ろうあ連盟など
⑦暴力や一方的は行為などに関連する問題を持つ人びとのグループ	虐待を受けた子ども，レイプの被害にあった人びとなど	全国被害者支援ネットワーク，日本トラウマ・サバイバーズ・ユニオンなど
⑧人生における危機や変化に対する人びとのためのグループ	離婚した人びと，親しい人を亡くした人びと，シングルマザー・シングルファーザーの人びとなど	自死遺族の会，しんぐるまざあず・ふぉーらむなど
⑨病気ではないが生活スタイルの変更を強いられるなどの課題がある人びとのグループ	LGBTs（「L＝レズビアン」「G＝ゲイ」「B＝バイセクシュアル」「T＝トランスジェンダー」の頭文字と「s＝その四つではないが性や恋愛に関するいろいろなこと」）の人びとなど	動くゲイとレズビアンの会など
⑩家族などの周囲の人びとのグループ	精神障害者の家族，認知症の病の家族，障害児の親，川崎病の子を持つ親，がんの子どもを持つ親，依存症家族など	全日本手をつなぐ育成会連合会，呆け老人を抱える家族の会，全国重症心身障害児（者）を守る会，川崎病の子を守る親の会，がんの子供を守る会，アラノン（アルコール依存症の家族の会），アラティーン（アルコール依存症の家族をもつ若者の会），ナラノン（薬物依存症の家族の会）など
⑪同じような状況と志を持ち，社会的なサポートを必要とする人びとのグループ	例えば，移民してきた人びと，難民の人びとなど	難民を助ける会，多文化共生センターなど

出所：本表は，岩田泰夫の文献（『セルフヘルプグループへの招待／患者会や家族会のすすめ方ガイドブック』川島書店，2008年，66-68頁）や，神奈川ボランティアセンターが刊行した『当事者活動ハンドブック』（1998年）を参考に，筆者が整理し作成したものである。

4　市民ボランティア——オルタナティブな支援②

（1）ボランティアの語源と定義

　わが国では，1980年代以降，高齢化などを背景にボランティア活動が急速に広がっていった。ボランティア活動は，現在，人びとの暮らしに欠かせないオルタナティブな支援活動として認識され，定着をみせている。その契機となったのは，1995年に発生した阪神・淡路大震災である。多くの被災者の生命を救い出し，生活再建を支援するボランティア活動は「ボランティア革命」「ボランティア元年」と呼ばれるほど，日本社会のあり方やボランタリズム思想に対して大きなインパクトを与えた。(13)

　ボランティア（Volunteer）の語源は，ラテン語の「Volo ウォロ（意思がある）」で，英語では「Will」に相当する。これが，「Voluntas ウォルンタース（自由意思）」へ変化し，1896年に「The Volunteer of American」が結成された際に，「Voluntas＋er（人を表す）」で「Volunteer」という造語が誕生した。現在は，名詞として「志願兵，篤志家，ボランティア活動をする人」，動詞では「自らすすんで行う，自発的に行動する，志願する」として広く普及し，活用される言葉となっている。(14)ボランティアと混同されやすい「奉仕」は「神仏，天使，君主，師などに謹んで仕えること，私心を捨て国家・社会や他人のために献身的に働くこと」であり，ボランティアとは異なる意味を持つ。また，わが国では「コミュニティサービス（地域貢献活動）」をボランティア活動に含めているが，この活動は，地域社会の一員として果たすべき責務ととらえ，必ずしも自由意思による行為でないことから，(15)ボランティア活動と区別する必要がある。

　ボランティアに関する世界共通の定義はないが，国ごとに定義化されている。わが国では，統一した定義がないものの，文部科学省は「個人の自由意思に基づき，その技能や時間などを進んで提供し，社会に貢献すること」としている。

(2) ボランティア活動を支える倫理・行動原理――ボランタリズム

　ボランタリズムとは，ボランティア活動を支える基本的な理念であり，次のような行動原理がある。

　① 自主性と主体性

　他人からの強制や義務としてではなく，自分なりの意識を持ち主体性を持って行う。

　② 社会性と連帯性

　誰もがいきいきと豊かに暮らしていけるよう，仲間と支え合いながら活動を行う。また，自分と考え方が違う人に会っても理解できない人と決め付けず，多様な価値観を認め合う。

　③ 創造性と開拓性と先駆性

　今，何が必要とされているのかを考えながら，よりよい社会を自分たちの手でつくり出していく。

　④ 経済的な報酬が目的ではない

　無償無給であるが，お金では得られない出会いや発見，感動・喜びという報酬がある。

　岡本栄一は，これらの行動原理と併せて「批判性」を加えている。すなわち「ボランタリズムは戦争などの国難，共同体の危機，困難を抱えている隣人の存在，人権の問題等々を自己の問題とする精神である。これは歴史的には腐敗や不正と闘い，また，文化や教育や医療（疾病），社会福祉（生活障害）などを住民（市民）の側から防ぎ，開発し，制度化（立法化）し，運動化し，事業化してきた精神である。（中略）ボランタリズムは，その意味で制度や慣習にとらわれない批判性，創造性，開拓性を財産として内包する。これは，いわばボランティア活動を支える精神的源泉である」[16]と言及している。したがって，ボランティア活動とは，単なる「行政の穴埋め」役にとどまらない，市民運動であり連帯的なヒューマニズムと民主主義的な人権思想という普遍的な価値を有する活動として「自由権」「参加権」を行使することであり，市民・住民運動の

一形態(17)ととらえることができよう。

（3）ボランティア活動の現況とタイプ

　全国社会福祉協議会が把握する日本のボランティアの人数（ボランティア団体に所属するボランティアの人数と個人で活動するボランティアの人数の合計）の現況（2015年3月末現在）は，760万9,487人にのぼる。約35年前（1980年）の160万3,452人に比べると，約5倍増えている(18)。専門職とは違う市民によるオルタナティブな主体が増加したのは，地域福祉施策，福祉教育，災害，企業の社会貢献（フィランソロピー），学校教育など幅広い領域において多様化する地域の生活課題の解決にボランティア活動が注目され，積極的に導入されるようになったことが背景として考えられる。

　したがって，ボランティア活動のタイプも，ゴミ拾い，登下校する児童の付き添い等，誰もが安心して暮らせる「福祉の街づくり」を推進する地域型と，子育て支援，障害者支援，高齢者支援，収集・募金，自然保護，国際協力等，対象を定めて活動を行う機能型と大きく二つのタイプに分けられ，多種多様な活動が展開されている。

（4）ボランティア活動の推進を支援する主体――ボランティア・コーディネーター

　ボランティア活動を推進していく上で欠かせない中間支援を行う主体が，ボランティア・コーディネーターである。専門職としてのボランティア・コーディネーターの機能が改めて問われたのは，阪神・淡路大震災の折であった。被災地を訪れた延べ130万人のボランティアが，現地で十分に活動するためのコーディネートが問われ，その力量のあるボランティア・コーディネーターの存在の有無が活動の質と量の明暗を分けた(19)。

　ボランティア・コーディネーターとは「生命，平和，人権が尊重され，個々人が自己実現や生きがいを追求できるような，多様で豊かな市民社会を市民たち自身の手でつくっていく活動（ボランティア活動）を支援する専門職であり，その役割は，社会の課題やニーズを把握し，それを解決するために，当事者と

ボランティアと社会的資源とをつなげ,『共に生きる』という哲学の中での協働の取り組みを支援していくことである」と定義される[20]。

中間支援者であるボランティア・コーディネーターは,大きく総合型とテーマ型の二つのタイプの組織に所属している。総合型組織は,①NPO支援センター,②社会福祉協議会ボランティア・市民活動センター,③その他の民間のボランティアセンター,④大学ボランティアセンター等である。テーマ型は,①生涯学習センター,②国際交流センター・多文化共生センター,③まちづくりセンター,④男女共同参画センター,⑤青少年教育施設,等である。ボランティア・コーディネーターは,これらの中のいずれかの客体(中間支援組織)に所属し,調整,相談・問題解決(コンサルテーション),人材育成,情報提供,調査研究・提言活動(アドボケイト),交流(ネットワーク),拠点・整備・備品提供,等の中間支援を行う。

また,ボランティア・コーディネーターは,①情報収集,②ニーズ確定,③ボランティア・プログラムの企画,④ボランティア・プログラムの実施,⑤ボランティア・プログラムの支援,⑥ボランティア・プログラムの評価,⑦ボランティア・プログラムの発展と,コーディネートのプロセスを経ながらボランティア活動を支援する[21]。ボランティア・コーディネーターは,この一連の支援を通して一人ひとりのボランティア活動を支えると同時に,ボランティア団体の運営のマネジメントも行うことから,自らの資質を高め,専門性を深める力を養うことが求められる。

ま と め

詳細は第9章で論じたが,現代社会においては,支援関係(つながり)の網の目からこぼれ落ち「孤立化」の状態に陥る人びとを社会のメインストリームから排除する「社会的排除」の構造が見て取れる。このような人びとは,既存のセーフティネットからこぼれ落ち,新たな「生きづらさ」に直面することになる。「社会的排除」は,日本社会の発展と質の高い国民生活の実現の大きな

制約要因となることが危惧される[22]。だからこそ，支援関係（つながり）の網の目からこぼれ落ち「孤立化」の状態に陥る人びとを，社会福祉における支援活動の射程に入れなくてはならないだろう。それには新しいセーフティネットを張る必要がある。

　新しいセーフティネットは，既存のものより，さらにネット（網の目）を細かくすることが求められる。いわゆる，顔の見える関係の構築である。その結び目の一つひとつに期待されるのが，いわゆる非専門職と呼ばれるオルタナティブな主体であろう。また，例えば，べてるの家の「当事者研究」に示される[23]ように，今までは受身的な社会福祉サービスの利用者とみなされてきた人自身が，人を支え，自らも支えるヘルパーセラピーの原則（helper-therapy principle）に基づくセラピストとして支援力を発揮しはじめている。

　人びとの暮らしは，「待ったなし」であるから，新たなセーフティネットづくりはソーシャルワークの喫緊の課題である。そのためには，専門職と非専門職とが支援の対象者のニーズに応じて，それぞれの専門的支援関係と一般的支援関係を駆使しながら，対象者にとって十分に機能を果たすことができる担い手として連携し合うことが重要となる。

注
(1) 奥川幸子『身体知と言語――対人援助技術を鍛える』中央法規出版，2007年，205頁。
(2) Compton, B. R., B. Galaway & B. R. Cournoyer, *Social Work Processes Seventh Edition : Relationship in Social Work Practice*, Thompson Brooks/Cole, 2005, p. 142.
(3) 古川孝順『社会福祉原論』誠信書房，2005年，266頁。
(4) 岩田泰夫『私の教育実践――精神障害にチャレンジする人々との社会福祉実践と理論』相川書房，2013年，235頁。
(5) 古川孝順，前掲書，207頁。
(6) 山崎美貴子・北川清一編『社会福祉援助活動』岩崎学術出版，1999年，139-143頁。
(7) ジャーメイン，カレルら／小島蓉子ら訳『エコロジカル・ソーシャルワーク』学

苑社（カレル・ジャーメイン名論文集），1992年，70頁。
(8) 山崎美貴子「社会福祉援助活動の構造と特徴」北川清一・山崎美貴子編『社会福祉援助活動』岩崎学術出版，1999年，17頁。
(9) 奥川幸子，前掲書，204-209頁。
(10) 岩田泰夫，前掲書，235-242頁。
(11) 久保紘章・石川到覚『わが国の実践をふまえて──セルフヘルプ・グループ理論と展開』中央法規出版，1998年，2-3頁。
(12) 久保紘章ら，前掲書，39-49頁。
(13) 西山志保『ボランティア活動の論理──ボランタリズムとサブシステンス』東信堂，2007年，22頁。
(14) 早瀬昇「ボランティア活動の理解」大阪ボランティア協会編『テキスト市民活動論』大阪ボランティア協会，2014年，8頁。
(15) 全国ボランティア・市民活動振興センター『市区町村社会福祉協議会，ボランティア・市民活動センター──強化方策2015』全国社会福祉協議会，2015年，22頁。
(16) 岡本栄一「地域福祉におけるボランティア活動の展開」右田紀久恵ら編『ボランティア活動の実践』（地域福祉講座④）中央法規出版，1986年，32-34頁。
(17) 同前論文，34頁。
(18) 全国ボランティア・市民活動振興センター，前掲書，65頁。
(19) 山崎美貴子『社会福祉援助活動における方法と主体』相川書房，2003年，20頁。
(20) ボランティア・コーディネーター研修体系検討委員会編『ボランティア・コーディネーター研修体系とその考え方』東京ボランティアセンター，1997年。
(21) 岡村こず恵「市民活動における中間支援とはなにか？」大阪ボランティア協会編『テキスト市民活動論』大阪ボランティア協会，2014年，124-145頁。
(22) 「一人ひとりを包摂する社会」特命チーム「資料／社会的包摂政策をすすめるための基本的考え方（案）」内閣府，2011年，2-3頁。
(23) 浦河べてるの家『べてるの家の「当事者研究」』医学書院，2005年。

参考文献
阿部志郎『福祉の哲学』誠信書房，1997年。
窪田暁子『福祉援助の臨床／共感する他者として』誠信書房，2013年。
宮本節子『ソーシャルワーカーという仕事』ちくまプリマー新書，2013年。

第11章 社会福祉の現代的課題①
―― 地域を基盤としたソーシャルワークの推進

はじめに

　2000年，いわゆる「社会福祉基礎構造改革」が断行され，措置制度等，戦後50数年にわたって社会福祉を支えてきた根幹が変更された。あわせて，社会福祉法に住民，ボランティア，福祉事業者協働による「福祉サービスを必要とする人々の地域における自立生活支援」を旨とする「地域福祉の推進」が明記され，「地域福祉の主流化」[(1)]と呼ばれるような地域福祉が社会福祉の一領域から，社会福祉のあり方そのものを指し示す課題となった。

　一方で，こうした状況下にある地域社会では，経済的困窮，介護，子育て，障害者支援等にかかわる問題，社会的孤立・排除にかかわる問題，ニーズの多様化等に加え制度・サービス自体の縮減によって引き起こされる制度の隙間問題等が顕在化している。

　このような現状を踏まえ，政策からの要請と地域社会における問題状況の拡大の両面から，地域福祉の推進が従来にも増して求められており，特に，実践課題として，地域を基盤とした支援活動が強調されている。それは，地域で暮らす要支援者の生活上の問題に対するソーシャルワーカーによる相談から問題解決までの直接的な個別支援とともに，「まちづくり」等，生活の基盤であり支援活動の基盤ともなるべき地域を対象とした支援を含むことはいうまでもない。ただし，本章では，地域を対象とした支援について，要支援者のために住民を「操作」の対象とし，社会資源を開発することのみを目的とするものでなく，地域社会自体が社会的孤立，排除を引き起こす要因となり得ることに鑑み，地域社会の社会構造や社会関係の欠陥に迫ったり，地域社会で生起する社会福祉

問題を自らの問題と認識したり，問題解決を図りながらより良い地域を形成しようとする住民の力を支援するという意味も含むものと考える。

本章では，以上のような認識に立ち，地域福祉の理念，支援活動のあゆみを振り返った上で，地域を基盤とした支援活動のあり方についてミクロ・メゾ・マクロの視点から提示することとする。

1　地域福祉の理念

地域福祉の理念については，原則，思想等を含めさまざまに指摘されているところであるが，ここでは，主に，福祉コミュニティ，ソーシャルインクルージョン，そして，住民主体を取り上げる。

(1) 福祉コミュニティ

「福祉コミュニティ」は，地域社会を対象とする支援を実践課題とする地域福祉の究極の目標ともいえる概念である。しかし，理論的には多義的であり，理念としてとらえるか，機能としてとらえるかによって解釈が分かれる[2]。ここでは，ノーマライゼーション，ソーシャルインクルージョンの原理をコミュニティ・レベルにおいて実現することを理念とし，人と人との結びつき，良質なコミュニティ生活の構築をめざし，人間的社会環境を内発的に発展させつつ，グローバルな異質性をも吸収していく新しい共同社会を創造していくプロセスを重視するものと示しておく[3]。

(2) ソーシャルインクルージョン

ソーシャルインクルージョンは，わが国の場合，2000年に取りまとめられた「社会的な援護を要する人々に対する社会福祉のあり方に関する検討会報告書」により新たに提起された理念である。それは孤独や孤立，排除や摩擦等の問題に直面している人びとを援護し，社会の構成員として包み，支え合うことのできる「今日的な『つながり』の再構築」を図ろうとするものであった。社会的

孤立への対応の中心にあるつながりづくりは、もとより地域福祉の実践課題の一つであった。あらためて2000年の時点で「社会的な援護を要する人々」を再認識し、社会福祉のあり方を検討する必要が生じた背景には、バブル経済崩壊後の不況の長期化により、1990年代後半、若者の失業者、非正規労働者、ホームレス、自殺者等が増加したことや、1990年の出入国管理及び難民認定法改正による外国人労働者の増加に伴い地域社会の中での摩擦、排除等が発生するようになったこと等、従来の社会福祉の枠組みでは対応できないソーシャルエクスクルージョンといえる問題が顕在化したことが挙げられる。

こうした問題に対して、ヨーロッパでは1980年代末から政策課題として取り上げられるようになり、特に、イギリスのブレア政権においてはソーシャルエクスクルージョンを「失業、未熟練、低所得、居住の貧困、高い犯罪発生環境、不健康、家族の崩壊等、連鎖的、複合的な問題に人々や地域社会が見舞われているような状態」と定義し、雇用、犯罪、教育、保健、住宅等、包括的な解決策が模索された。

ソーシャルエクスクルージョンという連鎖的、複合的問題に対応し、本来的なインクルージョンを実現するには、「つながりづくり」だけでなく、領域横断的な制度的対応も求められるという点を忘れてはならない。

（3）住民主体

地域福祉における「住民主体」は、ソーシャルワークにおける「自己決定の原則」に匹敵するものといえるが、元々は地域福祉推進の中核的役割を担う社会福祉協議会の組織原則として登場したものであり、岡村重夫による理論的影響が指摘されている[4]。それは、一般市民こそが主権者であるという民主主義の原則に立脚し、住民が生活の立場から生活問題について自発的な発言をし、社会制度の進歩に直接参加することを重視するというものであり、そこでは専門家に相対して住民を主役とする視座が含まれる[5]。

さらに、右田紀久惠は「自治型地域福祉の理論」を展開する中で、地域福祉について「あらたな質の地域社会を形成してゆく内発性」を基本要件とすると

し，地域にかかわる内発性，すなわち「地域社会形成力，主体力，さらに協働性，連帯性，自治性」を含む「内発的な力(マハト)」が地域福祉にとって重要と論じた。(6)

以上のように，ここで示す「住民主体」には，住民を民主主義社会における主体としてとらえ，自分たちの生活問題を明らかにし，問題解決のための新たな活動を創出し，住みよい地域，自治体を形成する内発的な力をもった存在として認識する，という意味が含まれているものとする。そこには，住民を社会福祉の客体としたり，外から操作対象化したりしない，という，専門家や為政者に対する戒めも含意されている。

2　地域における支援活動のあゆみ

本節では地域を対象・基盤とした支援活動の歴史的経過を述べるが，その際，社会福祉協議会（以下，社協）に着目することから始めたい。なぜならば，地域福祉推進主体として歴史的に地域福祉実践の基盤を形成し，現代においても法的に「地域福祉推進の中核的」役割を果たすと規定されているからである。その上で1990年以降の社協以外の推進主体による支援活動について述べる。

(1) 社会福祉協議会による支援活動

1) コミュニティオーガニゼーションとコミュニティワークの異同（系譜）

わが国における戦後の「地域福祉」の展開は，GHQによる6項目提案の中の「団体及び施設による自発的に行われる社会福祉活動に関する協議会設置」をもとに，社協がコミュニティオーガニゼーションの役割を担うものとして構想され，1951年に設立されたことに始まる。

1950年代末，保健衛生，社会教育と連携した先駆的な住民参加による地区組織活動が発展し，それらの活動の積み上げのもとに1962年に策定された「社会福祉協議会基本要項」の中で，あらためて社協の主たる機能・方法は地域組織化＝コミュニティオーガニゼーションであることが明示された。具体的には，

地域における住民のニードの発見と明確化，ニードに即した地域福祉計画の策定，住民の協働促進，関係機関・団体・施設等の連絡調整，社会資源の造成を含む一連の組織活動の過程であり，その活動の中で必要があればソーシャルアクションを行うことも重要な機能であることが含まれていた。そして，地域住民の生活と直結する地域（小学校区等）ごとに，社会福祉等に関する課題を協議・実践する組織を設け，地域福祉活動の推進を図ること（＝「地区社協」づくり）が推奨された。その後，1970年前後から始まるコミュニティ政策，コミュニティ形成と社会福祉のあり方の提唱を契機に，その活性化があらためて指摘され，各地で取り組まれるようになった。

また，1960年代後半からボランティア育成やボランティアセンター設置が促進され，1970年代後半からは，各地で「当事者」の組織化活動も活発化した。このように，1970年代末あたりまでは，社協の地域福祉支援＝小地域，当事者，ボランティアの組織化，さらに，地域福祉計画策定，ソーシャルアクション機能も含むコミュニティオーガニゼーションの関係にあった。ただし，その後，コミュニティオーガニゼーションとほぼ同義でありながら，より包括的な意味を内包する等の理由により「コミュニティワーク」が多用されるようになった。

２）在宅福祉サービスの推進

1973年に起こったオイルショックは，それまでの高度経済成長を基盤に進められた社会福祉のあり方を大きく変更するきっかけとなり，福祉国家から福祉社会への路線変更とともに，施設福祉から在宅福祉へ転換が図られることになった。このような中で，社協は「在宅福祉サービス供給システムにおける民間の中核」と位置づけられ，直接サービス供給の相当部分を担当すること，あわせて，地区社協，当事者の会，ボランティアを在宅福祉サービス推進のための資源，手段とすることが求められるようになった。さらに，1990年代に入ると，あらたに小地域を基盤とした住民参加による「小地域ネットワーク」「ふれあい・いきいきサロン」が提起され，フォーマルな在宅福祉サービスを補完するインフォーマルな在宅福祉活動として全国に広く普及していった。

3）地域における個別ニーズに対する支援の開始と展開

　1990年,「生活支援事業研究会」は「生活支援地域福祉事業（仮称）の基本的考え方について（中間報告）」の中で，従来予想されなかった問題が地域の中で発生し，その解決が求められているとしてコミュニティソーシャルワークの必要性を指摘し，翌1991年には「ふれあいのまちづくり事業」が創設された。本事業は個別ケースの問題発見から解決まで一貫した機能を社協に整備しようとするものであり，これ以降，社協職員が備えるべき方法・技術は「（コミュニティワークではなく）コミュニティ・ソーシャルワークである」とされるようになった。この事業は，後に，従来の社協が有していた専門組織・専門職とのネットワーク，住民組織・住民とのネットワークを「個別支援に結びつける総合相談機能を明確にし，さらに個別の福祉問題への対応をとおして，問題解決の方法・仕組みを作るという手法を生み出すこととなり，とりわけ，制度的なサービスと，非制度的な支援活動との距離を近づけ，個別支援に焦点化する道筋をつくった」と評価されている。

　1999年には，社会福祉基礎構造改革を受けて措置から選択・契約制度への移行に伴い，地域福祉権利擁護事業（現・日常生活自立支援事業）が開始され，社協には，判断能力の不十分な人に対する，社会福祉サービス利用援助や日常的金銭管理サービスの提供という役割も加わるようになった。

4）社会福祉基礎構造改革以降の社会福祉協議会による地域福祉活動

　2001年度からは「ふれあいのまちづくり事業」「ボランティアセンター事業」「地域福祉権利擁護事業」が統合され「地域福祉推進事業」となり，重点方針として掲げた「きめ細やかな生活支援」「総合相談」については，2005年から全社協が「地域総合相談・生活支援システム」に統合・再編を図り，あらためて市町村社協によって構築されるべきものとして提示した。

　一方，全国社会福祉協議会（以下，全社協）は，2005年に「地域における福祉力の向上」，2008年に「小地域福祉活動の活性化」に関する調査研究を実施し，あらためて小地域福祉活動やその基盤となる地区社協等地域福祉推進基礎組織を創設・支援し，地域における「出会い」「協議」「協働」を促進すること

の重要性，また，それにはコミュニティワーカーの役割が不可欠であることを指摘した。2008年，厚生労働省社会・援護局の下に設置された「これからの地域福祉のあり方に関する研究会」は報告書を提出し，これからの地域福祉の課題は，住民が主体となって地域の生活課題に対応する「地域における『新たな支えあい』（共助）の再構築」であることを示した。結果，社協における地区社協づくりは再評価され，その推進が再び課題化されるようになった。

しかし，同じ2008年の9月，巷間「リーマンショック」と呼ばれる事態が発生し，それを機に経済状況の低迷が始まる。2011年3月に発生した東日本大震災の影響も相まって，同年7月，生活保護の受給者は過去最高に達し，2012年4月，社会保障と税の一体改革の一環として，社会保障審議会に「生活困窮者の生活支援のあり方に関する特別部会」が発足した。一方，全国の先進的社協では，地域支援と個別支援を結びつけたきめ細かな生活支援，総合相談等，豊かな実践が展開されるようになっていた。このような動きの中で，全社協は「社協・生活支援活動強化方針」として，あらゆる生活課題への対応，相談・支援体制の強化，アウトリーチの徹底，地域のつながりの再構築，行政とのパートナーシップを柱とするアクションプランを示し，具体的な事業として，深刻な生活課題の解決に向けた地域の関係機関によるネットワーク（プラットフォーム）形成や，生活支援ワーカーを社会福祉サービス圏域ごとに配置しての「寄り添い型支援」等を提案した。

全国の多くの社協においては，2008年の「これからの地域福祉のあり方に関する研究会報告書」を契機に，その後，補助事業となったコミュニティ・ソーシャルワーカーの配置が促進され，本方針で提案された事業が展開されつつある。

（2）社会福祉協議会以外の福祉団体による支援活動[10]

1）在宅介護支援センターの登場とケースマネジメント

高齢者にかかわる地域を基盤とする支援活動の嚆矢となったのは，在宅介護支援センターの創設であった。これは，1989年に策定された高齢者保健福祉推

進十か年戦略（ゴールドプラン）において初めて登場したものであり，市町村が行うべき老人福祉に関する情報提供並びに相談援助等を実施する機関として，全国1万ヶ所（中学校区に1ヶ所）に設置することが計画された。そして，1994年の「在宅介護支援センター運営実施要綱」の改正を機に，その専門的役割は「個別処遇計画（ケースマネジメント）」であると自他ともに認められるようになった。しかし，2000年から開始された介護保険制度の中に「居宅介護支援事業＝ケアマネジメント」が位置づけられるようになると，在宅介護支援センターは，その役割を変更せざるを得なくなり，さらに，2005年の介護保険法改正による「地域包括支援センター」創設を機に，多くの在宅介護支援センターが地域包括支援センターへ移行することになった。

2）地域包括支援センター開設と高齢者ソーシャルワークの展開

地域包括支援センターは，保健師・社会福祉士・主任介護支援専門員等を配置して「住民の健康の保持及び生活の安定のために必要な援助を行うことにより，その保健医療の向上及び福祉の増進を包括的に支援する」ことを目的とする機関である。配置すべき専門職の中に社会福祉士が位置づけられたことは，ソーシャルワーカーに対する期待のあらわれであった。その役割は，主に総合相談支援業務と権利擁護業務であり，その範囲は，①住民ニーズの把握，②総合相談，③地域の社会資源把握，④問題解決のためのネットワーク構築，権利擁護，虐待防止等，多岐にわたる。近年，2025年に向けて「地域包括ケアシステム」の構築が重要な課題となっており，新たな専門職の配置が予定される等，地域包括支援センターに対する期待はさらに大きくなっている。

3）障害者の地域自立生活に向けた相談支援事業の展開

障害領域における地域を基盤とする支援活動は，1995年の障害者プランにおいて障害者の総合的な相談・生活支援を地域で担う事業が位置づけられたことを受け，翌1996年，在宅の障害者の自立と社会参加の促進を図ることを目的に「市町村障害者生活支援事業」が創設されたことに始まる。その機能は，在宅福祉サービスの利用援助，社会資源の活用や社会生活力を高めるための支援，ピアカウンセリング，介護相談及び情報の提供等を総合的に行うこととされた。

2003年には、社会福祉基礎構造改革を受けて支援費制度が始まり、障害者の地域生活を支援する観点から、ケアマネジメントを活用した相談支援が重視されるようになる。2006年の障害者自立支援法施行を契機に、市町村障害者生活支援事業は「地域生活支援事業」に位置づけられ、身体、知的、精神の三障害に対応する「相談支援事業」に統合された。2015年からは障害者総合支援法となり、相談支援は、①計画相談支援（サービス利用支援，継続サービス利用支援）、②地域相談支援（地域移行支援，地域定着支援）、③障害児相談支援と体系化され、市町村基幹相談支援センター設置と併せ、その体制強化が図られるようになった。

（3）地域支援の主体と活動の広がり

　地域を対象・基盤とする支援のあゆみを概観する中で、明らかになったことは次のとおりである。

　第1に、地域福祉の中核的役割を担う機関である社協の主たる機能の変化である。1970年代まではコミュニティオーガニゼーション、1980年代は在宅福祉サービスの提供、1990年代以降はコミュニティソーシャルワークというような目まぐるしさであったが、その背景には地域福祉政策の変化がある。2000年以降は、地区社協等地域福祉推進基礎組織支援を柱とする役割と、要支援者の地域自立生活を個別に支援する役割の両方が求められている状況にある。

　第2に、1990年以降の地域を基盤とする支援活動の制度化と、推進機関の多元化である。地域を基盤とする支援活動の中の個人を対象としたソーシャルワークは、1990年以降、制度的に推進され、特に、2000年以降は「福祉サービスを必要とする人の地域における自立生活支援」が統一した課題となる中、高齢者、障害者、経済的困窮者、制度の狭間問題を抱える人びと等に対する支援が、より強固な制度とシステムの中で促進されるようになった。それに応じて支援活動の担い手となる推進機関・組織は、社協以外の社会福祉法人、医療法人、NPOにまで広がっている。

　第3に、支援活動自体のレンジの広がりである。以前は、地域組織化にせよ、

地域における個別の相談援助にせよ,それぞれの支援の範囲,あるいは,専門職の機能が限定されていた。しかし,近年の「地域における自立生活支援」という課題に対しては「個からのアプローチ」は社会資源の開発まで求められ,「地域からのアプローチ」は個別支援まで求められるようになった。

　以上のような状況の中で,多くの社会福祉法人,医療法人,NPOに所属する地域を対象,あるいは基盤とする専門職は,以下に述べるような支援スキルを身に付けることが求められているといえよう。

3　地域における支援活動の方法

(1) 地域における支援活動——ミクロ・メゾ・マクロの視点

　ここからは現代の諸課題に対応する地域を対象あるいは基盤とした支援活動の方法について,ミクロ・メゾ・マクロの視点から検討するが,その際,それらはどの支援範囲を指し示すかを明示する必要がある。

　平野らによれば,「地域福祉の推進」においては「地域での生活を実現する」とともに,「地域が主体となって進める」という側面が重要であるとし,それを支援する援助方法を「地域福祉援助技術」(「コミュニティ・ベイスド・ソーシャルワーク」と同義)とした(図11-1)。

　そして,地域の主体化にかかわるコミュニティワークを出発点とする「地域福祉援助技術への広がり」の意味を図11-2のように示し,地域福祉援助技術の範囲を,Aコミュニティワークを中心に,Bケアマネジメント,C地域福祉志向の間接援助(社会福祉計画,社会福祉調査,社会福祉運営管理,ソーシャルアクション)を包含するものとして描いている[12]。

　以上を踏まえ,ここではメゾ領域に「個を支えるための地域をつくる援助」にとどまらないコミュニティワークを位置づけ,マクロ領域についてもソーシャルアクションをも包含する立場をとることとする。それを踏まえて,以下にミクロからメゾ,メゾからマクロの各レンジにおけるアプローチのあり方,特に,地域を基盤とする支援活動に携わるソーシャルワーカーの主な実践課題に

第11章　社会福祉の現代的課題①

図11-1　「地域福祉援助技術」の2面性

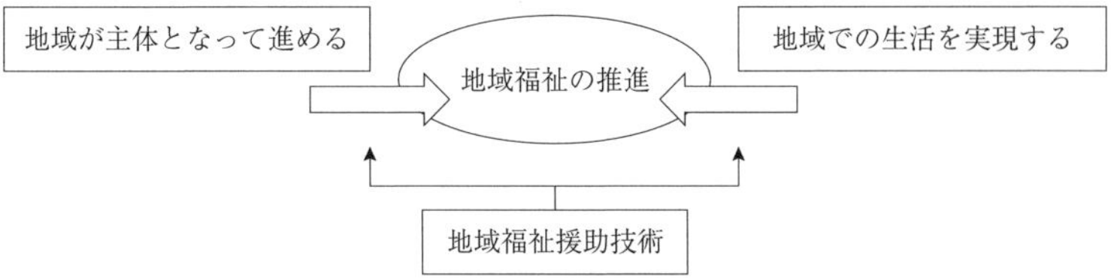

```
地域が主体となって進める        地域での生活を実現する
            → 地域福祉の推進 ←
                   ↑ ↑
              地域福祉援助技術
```

出所：平野隆之「コミュニティワークから『地域福祉援助技術』へ」高森敬久・髙田眞治・加納恵子・平野隆之『地域福祉援助技術論』相川書房，2003年，35頁。

図11-2　地域福祉援助技術の範囲

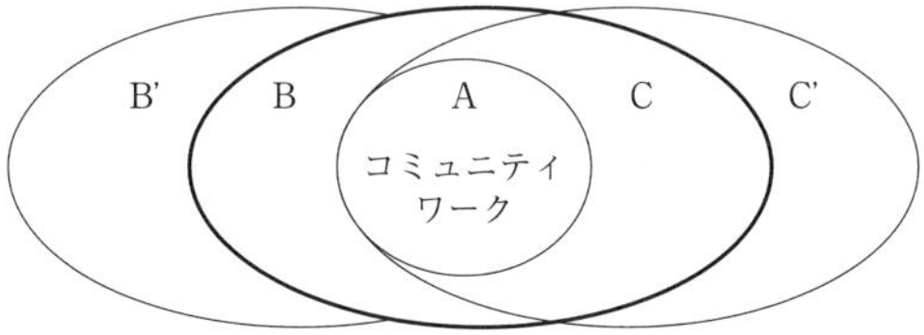

```
   B'   B    A    C   C'
           コミュニティ
             ワーク
```

出所：図11-1と同じ，37頁。

ついて，述べてみようと思う。

（2）ミクロ・メゾアプローチ

1）ニーズの把握とケアマネジメント

　最初の課題は，地域生活上，何らかの問題を抱えた人びとのニーズをいかに迅速かつ的確に発見するかであることはいうまでもない。そのため専門相談とは別に，できるだけ住民がアクセスしやすい範囲での総合相談窓口の開設，そして，アウトリーチによるニーズ把握が肝要である。また，民生委員，ボランティア，地域住民との連携・協力体制を確立する等により，ニーズが早期に発見され，通報されるシステムをあらかじめ構築しておくことも必要であろう。

　次に必要なことは，発見されたニーズに対して適切なケアマネジメントを実施することであるが，ここでいう「ケアマネジメント」とは，介護保険制度における介護支援専門員によるそれとは異なるものであり，要支援者の地域社会における生活をトータルにとらえ，生活しづらさを適切にアセスメントすること，その上で支援計画を作成することを要点とする。

2）ソーシャルサポート・ネットワーク

　ソーシャルサポート・ネットワークとは「個人を取り巻く家族，友人，近隣，ボランティア等による援助（インフォーマルサポート）と公的機関や様々な専門職による援助（フォーマルサポート）に基づく援助関係の総体」とされている。[13]

　ここでは，他の専門機関・職種との圏域を設定しながらのネットワーク形成はもちろん，インフォーマルなネットワークとして，例えば，小地域ネットワーク，地域住民による個別的な見守りや支援，「ふれあい・いきいきサロン」のような集いの場や家事支援サービス等を探り，必要に応じて関係者をネットワークに加えること，そして，フォーマル，インフォーマル双方が連携し合う重層化の仕組みを構築することが必要である。

3）生活に密着した地域における新たなサービスの創出

　さらに，既存のサービス，支援では充足されない福祉ニーズについては，新たな支援，サービスの創出も必要である。具体的には，次のようなものが考えられる。

①　身近な集いの場，仲間づくりの場の創設

　高齢者，障害者，子育て家庭等，多様な人びとを対象としたサロンのような集いの場，仲間づくりの場をつくることである。こうした活動は，社会的孤立防止につながるとともに，プログラムによっては問題の深刻化の予防にも発展しうる。

②　助け合いシステムの構築

　家事支援サービス，移動支援等，制度的なサービスでは対応不可能であるが，地域社会で生活していく上で不可欠なニーズに対する近隣住民による助け合い活動をシステムとして構築することである。

　その際に留意すべきことは，「Aさんの問題」「Bさんの問題」に対する対応ではなく，「Aさん，Bさんのような人たちの問題」，さらに「誰にでも起こりうる問題」として地域内で問題を共有し，「私も含めて皆が困らないように」住民が主体的に協働して解決策を検討し，取り組めるよう支援することである。

（3）メゾ・マクロアプローチ

1）小地域組織化

　小地域組織化とは，地域社会そのものを対象とし，それが福祉コミュニティとなるよう，インターグループワークの手法により地域内各組織・団体，住民，専門家等を組織化し，住民の主体力形成を図りながら，社会福祉課題の発見から，分析，解決のための計画策定，活動実践，評価までを協働して取り組むことを促進する活動である。歴史的には，こうした支援により，全国に形成された地区社協等の地域福祉推進基礎組織の中から，小地域ネットワーク，「ふれあい・いきいきサロン」，家事支援サービス等が生み出されてきた。近年，このような地区社協等の組織がもつインフォーマルサービスを生み出す「インキュベーター」としての役割に対して大きな期待が寄せられている。しかし，小地域組織化の主目的はあくまでも，地域住民の「自分たちの暮らすまちを自分たちの手でより暮らしやすいまちに変革していこう」という主体力を支援することであることにつねに留意が必要である。

2）当事者組織化

　これは，同じ社会福祉課題を抱えているという共通性を基盤に，相互の交流・学習活動等をとおして「当事者」としての主体力形成や，問題の社会化を図り，課題解決のための協働実践を促進することを目的とした支援活動である。そこでは，セルフヘルプグループとして悩みの共有や情報交換，相互扶助に留まることなく，制度的なサービスでは対応できない課題に自主的に取り組み，新たな資源を開発したり，要望を取りまとめて行政の福祉計画策定過程に参加したりすることをも促進するような支援が必要である。

3）住民意識の変容

　地域社会を差別・偏見のないインクルーシブな福祉コミュニティとするため，地域住民の意識変容のための福祉学習等の活動は欠かせない。特に，近年のように「自助自立」「自己責任」が求められ，一方で格差が拡大しているような社会において，社会的分断は容易に起こることが懸念され，住民意識の変容は，単なる福祉活動に参加する住民の育成だけにとどまらない効果をもたらす。

ここまで述べたような組織化活動や住民意識の変容・内発的力の育成等，地域社会そのものを支援する「コレクティブアプローチ」こそが「地域支援の真骨頂」といわれているとおり，[14]個別支援や，そのためのインフォーマルサービス創出とは異なるメゾレベルの支援として重要である。地域社会における出会いの場，協議の場，協働の場を創出・活性化し，住民がさまざまな問題に直面している当事者との出会いをとおして，このような問題を地域の問題として受け止め，協働して問題解決に向かい，新たな地域社会を創造する，そのような住民の内発的力を育成するような支援が求められる。

4）計画化とソーシャルアクション

　一方で，前述のような活動を行っていく中で，地域住民の「こんなまちにしたい」が次第に明らかになるであろう。また，既存のサービス，住民による諸活動をとおしても解決できない問題に直面することもあろう。前者については，住民が自らの地域社会を福祉コミュニティとするための「地区地域福祉活動計画」を策定できるよう支援が必要である。さらに，後者については，住民のニーズを束ねたり，住民が専門機関や市町村に対して制度やサービスの改善・変更，システムの改革を求めて働きかけることができるような支援も必要となる。このような，住民が主体となって計画策定やソーシャルアクションに取り組めるようエンパワメント機能を発揮し，その促進のための支援を進めるほかに，ソーシャルワーカー自身がアドボケイト機能を発揮してソーシャルアクションを起こすこと，市町村レベルの各種計画策定過程で地域の意見，当事者の意見を反映させること，さらに，所属機関自らが福祉計画を策定することも必要であろう。

　以上のような支援や活動は，マクロレベルの支援として欠かせないものであり，支援者であるソーシャルワーカーにはその全過程にかかわる知識・技術が求められる。

4 地域福祉の現代的課題

最後に，地域福祉，とりわけ地域を基盤とする支援活動について当面の課題と今後の課題について示す。

(1) ミクロからメゾ・メゾからマクロのアプローチにおける役割分担

地域を基盤とした支援活動のあり方として，ミクロからメゾ，メゾからマクロの支援アプローチが必要であることを述べてきたが，先行研究では，地域包括支援センターや障害者相談支援事業所のソーシャルワーカーにとって地域への働きかけやインフォーマルサービスの開発等は，個別支援や対人援助技術に比べ「難しい」「不得手」「悩み」と認識されていることが明らかにされている。[15] 地域を基盤とする支援活動を推進する機関・組織が多元化する中で，すべての機関・団体のソーシャルワーカーが両アプローチに精通することを求めるのではなく，例えば，地域への働きかけやインフォーマルサービスの開発については地域を対象とした支援活動に長年にわたって取り組み，実績のある社協に任せるというように役割分担しながら協働する方法が検討されてよいのではと考える。

(2) 支援活動推進主体の多元化における役割分担

昨今，自治体コミュニティ政策として，小学校区等の日常生活圏域単位に住民組織を結集しながら「まちづくり協議会」や「コミュニティ推進協議会」等のコミュニティ組織を新たに設立し，地域福祉課題にも取り組むという市町村が増えている。また，社会福祉法人の地域貢献が義務化される中で，地域を対象とした支援活動に社会福祉法人が取り組むことも増えるであろう。このように，今後は地域を対象とする支援活動推進主体も多元化の時代を迎える。その際，自治体コミュニティ行政，社協，社協以外の社会福祉法人と，どのように役割を分担するのかが課題となる。

（3）全対象型包括ケアシステムの推進と対象領域の拡大への対応

2015年9月に「新たな時代に対応した福祉の提供ビジョン（厚生労働省プロジェクトチーム）」が提出された。その中では「すべての人が世代や背景を問わず，安心して暮らし続けられるまちづくり（全世代・全対象型地域包括支援）が不可欠」とされ「分野を問わず包括的に相談，支援を行うことを可能とする」新しい地域包括支援体制が提起された。社協の総合相談を除き，対象別に展開されてきた支援活動を，どのようにすべての対象者に対応することを可能とするか，今後の大きな課題である。

（4）メゾからマクロレベルの実践の重要性

2014年にソーシャルワーク専門職のグローバル定義が改定された。その要点の一つとして「ソーシャルワークは，社会変革と社会開発，社会的結束，および人々のエンパワメントと解放を促進する」に表れているように，ソーシャルワークにおける「社会変革」「社会開発」「社会的結束」等，メゾからマクロレベルの役割が強調されている。本章においても地域を基盤とする支援活動におけるメゾ・マクロアプローチを述べてきたが，「周縁化・社会的排除・抑圧の原因となる構造的条件に挑戦し変革する」ことの必要性を確認し，どのようにそれを実行するかについてより深い考察が必要と指摘しておきたい。

ま　と　め

超高齢社会の進展，財政難を背景に，公助は縮小の一途をたどり，その直撃に自助は持ちこたえられず，さまざまな問題が地域社会に染み出している。かたや地域福祉政策は，いかに互助・共助の役割を住民，地域社会に担ってもらいながら問題を解決するかを重要課題に据え，その促進を社会福祉法人等の福祉推進機関とソーシャルワーカーに期待している。

こうした状況の中で，地域を基盤とする支援活動に従事するソーシャルワーカーが政策と同一の視点で住民や地域社会にかかわることを懸念し，なぜ住民，

地域社会が社会福祉活動にかかわることが重要なのかを中心に，そこで拠って立つ理念を示し，それに基づいた実践課題を提示した。

ただし，ここで示した考えは，最も単純化していえば「安易に住民や地域社会に頼らない，活用しない」ということであり，既存サービスでは問題解決が図れない当事者に直面した時，ソーシャルワーカーに大きなジレンマを引き起こすことになるであろう。しかし，その時こそ，住民に向き合い，住民とともに問題解決を検討することを試みてほしい。その中で，別の出口が見つかるのかもしれないし，解決策が発見された時，住民も当事者もソーシャルワーカーも意識や関係性が変化し，地域社会が福祉コミュニティに近づいているかもしれない。

折しもソーシャルワーク専門職のグローバル定義が改定され，あらためてソーシャルワーカーは地域社会，制度，政策等だけでなく「社会変革」にもどのように関与すべきかの課題が浮上してきた。地域社会，制度，政策を所与のものとするのではなく，どのように変革するのか住民とともに展望をもつ必要があろう。

注
(1) 武川正吾『地域福祉の主流化──福祉国家と市民社会Ⅲ』法律文化社，2006年。
(2) 瓦井昇『新版 福祉コミュニティ形成の研究』大学教育出版，2006年，69-85頁参照。
(3) 野口定久『地域福祉論──政策・実践・技術の体系』ミネルヴァ書房，2008年，83-93頁。
(4) 永田幹夫「対談 地域福祉への途一筋に」での発言（『地域福祉研究』No. 24, 日本生命済生会，1996年，124頁），山口稔『社会福祉協議会理論の形成と発展』八千代出版，2000年，102頁。
(5) 岡村重夫『地域福祉論』光生館，1974年。
(6) 右田紀久恵「分権化時代と地域福祉──地域福祉の規定要件をめぐって」右田紀久恵編『自治型地域福祉の展開』法律文化社，1993年，3-28頁。
(7) 全国社会福祉協議会『在宅福祉サービスの戦略』1979年。
(8) 大橋謙策「地域福祉実践の視点と基本課題」日本地域福祉研究所編『地域福祉実践の視点と方法』東洋堂企画出版社，1996年，24-31頁。

(9) 地域総合相談・生活支援システム及びワーカーの専門性に関する検討委員会『「地域総合相談・生活支援システム」の構築に向けて——市区町村社会福祉協議会への提案』全国社会福祉協議会，2005年，14頁。
(10) ここでは「社協以外」の福祉団体による地域を基盤とした支援活動として主に地域包括支援センターと障害者相談支援事業を取り上げる。というのは，「社会福祉協議会活動実態調査報告書2012」によると，地域包括支援センターを受託している社協は25％，障害者自立支援法に基づく相談支援を受託している社協は17.3％に過ぎず，多くの市町村において，市町村直営や社協以外の社会福祉法人他が受託している割合が高いためである。
(11) この背景には，行財政改革の折，自治体福祉行政における相談援助機能のアウトソーシングに対する要請があったと考える。
(12) 平野隆之「コミュニティワークから『地域福祉援助技術』へ」高森敬久・髙田眞治・加納恵子・平野隆之『地域福祉援助技術論』相川書房，2003年，32-40頁。
(13) 渡辺晴子「ソーシャルサポートネットワークづくり」日本地域福祉学会編『新版 地域福祉事典』中央法規出版，2006年，423頁。
(14) 加納恵子「コミュニティワークの主体のとらえ方」高森敬久・髙田眞治・加納恵子・平野隆之，前掲書，82-83頁。
(15) 高山は，地域包括支援センターにおける社会福祉士の実践のあり方等に関する先行研究を整理する中で，「ネットワーク構築や地域への働きかけといった外に向かっての働きかけや取り組みは，（中略）地域包括支援センター及び職員にとっては難しく，不得手と実感されてきた」ことを明らかにした（高山由美子「地域包括支援センターにおける社会福祉士の実践に関する論述と研究の動向」『ルーテル学院研究紀要』49，2015年，20-21頁）。また，綱川は，障害者相談支援事業所相談員に対する業務上抱えている「悩み」に関する調査を実施し，相談員は，対人援助技術についてより，インフォーマルサービスの開発等についてより大きな悩みを抱えていること，と述べている（綱川克宜「障害者相談支援事業における人材養成に関する研究——業務上抱える『悩み』の傾向に着目して」『ソーシャルワーク研究』38(3)，相川書房，2012年，42-48頁）。

参考文献
岩間伸之・原田正樹『地域福祉援助をつかむ』有斐閣，2012年。
岡村重夫『地域福祉論』光生館，1974年。
高森敬久・髙田眞治・加納恵子・平野隆之『地域福祉援助技術論』相川書房，2003年。

第12章 社会福祉の現代的課題②
―― 制度改革の功罪

はじめに

　日本の社会福祉制度は，終戦直後の生活困窮者対策に始まり，その後の経済成長とともに発展を遂げてきた。1946年の旧生活保護法，その後の児童福祉法，身体障害者福祉法等，社会福祉制度の具体的な仕組みや内容は各法律によって規定され，それぞれ個別に充実，発展が図られてきた。そして，近年の少子高齢社会の進展，家庭機能の変化等とともに，人びとの社会福祉課題，福祉ニーズが多様化し，社会福祉に対する意識も大きく変化してきた。かつてのような限られた人たちの事後的な保護・救済にとどまらず，予防を重視した政策への転換が図られているように，国民全体を対象として，その生活の安定を支える役割を果たすことが期待されている。また，社会経済のグローバル化を背景に規制緩和が進行しており，社会福祉の管理運営体制そのものも大きく変容している。

　このような社会・経済の変化に対応して，2000年には，戦後50年の間日本の社会福祉の基本的枠組みを規定してきた社会福祉事業法が「社会福祉法」に改正され，個人の自立支援，利用者による選択の尊重，サービスの効率化等を柱とした新しい社会福祉の方向性が示された。以降，新たな制度の創設と改革・改正が相次いで繰り出されている。

　ところで，今日の社会福祉制度を論議する際の共通するキーワードは「制度の持続可能性」と「制度の狭間」である。「制度の持続可能性」は給付と財源の課題であり，「制度の狭間」は，経済の低迷，規制緩和と雇用政策の変容等による，貧困や社会的孤立，虐待，DV等，既存の社会福祉制度では十分に対

応できない生活課題・福祉課題の顕在化を背景とした，新たな支援の仕組みづくりの課題である。

　法制度の目的と価値は，法的安定性・正当性・目的合理性であるといわれている。法的安定性とは秩序の維持を，正当性とは正義と公正を，目的合理性とは具体的妥当性を実現することである。重要なことは，昨今の社会福祉が，人びとへの福祉の実現と，限られた財源と限られた人的資源でいかに安定的に制度を維持させるのかという問題を同時的課題としている中で，どのような価値を優先させて制度が設計され運用されるのかという点である。社会福祉はつねにそのことを問いながらソーシャルアクションを展開してきた。ここでは，以上のような視点から，昨今の制度改革を振り返っていく。

1　社会福祉の制度改革とは

（1）福祉国家からの転換──「福祉元年」から日本型福祉社会構想へ

　制度は社会経済状況を大きく反映する。

　第二次世界大戦後，ヨーロッパ諸国を中心に戦争の惨禍にあった国々が，国家の再建を図る際に目標としたのが「福祉国家」の構築であった。わが国でも1960年の池田内閣による「所得倍増計画」に「国家としての社会保障の充実と向上が，近代福祉国家の義務」と明記され，経済成長とともに近代福祉国家への社会保障の充実が必要とされた。1973年の「経済社会基本計画」や「社会保障長期計画」では「所得分配の公平」「成長から福祉へ」というスローガンとして掲げられた。1960年代から1970年代初頭にかけてのわが国の社会経済政策には，国家目標として福祉国家建設が標榜されていた。

　1973年は福祉元年と呼ばれた。70歳以上の高齢者の老人医療費無料制度の創設，健康保険の被扶養者給付率の引き上げ，高額療養費制度の導入，年金の給付水準の大幅な引き上げと物価スライド・賃金スライド制の導入等，社会保障分野での制度の充実，給付改善に取り組み，大幅な制度拡充が講じられた。ところが，同年秋，第四次中東戦争に端を発したオイルショックが勃発し，原油

価格の高騰が超インフレを招き日本経済を直撃した。国際的な荒波と国内のインフレの進行は福祉国家政策を一変させ、「社会福祉の見直し」へと政府を動かしていった。社会福祉は「経済成長なくして福祉なし」という考え方のもとに拡充されてきたが、経済成長を前提とする社会福祉のあり方から脱却する論調が登場する。いわゆる「日本型福祉社会」である。

「日本型福祉社会」は1979年の「新経済社会7ヶ年計画」で提案された。これは、個人の自助努力ならびに家族や親族による相互扶助を重視し、社会福祉への歳出抑制、受益者負担の強化、民間施設への委託、補助金の削減等を積極的に進めるという、それまでの社会福祉のあり方を根本から変更する内容で、次々と政策に反映されていった。全国社会福祉協議会の報告書「低成長下における社会福祉のあり方」においても、施設福祉からコミュニティケアへの移行、ボランティア活動の推進等が、社会福祉サービスを低コストでの供給するための指針として示されている。

(2) 福祉見直し論による政策転換

「日本型福祉社会」は、自助努力や地域連帯といった私的機能を土台とし、公的社会福祉はこれらを補完するものにとどめるという社会福祉改革の方向性を示したものである。1981年の『経済白書』において「今日、おしなべて世界の先進国は第二次大戦後すすめられてきた福祉国家の再検討を迫られている」と述べられたように、1970年代前半に謳いあげた福祉国家構想は、それから10年をまたずして福祉国家批判に転じることとなった。

1981年に発足した第二次臨時行政調査会によって、当時の鈴木内閣が掲げた「増税なき財政再建」は、「福祉見直し論」による行財政改革として具体化していく。そこでは、わが国の行政がめざすべき課題として、活力ある福祉社会の建設と国際社会に対する積極的貢献、高度成長期以来肥大化した行政の役割を見直すことが特に重要とされた。さらに、行政サービスの水準と負担のあり方を抜本的に見直すことが必要とされ、民間に対する指導・規制・保護に力点を置いた行政から、民間活力を基本とし、その方向付け・調整・補完に力点を置

く行政へ移行し，民間部門の発達により自立的，企業的に行うことが適切とされる事業についての民営化が必要とされた。

　また，この時期から世界を席巻し始める新自由主義思想は，自由市場経済と福祉国家体制が両立しないことを強調する。そして，1980年代以降，公平性を重視する福祉国家政策を排除し，市場合理性を重視する政策への転換が進んだ。多くの国々で，福祉国家の非効率性が問題視され，「小さな政府」を強調する新自由主義アプローチへの転換が急速に進んでいった。社会福祉にかかわる公的な役割を減少させつつ，民間営利・非営利部門の役割を増大させる等，社会福祉の供給主体に多元化・多様化をすすめる政策がとられるようになった。いわゆる「福祉国家」から「福祉社会」への転換であり，わが国も例外ではない。このような転換期と相俟って，1986年の全国社会福祉協議会社会福祉基本構想懇談会「社会福祉改革の基本構想」では，戦後から連綿と続いている社会福祉制度の基本的枠組に変更，ならびに，急速な高齢化の中で生じる21世紀の新しい社会福祉課題への適切な対応の必要が指摘された。

2　制度改革に向ける当事者の眼差し

（1）措置から契約へ——福祉関係八法改正から社会福祉基礎構造改革への背景

　1980年代から1990年代初頭にかけて，高齢者福祉領域を中心に社会福祉システムの「改革」が着手されていく。1983年の老人保健法の施行，1986年には社会福祉基礎構想懇談会による「社会福祉改革の基礎構想」の提言，1989年には福祉関係三審議会によって「今後の社会福祉のあり方について」が具申された。これらはいずれも1990年の「福祉関係八法改正（老人福祉福祉法等の一部を改正する法律）」に結びついていく。この改正には次のような特徴がある。一つには，在宅福祉サービスを社会福祉事業として積極的に推進するとしたことである。二つには，特別養護老人ホームへの入所や身体障害者福祉サービスの実施権限を市町村へ一元化したことである。三つには，各市町村に老人保健福祉計画の策定を義務づけ，住民に身近な市町村域での高齢者保健福祉サービスの充実をね

らいとした点である。

　1989年度には,「高齢者保健福祉推進十か年戦略（ゴールドプラン）」が策定された。これは,具体的な高齢者サービス整備目標値を掲げて,1990年度からの10年間に目標値を達成するべくサービス基盤の整備を進めていくものであった。その後,1994年には目標値を引き上げた「新ゴールドプラン」に改正された。このような政策の「計画化」は,その後,エンゼルプラン,障害者プランの策定等に拡大し,これらの計画を総合化した地域福祉計画の策定へとつながっていく。そして,これらの「プラン」「計画」にかかわる具体的なサービス整備等の計画が市区町村単位で進められていく点が大きな特徴である。

　1997年には介護保険法が成立する。介護保険制度における,介護サービスの「措置制度」から社会保険方式による「利用契約制度」への転換は,社会福祉基礎構造改革が掲げた最も重要な改革理念を具現化したものである。1990年代後半から進められてきた社会福祉基礎構造改革は,①サービス利用における利用者と事業者の対等な関係を確立し,②地域を基盤とした総合的な支援を,③多様なサービス提供主体の参入で担っていくことで,④サービスの質と効率の向上,⑤透明性の確保を,⑥国民の公平かつ公正な負担によって実現させるとした。これらの実現には特に,社会福祉サービスの利用にあたって,利用者の個人としての尊厳を重視する観点に立ち,行政の判断によりサービスを提供してきた措置制度から,利用者が自らサービスを選択し,サービス提供者との自由な契約によってサービスを利用する利用契約制度への転換が必須とされた。

　そして,利用契約制度への転換にあたっては,認知症高齢者等の契約を結ぶ判断能力が低下していたり,サービス利用の前提となる情報収集への課題がある人々の権利を擁護する制度の整備が不可欠であり,新しい成年後見制度とともに,認知症高齢者や知的障害者,精神障害者等を対象とする社会福祉サービスの利用支援を行う仕組みが社会福祉の分野に導入された。「措置から契約へ」という仕組みの転換は,児童福祉法の改正における保育所への選択利用方式の導入,身体障害者や知的障害者の社会福祉サービス利用における支援費制度の導入などに具体化された。障害者福祉領域では,支援費制度から障害者自立支

援制度へ，そして，障害者総合支援制度へと展開している。

　しかし，これらの流れを社会福祉の「公的責任」という側面から見てみると，自治体の公的責任をサービス給付費の支給に矮小化し，サービス利用者の主体性と自己責任に比重を置く方向性が明らかとなってくる。

（2）当事者にとっての介護保険制度——これまでの制度改正が突きつけたこと

　これまで介護保険制度が重ねてきた報酬改定と制度改正の根拠は，制度施行後の要介護高齢者の急増とそれに伴う介護給付費の増大がもたらす「制度そのものの持続可能性」と，制度が実現すべき「尊厳を支えるケアの確立」の同時的両立の課題である。

　社会保障審議会介護保険部会が取りまとめた「介護保険制度の見直しに関する意見（案）」（2013年12月20日）では，見直しの基本的な考え方を次のように示している。すなわち，①都市部を中心に後期高齢者が急増するとともに，単身や夫婦のみの高齢者世帯が増加する等，地域社会・家族関係が大きく変容する中で，介護保険制度がめざす「高齢者の尊厳の保持」や「自立支援」をいかに実現させていくかが問われている。②介護サービス基盤を整備するだけでは不十分で，介護・医療・住まい・生活支援・介護予防が一体的に提供される「地域包括ケアシステム」の構築がめざされてきたが，「団塊の世代」が後期高齢者となる2025年までの残り10年余りで，地域包括ケアシステムの構築を実現することが求められている。③一方，制度施行当初は全国平均3,000円（月額）を下回っていた介護保険料は，2025年度には8,200円程度となることが見込まれ，制度の持続可能性を高めていくことが強く求められている。

　介護保険制度施行以降5度目の制度改正となった「2015年度」とは，「団塊の世代」のすべての人が前期高齢者に，そしてその10年後には後期高齢者となる，いわば日本経済や社会保障制度を支えてきた世代が支えられる側に転じる年であった。すなわち，高齢化率の伸びが最も大きく，年金保険料を負担する側の人が一気に減少し給付を受ける側に回ることで，社会保険の「負担と給付」のバランスの不均衡が一層の深刻化に向かう節目の年である。この「2015

年問題」を基本的背景とし制度改正が繰り返されてきた。以上のように，2015年度制度改正の考え方は，地域包括ケアシステムの構築と介護保険制度の持続可能性の確保の2点に集約される。

1）サービス供給体制の見直し――地域支援事業と予防給付

「地域支援事業」とは，介護給付や予防給付といった個別給付とは別に，介護予防と地域での可能な限りの自立生活の実現を目的とした市町村（保険者）の事業である。2005年改定以降のこれまでの事業を「地域包括ケアシステムの一翼を担うにふさわしい良質で効果的な事業に重点化しつつ再構築する」とし，従来の市町村任意事業を見直すとともに，在宅医療・介護連携の推進，認知症施策の推進，地域ケア会議の推進，生活支援サービスの充実・強化，介護予防の推進，地域包括支援センターの機能強化の事業化が想定されている。大きな論点は，介護予防サービスの通所介護，訪問介護を個別給付から外し，市町村（保険者）が独自に裁量する地域支援事業の中に新たなサービスとして位置づけ対応しようとすることである。

具体的には，全国一律のサービス内容であった通所介護や訪問介護の介護予防サービス部分については，介護保険事業所による既存のサービスに加え，①「多様な通いの場」として，NPOや民間事業者，住民ボランティア等が運営する，サロン，住民主体の交流の場，コミュニティカフェ，認知症カフェ，ミニデイサービス，体操教室，運動・栄養・口腔ケアの教室等を想定している。同様に，②「多様な生活支援」として，①の担い手を想定した，ゴミ出し，洗濯物の取り入れ，食器洗い，配食，見守り，安否確認等の活動を，現行の介護予防サービスの通所介護，訪問介護とともに地域支援事業に再編するというものである。

この見直しによって，要支援者に提供されるこれらの介護保険サービスが，市町村ごとの裁量で，それぞれに異なる制度としてデザインされることになる。厚労省は，市町村が地域のマネジメントに適切に取り組むことが重要で，それが最適なサービスを効率的に提供していく市町村の能力を育むと説明している。また，提供するサービス内容に応じて，市町村が独自にサービス単価や利用料

を設定し，人員基準を緩和し柔軟にすることによって，多様なサービスが生まれ，利用者の選択肢が広がるとした。

2）住民主体の活動とサービス供給体制

厚労省は「高齢化の進展や地域資源に大きな地域差がある中，市町村や都道府県が，地域の自主性や主体性に基づき，地域の特性に応じて作り上げていくことが必要であり，『地域の力』が再び問われている」とし，また，社会保障制度改革国民会議の報告書でも，地域包括ケアシステムの構築は「21世紀型のコミュニティの再生」と位置づけられている。それを具現化するために市町村や地域包括支援センターに「生活支援コーディネーター」を配置し，地域社会資源の創設を推進し，生活支援サービスの充実，介護予防の推進等を図ることで，多様なサービスが地域で提供されるとしている。さらにそこでは，元気な高齢者が担い手として活躍することも期待され，高齢者が社会的役割を持つことが，生きがいや介護予防にもつながるという。

しかし，「多様なサービス」は，地域住民や市民NPO等をマンパワーとして期待しており，サービスの計画的な立ち上げ・維持継続・普及拡大は，担い手の性格上，見込みづらく期待値の域を出ない。すると，必要な人に必要な介護予防サービスが提供される保証はなく，市町村や個別の地域ごとにサービスの質・量に大きな格差が生じることが当然危惧される。このような市町村事業が，要支援者の暮らしを支えることができるか否かはきわめて不透明といえよう。

3）当事者である市民にとって

介護保険制度の持続可能性の課題は財源論にある。「地域の力」や「コミュニティの再生」はそれだけで重要な価値を持つが，財源論とともに論じられた途端に制度の補完的意味に転じる。本来，「地域力」や「コミュニティの再生」とは介護保険制度を支えるものとして狭義に論議されるべきではなく，これまでも，地域の多様な主体の参加を通して人びとのつながりが再生され，住民が地域の生活課題や問題意識を共有し，解決のための協働する仕組み（共助）の創出をめざすという地域コミュニティの再生と福祉コミュニティづくりの課題として論じられてきた。それを具体化するソーシャルワーカーの実践は

「住民主体の原則」が基本理念とされてきた。

　しかし，市民はいつの間にか，政策主体として制度との共演関係に位置づけられ，相応の保険料を負担しながらなお，制度を支えるマンパワーとしての役割を果たさなければならないことになった。制度は，政策に協調しそれを補完する存在となる義務を市民に求めるのであろうか。市民の立場に立てば，さながら，運命共同体である市町村とともに自らの介護課題を自らの努力で解決せよと，自己責任論を突きつけられているようである。

3　制度改革に向ける担い手の眼差し

　前述のように，1980年代以降，福祉国家の非効率性が問題視され，「小さな政府」を強調する新自由主義アプローチへの転換が進行した。そこでは，社会福祉にかかわる公的な役割を減少させつつ，民間営利・非営利部門の役割を増大させる等，社会福祉の供給主体の多元化・多様化，市場化を推し進めるために，社会福祉を供給する仕組みの見直しが行われてきた。ここでは，「指定管理者制度」と「社会福祉法人制度改革」を取り上げ，規制緩和の要請を背景とした改革がもたらす社会福祉実践現場への影響について論じたい。

（1）規制緩和が実践現場にもたらしたこと──「指定管理者制度」を例に
　1）指定管理者制度とは
　2003年の地方自治法の改正により，公設の施設の管理について，従来の管理委託制度にかわる指定管理者制度が創設された。この制度は「基礎構造改革」の基本方針を背景に，「公の施設の管理のあり方の見直し」を具現化したもので，「官から民へ」という行政構造改革と規制緩和の潮流にある。
　これまで公設の施設の管理運営を外部に委託する場合は，公共団体（例えば，社会福祉法人等）に限定されていたが，民間営利事業者，NPOなどが担うことが可能になった。公設の施設の管理運営に民間のノウハウを期待することで委託経費削減等の効率化をめざす，代表的な規制緩和政策である。地方自治体が

管理運営法人を公募し，民間企業も既存の公共団体も同列に企画提案方式で施設の管理運営に応募する。地方自治体はその企画提案を審査し，最も適した企業や団体に管理運営を委託する。すなわち，指定管理者制度は，地方自治体の外郭団体に対して民営化を促進させる制度である。この制度によって，既存の運営主体は，これまでの通常収支を改善し，民間企業と並ぶ競争力なしには指定管理者に選定されないことが「普通に起こり得る」という立場に置かれることになった。

2）社会福祉機関への影響

　この制度改正により，公設の施設を管理運営してきた社会福祉機関の多くが指定管理者制度下に置かれた。指定管理者制度には指定期間が設けられ，地方自治体が意図する多面的な「効率性」を競争原理を用いて達成させる仕組みである。そして，競争原理の中で効率化を徹底させるため，指定管理者の交代を前提としている仕組みである。

　このような，「指定期間は有期であり」「次期指定管理者の保証がない」仕組みは社会福祉現場の職員雇用のあり方にも大きな変化をもたらした。有期の指定期間では，正規職員や専門的技術を有する職員を新たに雇用することは経営上のリスクが大きく，正規常勤職員から有期雇用の嘱託職員へ，また，嘱託職員からパート職員への人材雇用のシフトと，派遣職員の急増といった雇用形態の変化がみられる。さらに，指定管理施設にとっては指定管理料に見合った人事配置を余儀なくされることから，人事異動の本来の目的が履行されなくなっていること等の問題もある。特に，指定管理者応募時には必然的に管理経費圧縮の明確化が求められる中で，社会福祉事業の平均的な人件費比率が7割であることからすれば，そのほとんどを人件費の削減で達成せざるを得ないことは明らかである。近年，社会福祉現場での人材難が課題となっているが，指定管理者制度は，専門性の継承と専門性を有する職員の確保の課題をより深刻化させている。

3）地域社会への影響

　社会福祉機関は，その機関そのものが単体で機能を発揮するわけではなく，

コミュニティのニーズや利益に向かって，地域住民や関係機関との面的・質的かかわりを通してこそ，連携やネットワーク構築といった専門性の発揮が可能になる。すると，現に担っている地域福祉の推進という社会的責務において，「指定管理者であり続けること」の責任が生じよう。

そのために必要な専門職員の人材育成は，地域住民や関係機関との信頼関係や，それを醸成する機能として，長期的な視野に立って図られる必要がある。このようなことから，社会福祉機関の専門性の確保と発揮は，短期間では結果を出せるものではなく，そこには機関の安定性，継続性が大きく関連する。社会福祉が担うべき機能と指定管理者制度の不整合性はそこにある。さらに，指定管理者選定の要件には必然的に行政意図が反映されるため，そこでの社会福祉実践に行政的なコントロールが及びやすく，民間社会福祉事業の本来的な立ち位置が揺らぎかねないという問題も懸念される。

社会福祉実践現場は地域に存立している。地域の社会福祉に貢献し続けるためには，①地域住民の福祉の安定的な継続のために，実践主体に安定的基盤が付与されることの必要，②地域福祉の構築のために，ソーシャルワークが継続的・安定的に実践されることの必要，③ソーシャルワークの専門性担保のために，専門職の配置と人材の育成が可能となるような組織運営の必要，④行政との対等な関係と自律性の担保が課題である。

（2）改革論と本来的課題──「社会福祉法人改革」を例に

戦後日本の社会福祉の発展を支えてきたのは社会福祉法人の存在であったことに異論を唱える者はいない。しかし，近年，多様な経営主体が社会福祉領域に参入し，それらの経営主体と社会福祉法人が並列して社会福祉事業を担うようになったこと等を背景として，社会保障審議会福祉部会において社会福祉法人制度の見直しが議論されてきた。

この議論の発端は，社会福祉法人が課税されないことや職員の退職金共済制度への助成など特別な財政措置がなされてきたことに対する，株式会社等の営利法人側からの競争条件の均等化（イコールフィッティング）の要求であった。

加えて，非課税であること等の優遇措置を受けながら得た利益の内部留保が問題視された。さらに，これらの指摘に関連して，社会問題化している生活困窮者支援等の「制度の狭間」にある課題に対して，社会福祉法人の役割が不十分ではないのかという指摘である。これらの三つの指摘が相呼応して，社会福祉法人に対する批判が高まっている。

1）改正が社会福祉法人に求めること

社会保障審議会は社会福祉法人制度の見直しの報告書を2015年に取りまとめた。これを基に社会福祉法等の一部改正が行われた。社会福祉法人制度の見直しは，主に，①公益性・非営利性の徹底，②事業の透明性の確保と説明責任，③地域社会への貢献の3点に集約できる。

①「公益性・非営利性の徹底」については，社会福祉法人内部での，役員，理事会，評議員会等の相互規律関係が形骸化し内部統制が機能していないとの指摘から，法的責任性を付加して，公益性が担保されるような経営組織の改革が課題とされた。理事会と評議員会の役割を明確にし，執行機関としての理事会と議決機関としての評議員会とを分離する。理事会は評議員会の統制を受ける構造が作られることになる。②「事業の透明性の確保と説明責任」については，いわゆる「内部留保」の扱いであり，法人の財産から「事業の継続に必要な財産」を控除し「余裕財産を明確化」させる。③「地域社会への貢献」については，②で明らかとなった「余裕財産」を財源とする「社会福祉充実計画」を作成させ，「地域公益活動」を再投下することを義務づける。社会福祉法人改革のねらいは，このような仕組みによって，社会福祉法人の地域社会への貢献を可視化し，社会福祉法人の公益性を担保しようとするものである。

2）内部留保問題とイコールフィッティング論

株式会社等の営利法人側からの競争条件の均等化（イコールフィッティング）の主張は妥当なのだろうか。「内部留保」問題の発端となった，明治安田生活福祉研究所の「介護老人福祉施設等の運営及び財政状況に関する調査研究」報告（厚生労働省委託）も，事業の維持・継続に必要な費用を除いた「余裕財産」がある特別養護老人ホームは全体の3割に過ぎず，5割が事業の維持・継続に

必要な額さえ満たしておらず，2割が運営に必要な資産しか保持していないことを明らかにしている。

そもそも，民間企業は，事業への参入・退出，株主（投資家）への利益配分は自由であるが，社会福祉法人は事業からの退出の規制，利益の法人外への流失が厳しく規制され，土地・建物等の財産は法人解散時には個人ではなく国庫に帰属する。その厳格な規制に社会福祉法人への信頼が担保されている。民間企業にも社会福祉法人同等の優遇条件を与えるべき，あるいは，社会福祉法人にも民間企業同等の課税条件を課すべきとする主張には，社会福祉法人の純粋性や公共性への認識が欠けている。

3）社会福祉法人への影響と本質的な問題

社会福祉法人への批判は，経済市場原理に論拠を置いた「非効率な組織体である」ことの指摘にある。政府の政策会議である「産業競争力会議」では，健康・医療・社会福祉分野を経済成長の重点戦略分野と位置づけ，企業の自由な活動を妨げる規制の再検討が必要とされた。それを具体的に検討する内閣府の「規制改革会議」にてイコールフィッティングの必要がテーマとされた。厚生労働省は，社会福祉法人への優遇措置自体が問題なのではなく，社会福祉法人が社会福祉法人たるところを示していないことが問題であると反論したが，優遇措置の条件として，収益の一部を「社会貢献事業」に再投下すること等の義務づけることに議論が及んだ。このような経過の中で，厚生労働省に「社会福祉法人等の在り方等に関する検討会」が設置され法改正が準備された。

地域公益活動の義務化は社会福祉法人にどのような影響をもたらすだろうか。確かに，社会福祉法人が内省すべき地域貢献の可視化と公益性の論拠を示すことにつながるだろう。しかし，約7割の社会福祉法人が「余裕財産」を保持していないにもかかわらず，国の財政措置もないまま一律に地域公益活動を義務づければ，その費用の捻出に社会福祉労働者の待遇をさらに引き下げること等でやり繰りせざるを得ないことは想像に容易く，人材難にさらなる拍車をかけ，社会福祉事業そのものの存続の危機を招くことにもつながりかねない。

そもそも，地域公益活動として例示されている「生活困窮者に対する無料・

低額の福祉サービスの提供」や「生活保護世帯等の子どもへの教育支援」は，本来，国の責任において制度化し支援策を講ずる努力をすべき課題である。この課題を「制度の狭間」として置き去りにしたまま，社会福祉法人の工夫と努力で支えようとする発想の問題は，支払い能力ある富裕層の事業は営利企業が担い市場化・成長産業化を進める一方で，貧困・低所得者層を対象とする事業は非営利事業者が担うというように，サービスを対象者層で分別し，差別・選別的な「社会福祉事業」を成立させかねない点にある。

論議すべきは，社会福祉法人制度をめぐっての「損・得」勘定ではなく，社会福祉サービスのあり方の課題であろう。

4　社会福祉と地方分権

(1) 地方分権改革の背景

2000年に施行された地方分権一括法は，国・都道府県・市町村という行政の上下主従関係を国と地方の対等な関係に置き換えた。改革の背景には，長らく中央集権型行政システムの下での全国一律の統一性と公平性が重視されてきたが，地域ごとに多様化する住民ニーズに応える行政サービスは，地域住民のニーズを反映した地域住民の自主的な選択に委ねるべきとの考え方にある。その流れを強く後押ししたのは，少子高齢化社会の到来とそれに対する危機感であった。少子高齢化問題は，都市と地方では異なった様相を呈しており，地方が地域の特性を考慮し政策を決定していく必要の課題でもあった。

地方分権一括法以降，政府は，地方分権改革に三つの方向性を示してきた。一つには地方自治体への各種の権限移譲を裏打ちする財源の移譲であり，いわゆる「三位一体改革」である。二つには，「平成の大合併」といわれた基礎的自治体である市町村の合併促進であり，基礎自治体の規模拡大というスケールメリットによる行政サービスの効率化がめざされた。三つには，基礎自治体内の住民自治の体制・基盤強化をめざす「地域自治区」の法定である。この地域自治区には，重要事項に意見を述べるなどの一定の権限をもつ「地域協議会」

が必置である。いずれも、これまでの地域福祉のあり方に大きな影響をもたらすものであった。

（2）地方分権改革の社会福祉への影響

しかし、1990年のバブル経済の崩壊は地方分権改革の前提である地方財政を大きく停滞させた。さらに、国から地方への税源移譲は都市と地方の財政力格差を拡大させた。また、いわゆる「平成の大合併」は、小規模自治体を減少させることで国の財政再建につながり、自治体も職員数削減や公共施設の統廃合等によって行政の効率化を図るねらいであったが、結果的には多くの地方自治体が深刻な財政難に陥り、徹底した業務の見直し、職員削減、給与カット、さまざまな住民サービスの縮小や廃止に追い込まれている。広域合併は全国に約3,200あった自治体を約1,700にまで減少させ、旧市町村の行財政権限すなわち地域の投資主体が消滅し、人口減少、地域産業振興や住民サービスの変容とともに、旧市町村時代に蓄積してきたきめ細かな良質な福祉コミュニティの衰退が深刻化している。[1]

しかし、このような状況下にあっても、住民の福祉を支える諸施策は、各市町村に積極的な施策の展開を求めている。第2節で述べたように、2015年の介護保険法の改正により、「介護予防訪問介護」と「介護予防通所介護」が2017年度末までには介護保険サービスから外れ、市区町村の地域支援事業（新総合事業）へと移行することになっている。今後は、介護予防に関わる事業について、市町村による地域の実情に応じた独自の判断が容認されることになり、介護サービスの地域格差・自治体間格差がさらに拡大することは必至であろう。

さらに、高齢者福祉施策のみならず、子ども・子育て支援、生活困窮者支援等の諸施策が市町村事業とされ、具体的な事業の展開には、インフォーマル資源の構築と福祉コミュニティの醸成が必要とされる。各地域の実情に応じた制度運営が行われ、住民相互のつながりや結びつきが強まり、社会的排除が改善され、住民ネットワークやコミュニティの醸成が促進されるとすればその意義は大きいが、そこでは、事実として、政策側にとって住民は政策補完的な意味

での「協働」の対象でもある。財政難を前提として地方自治体運営にも市場原理が持ち込まれている現状からすると，「協働」というスローガンの下で，住民は公共サービスの下請け的役割を担わされていく危険性は否定できない。[(2)]

地方分権改革の課題も大きくは財政論にある。第2節で述べたように，「福祉コミュニティの構築」や「協働関係の構築」とはそれだけで重要な意味を持つが，財政論を背景に論じた途端に制度の補完的意味に転じる。これらのキーワードは狭義に論議されるべきではなく，これまでも，地域の多様な主体の参加を通して人びとのつながりが再生され，住民が地域の生活課題や問題意識を共有し，解決のための協働する仕組みの創出をめざすという地域コミュニティの再生と福祉コミュニティづくりの課題として論じられてきた。それを具体化するソーシャルワークの原則は「住民主体」であり「政策主体」ではない。

(3)「新しい公共」とコミュニティ制度化の課題

地方分権化政策では，地方自治体行政と地域住民とが新しいパートナーシップを構築し，協働して地域福祉の推進を図る仕組みづくりが現実的課題である。その場合，行政から住民への一部権限移譲という「分権化」の議論を避けて通れない。地方自治体や個別の小地域の特徴，その関係性，地域課題を踏まえて地方自治体内分権のあり方が検討される必要がある。例えば，地域包括ケアシステムを一定のエリアごとに，地方自治体と住民が協議し相互理解と合意形成を図りつつ，築いていくという構想を具現化するためにどのような地方自治体内分権のあり方がふさわしいのかを検討する必要である。近年，地域内組織・団体によって小学校区や中学校区といった小地域を再び制度化する「コミュニティ制度化」が提起されているが，容器づくりを先行させるのではなく，現にある生活課題への対応を効果的に図ることが可能な組織のあり方が課題であろう。

一方で，NPOに代表的な自発的な社会参加が「新しい公共」として受け入れられ，地方自治体にとっての「協働」のパートナーとして期待されているが，これまで行政補完的な機能を担ってきた自治会・町内会といった地域密着的・日常相互扶助的な住民組織を無視してはならないだろう。現に，災害時対策や

いわゆる「制度の狭間」への対応には旧来の地域近隣の役割が必要とされている。行政意図の中で，どちらが「協働」に優れているかではなく，担い手の階層性や多様性を越えて「関係」の構築が求められている。新たな地域福祉プランの中で，社会福祉協議会の活動に見られるような草の根的な地域福祉活動が置き去りにされ分断されることがないような「コミュニティの制度化」が図られるべきであろう。「協働」をめぐって，地域における階層間の分断や，特定の階層によって「公共」が決定されるようなことがあってはならない。[3]

まとめ

ここまで社会福祉領域における制度改革の事象をいくつか取り上げ，それらが社会福祉実践現場にもたらした影響について論じてきた。1980年代以降からの新自由主義思想を社会経済の土壌としつつ，さらに，1990年代のバブル崩壊後の経済低迷，深刻な少子高齢化に対応する，財政抑制政策としての社会福祉政策が貫徹されてきたことが理解できる。

そこでは，経済市場からの要請により，経済効率を最優先し，そのハードルとなる「非効率なるもの」を排除する具体策としてさまざまな部面で規制緩和が断行されてきた。そして，今日，介護保険制度等のサービス領域に参入している株式会社等の営利法人の側から，イコールフッティングという論理を突きつけられ，社会福祉法人の存在そのものが疑問視されるに至っている。

一方，規制緩和に端を発する事故や事件が社会問題化している。私たちは，過度の規制緩和政策の被害者でもあるが，安心や安全と引き換えに，「便利」や「安価」を求め「非効率の排除」を優先させたのも紛れもなく私たちである。社会福祉の「価値」を「非効率の排除」と引き換えるようなことがあってはならない。

注
(1) 川向雅弘・中谷高久「浜松市におけるコミュニティソーシャルワーク事業の展開

と課題」『社会福祉学部紀要』No. 14, 聖隷クリストファー大学, 2016年, 12頁。
(2) 速水聖子「コミュニティの制度化をめぐる課題と展望——『参加』概念と担い手の複数性の視点から」『山口大学文学会志』64, 山口大學文學會, 2014年, 29頁。
(3) 同前書, 37-41頁。

参考文献
川向雅弘「指定管理者制度がもたらす社会福祉実践現場への影響——現場実践混迷の要因分析」『社会福祉学』第33号, 明治学院大学大学院社会学研究科, 2009年。
川向雅弘「2013年社会福祉の回顧と展望 現場実践部門——高齢者福祉次期介護保険制度改正に思う」『社会福祉研究』119号, 財団法人鉄道弘済会, 2014年, 104-105頁。
厚生労働省高齢者介護研究会『2015年の高齢者介護——高齢者の尊厳を支えるケアの確立に向けて』2003年。
佐藤順子「コミュニティ制度化やそれを伴う自治体内分権の地区社協への影響とその要因——コミュニティ組織との『再編・一体化』または『併存』という異なる結果に着目して」『地域福祉研究』43, 日本生命済生会, 2015年, 88-98頁。
速水聖子「コミュニティの制度化をめぐる課題と展望——『参加』概念と担い手の複数性の視点から」『山口大学文学会志』64, 山口大學文學會, 2014年, 27-44頁。
福祉関係三審議会合同企画分科会『今後の社会福祉のあり方について（意見具申）——健やかな長寿・福祉社会を実現するための提言』1989年3月30日。
「特集 地方自治×福祉」『月間福祉』全国社会福祉協議会, 2015年1月。
「特集 社会福祉法人の前途」『月間福祉』全国社会福祉協議会, 2015年10月。
「特集 社会福祉法改正は福祉現場に何をもたらすか」『ゆたかなくらし』No. 403, 全国老人福祉問題研究会, 2016年1月。

第13章 社会福祉の現代的課題③
——自己決定と自己責任

はじめに

「利用者が本人のことを考えなければなりません。利用者が困っているとき，利用者のことを考えて相談にのってくれればいいのです。これから何が必要かというと，何かやる場合，本人に声をかけてやらないと困る。勝手にやると困る。私たちに関することは，私たちを交えて決めてください」[1]。

自分のことは，他の誰かに決めてもらうのではなく，自分で決める。それは，私たち人間の切なる願いである。自己決定は，人間の生の過程において，重要な位置を占めている。私たちは，自分の人生を生きている。しかしながら，自分のためだけではない人生を生きている。社会福祉において，自己決定がなぜ重要視されるのだろうか。自己決定はどのようにすれば実現されるのだろうか等々，さまざまな疑問が湧いてくる。ここでは，「自分のことは自分で決める」という一見シンプルに見えるが，複雑な概念である自己決定に焦点を当てる。そして，近年，自己決定とセットで語られることの多い自己責任について検討し，ソーシャルワークにおいて重要な価値である自己決定支援について説明する。

1 自己決定とは何か

（1）近代社会と自己決定

自己決定は，自律と意思主義に基づいたものであると同時に，人間の尊厳という価値に基づく概念である。ソーシャルワークが一つの社会装置として誕生

した近代社会は，自主独立を基本とする個の確立した人間観を前提にしていた。いわゆる強い人間像が措定されていたのである。自己決定は啓蒙主義時代がもたらした解放と自由の根本となる考え方であり，個人の自由，人間の平等に根ざしている。しかしながら，近代社会において，自由・平等・自律はすべての人間を包含していたわけではなく，排除された層があったことは歴史が証明している。これは，自己決定が他者への抑圧の上に成り立っていることを意味しており，社会の中に，自己決定する側と自己決定することを剝奪される側に分断されるというパワーのインバランスが存在していることは否定できない。

　他者に関係ない個人的事柄については自分に決定権がある。こうした自己決定権のルーツはミル（Mill, J. S.）の『自由論』(2)に求めることができる。ミルは，社会が強制や統制の形で個人と関係する仕方を絶対的に支配する資格のあるものとして，次のように述べている。

　　「人類がその成員のいずれか1人の行動の自由に，個人的にせよ集団的にせよ，干渉することが，むしろ正当な根拠をもつとされる唯一の目的は，自己防衛（self-protection）であるということにある。また，文明社会のどの成員に対してにせよ，彼の意志に反して権力を行使しても正当とされるための唯一の目的は，他の成員に及ぶ害の防止にあるというにある。人類の構成員の1人の単に自己自身だけの物質的または精神的な幸福は，充分にして正当な根拠ではない。ある行為をなすこと，または差し控えることが，彼のためになるとか，あるいはそれが彼を幸福にするであろうとか，あるいはまた，それが他の人の目から見て賢明であり或いは正しいことであるとさえもあるとか，という理由で，このような行為をしたり，差し控えたりするように，強制することは，決して正当ではありえない」(3)。

　民主主義的価値としての自己決定は，他者が侵害できない個人の基本的価値である。自己決定は個人の主体的決定を尊重し，その権利への干渉を禁ずる。他者へ危害を及ぼす場合にのみ，自己決定は制限を受けるということである。

第13章 社会福祉の現代的課題③

　わが国において，自己決定権の根拠とされるのは日本国憲法第13条の幸福追求権であろう。日本国憲法第13条「すべて国民は，個人として尊重される。生命，自由及び幸福追求に対する国民の権利については，公共の福祉に反しない限り，立法その他の国政の上で，最大の尊重を必要とする」は，個人の尊重と幸福追求権とからなる。前段は，一人ひとりの人間が「人格」の担い手として最大限尊重されなければならないという趣旨であって「個人の尊厳の原理」といえる。そして，後段の幸福追求権は，前段の個人の尊厳原理と結びついて，人格的自律の存在として自己を主張し，そのような存在であり続ける上で必要不可欠な権利・自由を包摂する包括的な主観的権利であると解される。したがって，幸福追求権は，「『基幹的な人格的自律権』とでも称しうる性質のものである。それは，人間一人ひとりが"自らの生の作者である"ことに本質的価値を認めて，それに必要不可欠な権利・自由の保障を一般的に宣言したものである」というとらえ方が代表的な学説となっている。すなわち，人間が一人ひとり固有の存在として尊重され，それぞれがより良い人生を歩むべく自ら決定した幸福追求のあり方が，国政の上で最大限保障されなければならないということである。自己決定権の行使は幸福追求権の具現化であるが，社会的存在としての人間は，自己決定の概念に社会的コンテキストを見ることになる。人が社会的世界における主体として認識される時，自己決定はより高度な道徳性を帯びるのである。

（2）人間にとっての課題としての自己決定

　神谷美恵子は，「自分で自らの意志と行動を決定することは，人間存在の最高の課題である」という。また，デシ（Deci, E. L.）は，「自己決定とは自己の意志を活用する過程である。これは，自己の限界と制約を受容し，自分で働いている諸力を認識し，選択能力を活用し，各種能力の支持を得て，自己の要求を充たすことを意味する」という。意志とは，自らの欲求をどのように充足すべきかを選択できる人間の力量であり，意志を働かせることは，人間本来の健康な機能に欠かせないものである。そして，人は自己決定的で有能でありたい

223

と欲求し，そのことは，人が選択を行うことを要請するという[8]。自己決定は，個々の人間にとっては自己指南力を持ち，達成すべき目標でもある。

　人は課題に取り組み，達成体験の積み重ねにより，自分で処理できるという信念を持つようになる。そして，そのためには，自己選択・自己決定の機会を拡大すること，つまり，自ら状況を見極め，課題を設定し，計画を立て実行し，その成果を自己評価する作業が前提になる。この中には，当然のことながら失敗する自由，リスクを負う自由，決定によってもたらされた結果を享受する自由も含まれる。こうして自己効力感を得て，自己肯定化し自尊感情を持つようになる。逆に，人は他者の決定に従属することにより自己効力感を失い，無力感を持つ。障害のある人びとを主体とする自立生活運動が，リスクを負う自由，自己決定権の行使に力点をおいたのは，障害のある人が他者の決定の下に支配され，管理されていることへの抗議であった。それは，他者の決定による自主的な決定の排除に対する，自己決定権の回復の主張であり，自己支配・自己統制といった積極的自由の主張である。

　しかし，私たちは何かを決定する時，他者と遮断された孤立した状態で決定するというより，他者と相談し，助言を受けながら決定していることの方が多い。そして，生活のありように影響を及ぼす度合いが大きければ大きいほど，その傾向が強い。また，他者に決定を委ねたくなることがあるのも事実である。ある人が自己決定の行使に不安がある場合，その人から自己決定の自由を奪うのではなく，社会的に支えていく装置を公的責任，社会連帯において保障する必要がある。また，自己決定が他者の権利を侵害する場合のみならず，本人に不利益をもたらすことが明らかな場合は，自己決定は制限を受けることもある。こうして，パターナリズムの考え方が持ち込まれるのである。

2　社会福祉における自己決定

（1）バイステックによる利用者の自己決定の尊重

　利用者の自己決定を尊重することは，ソーシャルワークにおける最も重要な

実践原則の一つである。バイステック（Biestek, F. P.）は，ソーシャル・ケースワークにおける支援関係を形成する七つの原則を挙げている[9]。利用者の自己決定の尊重はその中の一つである。バイステックによると，利用者は，独自に人生の目標を設定し，自らの人生を生きる責任を持っている。そして，一般的に，社会福祉機関にサービスを求める時，自分の自由まで放棄しようとは考えておらず，自分がどのような選択をすることができるのか早く知りたがっているし，その際に，その選択に対してソーシャルワーカーがどのような意見・判断を持っているか伝えてもらいたいと望んでいる。また，問題解決の過程でソーシャルワーカーの心理的サポートを必要とするかもしれない。しかし，それでも利用者は，問題解決の方向等を自分で決める自由は確保したいと願っている。こうして，利用者は選択と決定を自由に行使できる時にのみ，社会的に責任を持ち，情緒的に適応しながら，パーソナリティを発達させていくという。

　バイステックは，利用者の自己決定の尊重の原則の生成発展を述べた上で「クライエントの自己決定を促して尊重するという原則は，ケースワーカーが，クライエントの自ら選択し決定する自由と権利そしてニードを，具体的に認識することである。また，ケースワーカーは，この権利を尊重し，そのニードを認めるために，クライエントが利用することのできる適切な資源を地域社会や彼自身の中に発見して活用するよう援助する責務をもっている[10]」としている。そして，ソーシャルワーカーは，利用者が自分の問題やニーズを明確にし，見通しをもって見る，地域社会にある資源並びに自らの保有する内的資源を活用する，援助関係を利用者が成長し，問題を克服するために活用するといったことができるように援助する。反対に，問題解決の主な責任をソーシャルワーカーがとり，ソーシャルワーカーが利用者を操作・操縦したり，コントロールするような仕方で説得することは否定される。さらに，個人の権利は他者の権利を尊重する義務を伴っているとして，自己決定の制限として，積極的かつ建設的決定を下す利用者の能力から生じる制限，市民法から生じる制限，道徳法から生じる制限，社会福祉機関の機能から生じる制限を挙げている。

　バイステックのいう利用者の自己決定の尊重は，自ら決定する自由への欲求

と人間の尊厳に由来する基本的権利の尊重であるということと，利用者が自分で問題解決の方向を決定できる環境の下で行動することにより，パーソナリティを成長させることになる，ということを含んでいる。それは，ソーシャルワーカーと利用者の民主的な援助関係を媒介にして利用者のパーソナリティの発達を図るという，リッチモンド（Richmond, M. E.）が提示した伝統的なソーシャル・ケースワークの目的に合致している。

（2）サービス利用者の自己決定の尊重

1960年代以降，市民運動が台頭したが，その動きは1970年代になって加速し，消費者運動，当事者運動が活発になった。例えば，障害のある人が主体となった自立生活運動が不思議なパワーを持ち，「自分のことは自分で決める」と自己決定権の行使を主張し，その実質的獲得を図ってきた。ソーシャルワーカーや医師，理学療法士，看護師等の専門職が，利用者，患者の最大の利益を確保するためには，専門職の決定に従うことが第一であるとして利用者，患者を保護し，結果として管理することになる，専門職主義に異議申立てをし，当事者（利用者）が人生の主人公となって自らの生活のあり方を決定し，その人自身がサービス利用の選択権を握ることを主張したのである。

他方，1980年代以降の福祉国家再編の中で，社会福祉改革に取り組み，新自由主義の下，サービス供給主体の多元化，社会福祉サービスの市場化が進められた。それは，社会福祉サービス供給システムに，サービスの利用選択による供給主体間の競争原理を持ち込むことになった。こうした動きを正当化するために，消費者主義・利用者主義が導入されたのである。すなわち，社会福祉サービスの受給者を，消費者，利用者として位置づけることによって，過剰な専門職主義によるパターナリズムや官僚主義による組織運営を否定し，さらには社会福祉サービスの受給にまつわるスティグマを払拭して，主体的なサービスの選択による消費が可能になる，という論理が呈示された。

以上のような，当事者・政策サイド双方から提起された「利用者の自己決定の尊重」が，社会福祉の支援活動における価値として位置づけられるようにな

った。わが国においても，社会福祉基礎構造改革における最大の改革点である社会福祉サービスへの利用契約制度の導入の中で，自己決定は政策サイドにおいて強調され，社会福祉法では，利用者の意向を十分尊重した社会福祉サービスの提供がうたわれている。そして，利用者が社会資源の活用に際して不利益を被らないように，利用者の自己決定を支えるべく，日常生活自立支援事業，苦情解決制度，さらには成年後見制度，といった権利擁護の仕組みが整備されるようになった。

（3）個人と社会の間にある自己決定

自己決定への関心が高まってくる背景には専門職主義の問題がある。グリーンウッド（Greenwood, E.）は，専門職の属性の一つとして専門的権威を挙げ，職業分野に応じた体系的理論の保有をその基礎としてとらえている。そして，「専門的な援助関係では，専門職が利用者にとって何が良くて，何が悪いかを指示する。その一方で，利用者は選択せず，専門的判断に同意するだけである。利用者は，専門職に権威を委ねることによって，そこから安定感を引き出す」[11]としている。専門職の権威の政治的・経済的・社会的側面は，ある問題に関して意思決定することが社会的に認められていることであるが，それは，利用者の管理・支配に転じる両刃の剣なのである。

ソーシャルワークの歴史において，自己決定は伝統的に専門職の価値の中で道具的手段的価値と見なされてきた。人間の解放，自己決定，自律は，繰り返しソーシャルワークの歴史の中で議論されてきた。日本ソーシャルワーカー協会の倫理綱領（2005年）において，利用者に対する倫理責任として「ソーシャルワーカーは，利用者の自己決定を尊重し，利用者がその権利を十分に理解し，活用していけるように援助する」ことが明記されている。人は，ソーシャルワークの展開過程において，自らに関する事柄の決定に積極的に参画するという，奪うことのできない権利を持っていると理論的にはみなされている。利用者の自己決定の機会を最大限にすることが，ソーシャルワーク実践の主要な機能である。個人の尊重に基づき，利用者は自己決定の権利を有しており，それに対

してソーシャルワーカーは利用者の自己決定を可能にする援助の義務を負い，「個人の自由を干渉してはならない」「個人の基本的権利を拒否してはならない」という倫理的要請を受ける。

　しかしながら，ソーシャルワーカーが人間の自由についての民主主義的考えを実践において具体化していく技術的側面は，必ずしも明確に提示されていない。機関，サービスのコントロール等，パワーと支配に拘束され，種々の制約の中，ソーシャルワーカーは自己決定をめぐって，さまざまな葛藤を経験している。ソーシャルワークは政治的であり，歴史的に構造的にパワーの欠如した人びとを力づけてきた。しかし，ソーシャルワークが疾病，貧困，抑圧を撲滅するために行動すると公言しながら，それに対立する利用者を抑圧している不公正な社会経済的システムの一部として依存してもいるという矛盾を抱えていることを無視することはできない。ソーシャルワーカーは個人の自己決定に対して責任を負うと同時に，社会に対する責任を果たすという矛盾の中に存在している。つまり，ソーシャルワークは，利用者の利益・福祉，個人の生存権・生活権の保障とともに，全体としての社会や諸社会制度の維持・安定化のための統制・補完という機能を果たすというせめぎあいの中にある。このように，利用者の自己決定の概念は緊張に満ちており，ソーシャルワーカーは自己決定の哲学に悩まされてきた。

　フリードバーグ（Freedberg, S.）は，自己決定のアプローチはソーシャルワーカーが原理においても実践においても，利用者と社会双方に責任を負うことを要請する。そして，ソーシャルワーカーは利用者を本当の自己決定に導くために，自己決定に本源的にある政治的なもの，イデオロギー的なもの，専門職的なものという三つの側面から見ていく必要があること，さらには，実践の緊張を認識する必要があることを指摘している。ソーシャルワーカーの第一の責任は，ソーシャルワーカーと利用者が巻き込まれている，より大きな社会の不公正な状態を知ることである。ソーシャルワーカーが利用者を抑圧している社会の代弁者である時，すなわち，ソーシャルワーカーが利用者を周辺化する社会の代表である限り，ソーシャルワーカーと利用者の間の民主的関係は不可能

である。こうしたソーシャルワーカー・利用者関係に内在する問題と資源の不平等な分配が，利用者の自己決定に制限を加える敵対的な環境を作り出すのである。

　また，パールマン（Perlman, H. H.）は，「個人の自由を唱えながら一方で拘束する大規模社会のなかで，利用者が自己の魂の統率者になり，自分の運命の支配者になるべく希望とパワーを自分のなかに見出せるように援助する」ことが重要だという。したがって，社会構造の葛藤（パワーのインバランス）を認識すると，利用者の自己決定を尊重する援助と社会改良を統合していく援助モデルを開発し，実践において自己決定を具体化していく技術的側面を的確に提示していくことが課題となる。このことは，スモーリー（Smally, R.）が「すべてのソーシャルワークの努力の根底にある目的は，個人的充足と社会的善のために個人のなかにある人間のパワーを解放することである。そして，すべての男性あるいは女性の自己実現を最も可能にするような社会，社会制度，社会的政策の創造のために社会的パワーを解放することである。このような目的の中にある主要な二つの価値は，すべての個人の価値と威信への尊厳と個々人が個人的に充足し，社会的に貢献できる人として，その人の潜在性を実現する機会をもつことへのかかわりである」と指摘するところからも明白である。

3　自己決定は自己責任を伴うのか

(1) 今日における自己責任をめぐる状況

　日本において，今日ほど，自己責任というコトバが日常的に使用されたことはないように思われる。そこでは，自己決定と自己責任，すなわち，「自分のことは自分で決める，それに基づく自分の行為の責任は自分で引き受ける」がセットで使われ，一般化している。それは，責任転嫁による責任の担い手の不在，無責任の横行，公的責任の後退の裏返しかもしれない。

　近代社会の自由で自律した個人は，自己決定すると同時に，その結果の責めを引き受けることが自明視されていると考えられる。責任というコトバは英語

では一般的に responsibility であるが，それには，信頼性，確実度，義務履行能力といった意味がある。自己決定は自律を根底においており，自己が自己の行為をコントロールするためには，判断能力が求められる。換言すると，責任能力，自己責任を負うことによって自己決定が可能になる。そうした強い人間たりうる条件を充足できない，弱い人間は，社会に保護され，依存する存在として，服従する位置にとどまることになる。自己決定権は，その人の決定する能力と自己指南のための潜在性の一定以上の評価を得たものに，初めて与えられる限定付きのものになっているのである。

　これは，一般的自由は，人が人であることによって，当然保有する権利であり，そして，自己決定権は，一定の判断能力を保有する人にのみ保障されるものではないという立場に対立する。本来自己決定と自己責任は別個の概念である。それが対概念で使用される背景には，「自業自得」の観念があると，瀧川裕英は法哲学の立場から指摘する。(15) 瀧川は，自己責任の意義として，自由・平等・効率を挙げ次のように説明している。

　責任を負う範囲は，自らが決定した結果に限定される。したがって，自らの意志によらずに責任を負わされることがなくなる。選択の余地のない属性，例えば，人種・性別等の属性を理由として責任を帰属されることが否定される。各人は自らをより幸福にしようと努力するため，社会的に望ましい結果がもたらされる。その上で，自己責任と自由・平等との断絶に着目し，自己責任と区別された自己決定の意義について，①ある人について，最もよく知り最も関心を持っているのは通常本人である。したがって，本人のことは本人に決定を委ねる自己決定が，各人の幸福を達成するための手段・道具として最も効率的であるとする道具的価値，②人は自己決定することによって成長することができるとする成長的価値，③他人ではなくその人自身が決定したということが意味を持つ，結果には還元できない意味を人生に与えるという象徴的価値を提示している。

（2）なぜ，「自己決定−自己責任」の原則が問題なのか

　社会福祉基礎構造改革における民間企業の参入の奨励による社会福祉の市場化，社会福祉サービス利用の仕組みとしての契約制度の導入の中で，「自己決定−自己責任」の原則が強化されてきている。それは選択の自由を認めるのだから，その選択をした結果を選択した人が引き受けなければならないということを意味する。社会福祉サービスの利用を一般市場における消費者の自由な選択に基づく契約としてとらえ，利用者の自己決定権を消費者としての権利にすりかえる政策サイドの動きには，社会的問題を個人の私的な問題に押しこみ，社会的解決や社会連帯を不問にするという危惧がある。

　自己責任は自己決定に基づくという論理は，一見正論のようであるが，そこには，人が自分の裁量でサービスを自由に選択し消費したのだから，サービスの質・量が本人のニーズを充足しなかったり，サービスの消費によって本人が満足感を得られなかったとしても，その責任は消費者たる本人にあり，一方の当事者であるサービス供給者側にはないという考えが透けて見える。また，自己決定の条件整備としての適切な情報提示，すなわち，インフォームド・コンセント（informed consent：説明と同意）が不可欠であると主張される。

　しかし，ここで問題なのは，これがサービス供給者側の責任回避の道具になるということである。つまり，サービス提供において，その性能を十分に説明し，消費者がそれを納得した上で購入した場合，その責めは消費者側にのみ生ずると主張する余地を残すということである。恩恵的なサービスの受給者から消費者主権という耳触りの良いコトバの陰で，それは，社会福祉サービス供給システムの公的責任性の回避につながっているのではないだろうか。そもそも，社会福祉サービス供給システムに利用契約制度を導入する意義は，供給者側の論理に基づきサービスに人びとのニーズを適合させることの不合理さを解消し，利用者側の論理で人々の真のニーズに符合したサービスを提供し，利用者参画により，より良いサービス体系を確立していくことにあるはずである。そして，前述のように，日常生活自立支援事業，苦情解決制度などの利用者の権利擁護，サービス利用支援の仕組みを充実させることが必要不可欠である。

社会的に不利な立場におかれ，他者にコントロールされたり，従属する位置にある人口層は必ず存在する。さらには，本人も，自己決定権の行使について認識していないことが多い。つまり，自己決定権を主張できなかったり，その行使が制限されても，それを抗議する力が十分でないことが多い。また，超高齢社会といわれる今日，近代の初期に要請された自主独立型の自律した強い人間像ではなく，他者に依存する弱い人口層が増加している。自己責任論の強調は，認知症の人，重度の知的障害や精神障害のある人等，意思決定・判断に不安のある人びとを，責任能力が無いとして排除することになる危険性がある。こうした意見表明しづらい人びとの声なき声を聴き，その言語化を支援したり，あるいは，代弁したりすることを通して生活主体者として自らの人生の支配権の獲得を支援していくこと，すなわち，自己決定に援助的要素を含める必要が出てくるのである。

4　自己決定を支援するということ

（1）自己決定の尊重の具現化にまつわる諸問題

　ソーシャルワーク関係における自己決定は，利用者がある生活問題に直面して，その問題にどのように対処していくかという未来の事柄に対して要請されるものである。ソーシャルワークの支援過程は，いわば自己決定の連続でもある。しかし，ソーシャルワーカーは，支援活動において，利用者の自己決定の尊重の具現化をめぐってさまざまなジレンマに陥る。例えば，利用者の自己決定尊重と公共の福祉の優先，組織原理がもたらす官僚制につきものの事なかれ主義と利用者の自己決定尊重，利用者の自己決定の尊重と利用者の利益を守るためのソーシャルワーカーのパターナリズムとの対立，サービスを利用したくない，あるいは支援を拒否したいという利用者の意思の尊重と利用者の安全確保の対立等々，ソーシャルワークの価値・倫理に根ざした実践をしようとすればするほど，迷路に入り込むかもしれない。

　こうした葛藤の中で，ソーシャルワーカーは他者に関する決定に加担するこ

との重さを認識して，専門的判断を下さなければならない。この際，ソーシャルワーカーが設定した支援目標達成のために支援過程に積極的に参加するように利用者を促す，いわばソーシャルワーカーが支援をスムーズに展開させるための道具としての自己決定の側面がある。また，自己決定権の行使が制限され，利用者の意思に従わず，ソーシャルワーカーが専門的判断に基づいて決定をすることもあり得る。支援関係はソーシャルワーカーが実質的な権限を持ち，利用者に対してより大きな影響力を持っている非対称な関係であり，支配服従関係になる要因を構造的に持ち合わせているのである。支援者側の論理に基づいてその人の意思を無視し，本人，あるいは本人を取り巻く環境を変化させ，一方的にサービスを提供することは，人間の主体性の尊重を無視し，利用者が思慮・選択・決定し実行する機会を奪うことにもなりかねない。支援者が設定した支援目標達成のために，利用者が支援者に協力するべく支援過程に動員される，いわば外発的な動機づけによる操作的自己決定は否定されなければならない。

　これまで，自己主張・意見表明する機会のなかった人にとっては，形式的に自己決定の権利を単に賦与されただけでは，自己決定が抑圧となり，自由からの逃走に陥ってしまう。自己決定権は，選択肢，選択の自由・権利が具備されてはじめて実質的意味をなす。自己決定の尊重という責任を果たすために，まず本人の意思を引き出す働きかけが不可欠である。そして，社会福祉サービス，制度の内容と仕組み等，社会資源，支援の方法や内容について，十分な情報提供を行い，その活用を促進していくこと。さらには，選択の自由を確保するべく，環境の調整や社会資源の開発をして選択肢を広げ，利用者の自己決定の最大限の行使を側面から支え，可能ならしめる活動をしていくことが求められる。

（2）自己決定支援の方法としてのパートナーシップの形成

　利用者本位の時代にあって，利用者が客体の位置から自己選択・決定する主体の位置に転換し，利用者を主体とした支援理論を展開させてきている。それは，問題解決の主体は利用者であるとして，利用者不在の援助を否定し，支援

活動の主体に利用者を位置づける。そして、利用者とソーシャルワーカーが、対等なパートナーシップを構築し、相互信頼・責任の共有に基づき、協働作業に取り組んでいく関係のあり方のことである。利用者主体で支援を展開するには、ソーシャルワーカーが、利用者より大きなパワーを持っていることを認識し、ワンダウンポジション（敬意を持って一段下がる）をとり、利用者の主体性を尊重し、問題解決の過程を共に歩んでいくことが必要になる。この発想の根底にあるのは、問題を最もよく知っており、何が最も良いか決定するのが利用者本人であるということである。ソーシャルワーカーにとっては支援の過程であるが、利用者にとってはまさに生の過程そのものであり、支援活動の結果とともに生きていくのは利用者であって、支援者集団ではないことを認識しておかなければならない。

　すでに見たように、自己決定の尊重は、人間は他者による決定に従うのではなく、自ら進むべき方向を決定する力と意思を持っているという信念に支えられている。人間が個人としてかけがえの無い個人として対応されたい、独自の人生目標を設定し、人生を設計し、人生行路を歩んでいきたいという欲求を持っているということを前提としている。したがって、利用者が自分の生のありように影響を与える決定に主体として参画することは当然といえる。支援の方法や内容は、利用者の人生において重要な決定をする場面であり、自分の人生に関わる事柄——どのような生活を送るのか、どのような社会資源を活用しながら、どのような場で生活するのかといった事柄——については、自分で選択して決定し、実行する力と権利を有するという考えに立ち、共感的支持的態度で臨み、利用者の「思慮－選択－意思決定－実行－結果」というプロセスを側面的に支援するのである。つまり、利用者本人が熟慮し自らの意思で決定し、かつ決定した事柄を実行する過程を支援するのである。利用者主体で支援活動を展開していくためには、利用者の存在を認め、人の持つ内部からわき出る成長への絶対的信頼を前提とし、情報を適切に共有するためにインフォームド・コンセント、インフォームド・チョイスが不可欠の条件となる。

　利用者の自己決定をめぐっては、自律がかなわない場合、パターナリズムを

とるといった，自律か保護かという二項対立的な考え方があった。専門的知識を保有するソーシャルワーカーが主導的に，何が利用者の利益・ウェルビーイングにつながるかを判断し決定するパターナリズムは，利用者の自由や自律を侵害する危険性があり，そこでは正当な根拠が必要とされる。自律を尊重し，補完する意味合いのパターナリズムとして，「理性的・合理的，あるいは客観的・普遍的・理想的なあるべき個人像を想定してそれを基準として，そういう人であれば，そのような扱いを正当と考えるかどうかという問い方をするのではなく，あくまでもその具体的な（生身の）個人に目をやりつつ，その人が何を考え，何を求め，何を大切にし，どう選択・決定をしようとしている（いた）のかを問うこと[16]」が提起されている。こうした人間の尊厳を基盤として，孤立無援の自己決定ではなく，自己決定の支援に取り組んでいくことがソーシャルワーカーに求められている。

　ソーシャルワーカーは専門職ではあるが，利用者が抱えている問題の第一の専門家は利用者である。したがって，利用者の視点を尊重し，利用者に学ぶという姿勢が求められる。パートナーシップに基づくソーシャルワーカー－利用者関係は同盟と呼べるようなものである。利用者は，自己決定するためにソーシャルワーカーの前にいるわけではない。問題を解決するためにいる。問題を持ち込む人，問題を解決する人の役割分担を解消し，ソーシャルワーカーは答えを出すのではなく，協働して問題解決を図っていく機会を利用者に提供する。

　こうした協力関係の樹立は利用者の無力感を減じることになり，利用者の主体性の確立につながるものであろう。関係性は，聴こうとする意志を通して，他者への関わり，ケア，尊重の結果として生まれる。関係性は人と人が出会う時に始まり，彼らが一緒に取り組むにつれて成長する。専門的な関係性は，利用者とソーシャルワーカーの作業が進むに連れて確かなものになる。協働作業はソーシャルワークの民主的な価値を反映しており，対等な支援関係は社会正義の実現である。それが責任の共有となり，より効果的なサービスを作る助けとなる。

　サービス供給システム・支援方法・支援の展開が，文化的，政治経済的背景

の異なる供給者側の論理で，利用者不在で成り立っている限り，その供給システムは必然的に一定の限界を持つのである。真の意味で利用者が社会福祉の支援活動の主体となるためには，利用者がどのようなサポートを必要とし望んでいるのか，利用者がどのような未来の生活を望むのかに焦点を当て，ソーシャルワーカーが利用者の語りに耳を傾けることが前提となる。そして，利用者側の論理で構成された選択肢が用意され，利用者の意思決定を支える仕組みが整備されなければならない。こうして，サービス利用者からプロシューマー (prosumer)，すなわち，サービスの生産者でもある利用者が誕生するのである。

ま と め

　自己決定は，ソーシャルワークの重要な手段的価値であるはずである。しかしながら，その概念構成は複雑で，個人と社会の狭間にあって，この価値の実現は容易ではない。また，近年の社会状況の中で，ソーシャルワーカーは，自己責任論というもう一つの敵対する環境を改善しなければならなくなった。孤立無縁な自己決定ではなく，利用者と協働作業で，利用者が自分のことは自分で決めるための環境を調整すること。とりわけ，意思決定・判断に不安のある人びとの権利擁護のために環境に対して代弁することを含めて，利用者のウェルビーイングの向上のための手段的価値としての自己決定支援の実現をどのように果たしていくのか。これは困難であっても，ソーシャルワーカーが避けることのできない課題である。「ソーシャルワーカーは，利用者とソーシャルワーク専門職双方をエンパワーするために，自己決定概念を適用するように鼓舞されている[17]」という。これは，自己決定の具現化が利用者・ソーシャルワーカー双方のエンパワメントに不可欠な要素であることを示しているといえよう。

　また，「自己決定－自己責任」の原則は，社会福祉のみならず，ヒューマンサービスに関わる専門職，さらには，法学，哲学，倫理学，心理学等他の学問領域との対話を通して検討していくことが必要であろう。

第13章　社会福祉の現代的課題③

注

(1) 「10万人のためのグループホームを！」実行委員会編『もう施設には帰らない』中央法規出版，2002年，53-54頁。なお，これは知的障害のある人の声である。
(2) ミル，J. S.／塩尻公明・木村健康訳『自由論』岩波書店，1971年。
(3) 同前書，24頁。
(4) 佐藤幸治『憲法 第三版』青林書院，1995年，444-445頁。
(5) 同前書，448頁。
(6) 神谷美恵子『こころの旅』日本評論社，1974年，53頁。
(7) デシ，E. L.／石田梅男訳『自己決定の心理学』誠信書房，1985年，34頁。
(8) 同前書，33-34頁。
(9) バイステック，F. P.／尾崎新ら訳『ケースワークの原則（新訳版）』誠信書房，1996年。以下，自己決定の尊重の原則については，158-188頁参照。
(10) 同前書，164頁。
(11) Greenwood, E., "Attribute of a Profession," *Social Work*, 2(3), 1957, p. 48.
(12) Freedberg, S., "Self-Determination : Historical Perspectives and Effects on Current Practice," *Social Work*, 34(1), 1989, pp. 30-36.
(13) Perlman, H., "Self-Determination : Reality or Illusion?," *Social Service Review*, 39(4), 1965, p. 421.
(14) Smally, R., *Theory For Social Work Practice*, Columbia University Press, 1967, p. 1.
(15) 瀧川裕英「「自己決定」と「自己責任」の間——法哲学的考察」『法学セミナー』No. 561，2001年，32-35頁参照。
(16) 中村直美「ケア，正義，自律とパターナリズム」中山將・高橋隆雄編『ケア論の射程』九州大学出版会，2001年，109頁。
(17) Freedberg, S., op. cit, p. 33.

参考文献

ミル，J. S.／塩尻公明・木村健康訳『自由論』岩波書店，1971年。
神谷美恵子『こころの旅』日本評論社，1974年。
バイステック，F. P.／尾崎新ら訳『ケースワークの原則（新訳版）』誠信書房，1996年。
桜井哲夫『〈自己責任〉とは何か』講談社，1998年。
立岩真也『弱くある自由へ』青土社，2000年。

あとがき

　2011年3月11日に遭遇した未曾有の東日本大震災以降,「縮小する日本」の未来社会について,それを「国の形」と連動させて論じる傾向が定着している。「憲法改正」「従軍慰安婦」「沖縄の米軍基地」等の問題に関する議論の内容に象徴されるが,個々人の暮らしに垣間見る「苦しみ」「悲しみ」「切なさ」の意味が,「国の形」なる最大公約数的な発想の中で埋没し,軽視される傾向があることに,社会福祉に連なる理論と実践は,その「対立軸」として機能しなければならないと考えている。ところが,社会福祉の基礎概念や射程に据えるべき範疇については,戦後70年以上が経過した現在でも多数の了解が得られないまま今日に至っている。

　シリーズの巻頭を飾る第1巻『社会福祉への招待』は,このような社会福祉を取り巻く今日的状況を読み解くための基本的な知識の提供を企図して編んだ。思想や歴史を学び,システムや仕組みの意味を的確に理解することは,初学者にとって必須の学習テーマといえよう。実践の担い手が支援を必要とされる人や課題,状況を的確に摑むことは,社会福祉の分野の違いを越えて欠かすことのできない学びの主題となる。

　社会福祉について考える「枠組み」は,与えられるものでなく,そこに連なる者が人びとの暮らしを通じて伝えられてくる「語り」から構想し,創り,支え,批判し,変えていくものでなければならない。そのためには,社会福祉を学ぶ者として,何よりも「鮮烈な問題意識（アイデンティティ＝identity）」の共有が必要となろう。読者は,本巻を手に取られ,社会福祉とは「何か」と問いつつ,その全体像をしっかり理解されることを願う。

2017年1月

編　者

索　引

あ　行

アウトリーチ　195
アクセシビリティ　109
アクティベーション　110
新しい公共　218
アドボカシー　163
アドボケイト機能　198
アファーマティブ・アクション　→積極的差別
　　是正措置
アメリカの福祉国家政策　87
イコールフィッティング　213
石井十次　37
磯村英一　47
一次生活支援事業　149
一番ヶ瀬康子　25, 52
一般的支援関係　172
『一遍聖絵』　63
井上友一　40
医療保険改革　90
岩田正美　27
インクルージョン　10
インフォーマルサポート　196
インフォームド・コンセント　231
インフォームド・チョイス　234
ウェッブ, S.　46
ウェルビーイング　235
失われた10年　7
運動論　51
江戸時代　63
江戸幕府が行った救済　64
エリクソン, E. H.　157
エリザベス救貧法　81
エンクロージャー　81
援助モデル　229
エンパワメント　236
オイルショック　30, 204
王権（天皇）の慈悲　62

応能負担　10
大河内一男　48
岡村重夫　25, 51, 187
岡山孤児院　37
小河滋次郎　45
御定書　64
オバマ・ケア　90
「親亡き後」の不安　144
オルタナティブ　169, 174
恩賜財団　69

か　行

介護保険制度　139
賀川豊彦　43
学習支援事業　149
家計相談支援事業　149
風早八十二　49
家族　134
　　──援助法　89
　　──制　38
　　──の機能　59
家庭　38
家庭学校　40
感化救済事業　68
環境権　100
規制政策　96
救護法　69
救済政策　64
『救済制度要義』　41
給付政策　96
行政事件訴訟　127
行政不服審査手続　127
競争原理　2
協同組合論　44
協働作業　235
共同募金運動　71
キリスト教の改革　80
キリスト教文化　78

241

ギルドによる相互扶助　79
近代化　66, 77
近代的人権　115
均等法政策　108
苦情解決制度　227
苦情解決の手続　128
グループワーク　160, 162
苦しみの構造　8
ケアマネジメント　160, 192
ケイ，エレン　14
契約自由の原則　119
契約制度　231
ケースワーク　160
限界集落　3, 33
現実性の原理　52
現代的人権　116
権利擁護　121, 227
公共の福祉　232
厚生事業の理論化　49
公的医療保険制度　88
行動科学　54
孝橋正一　23, 50
幸福追求権　223
公民権法　88
合理的配慮　108, 143
高齢者保健福祉推進十カ年戦略　138, 191, 207
国際障害分類　→ICIDH
国際人権規約　117
国際生活機能分類　→ICF
国際貧困ライン　103
個人責任と就労機会調停法　90
孤独死　155
子どもの権利条約　15
子どもの権利宣言　15
子どもの貧困　75
コノプカ，G.　151, 167
個別化の原則　11
コミュニティオーガニゼーション　188
コミュニティ政策　189, 199
コミュニティ制度化　218
コミュニティ・ソーシャルワーク　190
コミュニティワーク　163, 189
ゴールドプラン　→高齢者保健福祉推進十カ年戦略
コレクティブアプローチ　198
コンサルタント　163

さ 行

最大多数の最大幸福　13
在宅介護支援センター　191
在宅介護のあり方　74
在宅福祉サービス　189
佐藤進　28
真田是　53
参加　10
産業革命　83
産業の空洞化　101
参政権　96
支援関係　167
　——の矮小化　141
支援費制度　193
自己決定　221
自己効力感　224
自己実現　229
自己指南力　224
自己責任　230
自殺率　154
自助　4, 5
市場原理　74
慈善事業　68
慈善組織教会　83
自然法思想　116
思想　37
七分積金　65
市町村基幹相談支援センター　193
市町村障害者生活支援事業　192
指定管理者制度　211
児童福祉法　72
ジニ係数　103
指標　107
嶋田啓一郎　26, 50, 54
市民社会　96
市民ボランティア　169
ジャーメイン，C. B.　171
社会開発　200
社会関係　159

索　引

社会権　97, 116
社会事業　20, 21, 68
『社会事業綱要』　43
社会資源　233
社会正義　235
社会政策の立案　163
社会性の原理　52
社会調査　97
社会的介護　135
社会的格差の問題　75
社会的結束　200
社会的使命　92
社会的な援護を要する人々に対する社会福祉のあり方に関する検討会報告書　186
社会的排除　95, 155
社会的不利　112
社会的身分の階層化　79
社会福祉援助技術　20
社会福祉基礎構造改革　30, 73, 185, 207, 227
社会福祉協議会　187
社会福祉協議会基本要項　188
社会福祉士及び介護福祉士法　22
社会福祉事業　20, 21
社会福祉事業法　71
社会福祉実践　20, 21
社会福祉における参加　9
社会福祉における主体　9
社会福祉の原初形態　59
社会福祉の固有性　25
社会福祉の三元構造　54
社会福祉の補充性　31
社会福祉法　73
社会福祉法人制度改革　211
社会変革　200
社会保険および関連サービス　86
社会保障・雇用政策　91
社会保障法　86
社会モデル　108
社会連帯思想　43
社協・生活支援活動強化方針　191
宗教や信条　107
自由権　96
住宅確保給付金　148

修道院の救済活動　80
住民主体　187
　──の原則　73
就労可能性　110
就労準備支援事業　149
縮小化する日本の衝撃　1
主体性の原理　52
主体性の尊重　233
恤救規則　67
ジュネーヴ宣言　15
障害　107
障害者基本法　142
障害者自立支援法　193
障害者総合支援法　193
障害者の権利宣言　141
障害者プラン　192
状況の中にある人　158
小地域組織化　197
小地域ネットワーク　189
縄文時代　60
所得格差　103
所得保障　111
諸法度　64
自立生活運動　224
自立相談支援事業　148
人格的自律　223
新救貧法　83
人権宣言　82
人権の国際化　116
賑給　61
人口爆発　100
新ゴールドプラン　138, 207
新自由主義　7
　──思想　206
賑恤　64
身体化　14
身体障害者福祉法　72
人民相互の情誼　67
救小屋　64
スティグマ　226
生活困窮者自立支援法　148
生活支援コーディネーター　210
生活保護法　72

243

生活モデル　171
生活論的立場　25
清教徒　81
政策論的立場　23
生存権　30
　　——規定　22
性的指向　107
制度の持続可能性　139
制度論的立場　24
成年後見制度　123, 227
性別　107
セーフティネット　146, 182
世界人権宣言　117
世界大恐慌　86
積極的差別是正措置　109
積極的労働市場政策　110
絶対的貧困　95
セツルメント（アメリカ）　85
セルフヘルプグループ　→当事者組織
戦時厚生事業　70
全世代・全対象型地域包括支援　200
全体性の原理　52
専門社会事業　22
専門的支援関係　169, 171
相対的貧困　95
　　——率　6, 95
相談援助　22
ソーシャルアクション　163, 189
ソーシャル・アドミニストレーション　163
ソーシャルインクルージョン　186
ソーシャルエクスクルージョン　→社会的排除
ソーシャルサポート・ネットワーク　196
ソーシャルワーク　20, 22
　　——専門職のグローバル定義　200
　　——論的立場　24
措置から契約へ　126
措置制度　71

た　行

第1次分野　169
第2次分野　170
第三世代の人権　100
代替的補充性　32

第二次臨時行政調査会　205
代弁　232
竹内愛二　24
竹中勝男　24, 49
脱家族化　103
男性稼ぎ主型モデル　99
地域支援事業　209
地域社会の相互扶助　67
地域生活支援事業　193
地域総合相談・生活支援システム　190
地域福祉計画　207
地域福祉の主流化　185
地域包括ケアシステム　192, 208
地域包括支援センター　192
小さな政府　211
地区社会福祉協議会　189
地区地域福祉活動計画　198
地方改良　39
地方分権一括法　216
中央集権国家の体制づくり　66
鎮護国家思想　62
強い個人　152
　　——の限界　152
伝統的な貧困問題　6
天皇中心（天皇主権）の国家体制　67
当事者組織　11, 169, 174, 197
　　——化　197
当事者の時代　2
道徳と経済の調和　39
篤志家　65
独立運動（アメリカ）　84
留岡幸助　39

な　行

仲村優一　31
ナショナル・ミニマム　84
　　——論　97
生江孝之　42
南北問題　98
二重の焦点　171
ニーズ　225
日常生活自立支援事業　121, 190
日常的金銭管理　122

索　引

ニート　153
日本型雇用　145
日本型福祉社会　138, 205
日本国憲法　118
日本社会事業新体制要綱　48
ニューディール・プログラムによる社会福祉改革　91
ニューフロンティア政策　87
人間の尊厳　14, 15, 221
ネットワーキング　163
年齢　107
農耕文化複合　61
ノーマライゼーション　186
　　──の原理　99

は　行

バイステック，F. P.　225
パーソナリティ　225
パターナリズム　1, 226
発展の権利　100
パートナーシップ　234
バルネラブル　125
パールマン，H. H.　164, 229
パワー　228
　　──のインバランス　222
非営利組織　11, 92
備荒　64
ヒューマニズム　12
ヒューマンサービス　236
病院ソーシャルワーク　85
貧困　2, 28
　　──線　95
　　──層　103
　　──問題　98
『貧民心理の研究』　43
フェビアン協会　83
フォーマルサポート　196
不均衡な取り扱い　109
福祉関係八法改正　138, 206
福祉国家　98
　　──の課題　91
福祉コミュニティ　186
福祉サービス利用援助事業　121

福祉三法　72
福祉ミックス　101
福祉見直し　30
福祉六法　73
ブトゥリム，Z. T.　164
富裕層　103
フランス革命　82
フランス人権宣言　118
フリーター　153
ふれあい・いきいきサロン　189
ふれあいのまちづくり事業　190
平成の大合併　217
並立的補充性　31
平和への権利　100
ベヴァリッジ報告　86
ベーシックインカム　111
ヘルパーセラピーの原則　182
ベンサム，J.　13
保育所の待機児童問題　74
封建制社会の確立　79
防貧　41
方面委員制度　46, 69
補足的補充性　31
ボランタリズム　179
ボランティア　21
　　──活動　178
　　──・コーディネーター　180

ま　行

マイノリティ　13
牧賢一　47
マクロ環境　158
町会所　65
マニュアル化　56
三浦文夫　27, 55
ミクロ環境　158
ミッション　92
宮田和明　55
民事訴訟　128
民生委員　195
民族や人権　107
無縁死　155
務台理作　12

245

明治期の慈善思想　37
明治政府　66
メインストリーム政策　109
メゾ環境　158
問題解決モデル　164

や・ら・わ　行

弥生時代　60
友愛会　44
寄り添い型支援　191
ライフイベンツ　158, 167
ライフコース　157
力動的統合理論　26
リッチモンド, M. E.　226
リハビリテーション　86
利用契約制度　207
理論　37
ルネッサンス文化　80
連合国軍最高司令官総司令部　70

老人福祉法等の一部を改正する法律　138
老人保健福祉計画　138
老人保健法　138
労働力の商品化　97
労働力の選択と競争　74
労働力の脱商品化　100
ワークフェア　88, 110

欧　文

COS　→慈善組織教会
FSA　→家族援助法
GHQ　→連合国軍最高司令官総司令部
ICF　141
ICIDH　141
M字カーブ　154
NPO　11
PRWORA　→個人責任と就労機会調停法
social welfare　19
well-being　19

執筆者紹介 （所属，執筆分担，執筆順，＊は編者）

＊北川　清一（編著者紹介参照：第1章・第2章）

遠藤　興一（元・明治学院大学社会学部教授：第3章）

坪井　　真（作新学院大学女子短期大学部幼児教育学科教授：第4章・第5章）

引馬　知子（田園調布学園大学人間福祉学部教授：第6章）

大野　拓哉（弘前学院大学社会福祉学部教授：第7章）

＊川向　雅弘（編著者紹介参照：第8章・第12章）

稗田　里香（東海大学健康科学部准教授：第9章・第10章）

佐藤　順子（聖隷クリストファー大学社会福祉学部教授：第11章）

久保　美紀（明治学院大学社会学部教授：第13章）

編著者紹介

北川清一（きたがわ・せいいち）
- 1952年　北海道生まれ。
- 1978年　東北福祉大学大学院社会福祉学研究科修士課程修了。
- 現　在　明治学院大学社会学部教授。
- 主　著　『社会福祉援助活動のパラダイム——転換期の実践理論』（共編者）相川書房，2003年。
『三訂・児童福祉施設と実践方法——養護原理とソーシャツワーク』（編者）中央法規出版，2005年。
『演習形式によるクリティカル・ソーシャルワークの学び——内省的思考と脱構築分析の方法』（共著）中央法規出版，2007年。
『未来を拓く施設養護原論——児童養護施設のソーシャルワーク』ミネルヴァ書房，2014年。

川向雅弘（かわむかい・まさひろ）
- 1960年　静岡県生まれ。
- 2014年　明治学院大学大学院社会学研究科博士後期課程単位取得退学。
- 現　在　聖隷クリストファー大学社会福祉学部准教授。
- 主　著　『共に生きる社会を求めて——地域生活支援の方法論としての地域作業所』（共著）相川書房，1992年。
『相談援助　基本保育シリーズ⑤』（共著）中央法規出版，2015年。
『介護支援専門員実践テキスト』（共著）中央法規出版，2016年。

シリーズ・社会福祉の視座　第1巻
社会福祉への招待

2017年4月10日　初版第1刷発行　　〈検印省略〉

定価はカバーに表示しています

編著者	北　川　清　一
	川　向　雅　弘
発行者	杉　田　啓　三
印刷者	江　戸　孝　典

発行所　株式会社　ミネルヴァ書房
607-8494　京都市山科区日ノ岡堤谷町1
電話代表　（075）581-5191
振替口座　01020-0-8076

© 北川清一・川向雅弘ほか，2017　　共同印刷工業・藤沢製本

ISBN978-4-623-07950-6
Printed in Japan

シリーズ・社会福祉の視座
（全3巻）

A5判・並製カバー・各巻平均250頁

＊第1巻　社会福祉への招待　　　　　　北川　清一　編著
　　　　　　　　　　　　　　　　　　　川向　雅弘

＊第2巻　ソーシャルワークへの招待　　北川　清一　編著
　　　　　　　　　　　　　　　　　　　久保　美紀

　第3巻　子ども家庭福祉への招待　　　北川　清一　編著
　　　　　　　　　　　　　　　　　　　稲垣美加子

（＊は既刊）

――――― ミネルヴァ書房 ―――――
http://www.minervashobo.co.jp/